# 民商法典型案例评析

## （第2辑）

项先权　张平华　主　编
石文静　副主编

山东大学出版社
SHANDONG UNIVERSITY PRESS
·济南·

**图书在版编目(CIP)数据**

民商法典型案例评析.第2辑 / 项先权,张平华主编.—济南:山东大学出版社,2021.11
ISBN 978-7-5607-7239-4

Ⅰ.①民… Ⅱ.①项…②张… Ⅲ.①民商法—案例—中国 Ⅳ.①D923.05

中国版本图书馆CIP数据核字(2021)第250702号

责任编辑 张韶明
文案编辑 刘晓燕
封面设计 王秋忆

---

出版发行 山东大学出版社
社　　址 山东省济南市山大南路20号
邮政编码 250100
发行热线 (0531)88363008
经　　销 新华书店
印　　刷 济南新科印务有限公司
规　　格 720毫米×1000毫米 1/16
　　　　 21.75印张 362千字
版　　次 2021年11月第1版
印　　次 2021年11月第1次印刷
定　　价 80.00元

---

# 前　言

项先权和张平华是博士同窗，有着深厚的友谊。2018 年 8 月，二人同时萌生了助推法治营商环境建设的强烈愿望，希望通过分析典型案例来分析具体的法治营商环境。此方式既能加深友谊，又能以具体方式服务法治中国建设。为此，我们依托浙江新台州律师事务所和山东大学法治营商环境研究中心开展具体工作。浙江新台州律师事务所是由项先权担任主任的一家大型综合法律服务机构，先后荣获“浙江省优秀律师事务所”“服务民营企业发展全国优秀律师事务所”“浙江著名律师事务所”等荣誉称号，所内人员拥有丰富的实践经验和扎实的专业背景。山东大学法治营商环境研究中心是由张平华组织筹建，立足于营商环境建设的法律实践，致力于打造学术特色鲜明、学科背景交叉、综合实力雄厚的国内一流研究中心。我们召集有志之士，用近 3 年的时间完成了 100 余篇案例分析，每篇均采取“案例＋法律＋评析”的结构，所收案例尽量典型、真实、精炼，最终汇编成本书。本书由项先权和张平华担任主编，指导并审定全稿。石文静担任副主编，负责统筹汇编工作，完成书稿的修改、编排等。董媛媛、刘涵、任亚平负责协助汇编，完成文稿的审校。20 余名专家学者参与了书稿的撰写。

本书以“具体的法治营商环境建设”为主题，结合建设一流营商环境的具体要求，从多个部门法出发撰写典型案例分析，分设了“民法、商法、知识产权法、行政法、刑法”等多个专题。其中，第 1 辑主要包含《民法典》总则编、物权编、合同编的相关内容，第 2 辑包含《民法典》人格权编、婚姻家庭编、继承编、侵权责任编，知识产权法，行政法，商法等相关内容。期待通过相关案例分析的撰写，能够为优化营商环境、助推经济社会高质量发展贡献法治智慧。限于组织者本身的学科背景，目前的选题主要围绕民法、商法领域而展开，未来还要进一步加大行政法、劳动法、刑法等领域的选题。需要说明的是，本书历时较长，其间经历数次法律的颁行、修改。对此，本书采取的方式是，在分析具体案例时，以案件发生时生效的法律为准，同时在案例分析“相关规定”部分注明对应的新的法律条文，在“法理分析”部分说明新的法律生效后的变化。

在中国加快进行全面依法治国的进程中，每位社会成员都是法治中国的建设者、见证人、获益者，都应当作出我们力所能及的贡献。我们期待着以案例分析的方式阐释实践中的法理，能够增强法治信念，汇集法治共识，凝练法治思维，但限于能力和时间，作品肯定还很不成熟，有着这样那样的不足。我们期待着您能提出宝贵的意见，能加入我们的团队，一起来为法治的明天而奋斗！

编　者

2021 年 4 月 29 日

# 目　录

## 民法典专题·人格权编



## 民法典专题·婚姻家庭编



## 民法典专题·继承编



## 民法典专题·侵权责任编

## 知识产权专题



## 商法专题

## 行政法专题



## 刑法专题

# 民法典专题

## 人格权编

# 祭奠利益受损的法律救济

曹相见*

自古以来祭奠就是礼俗民情中的大事，而因为各种原因限制损害祭奠权益的现象并不罕见。对此，法律不应袖手旁观而应提供合理的救济。

## 一、案情与裁判

**案件名称：**陈丙诉陈甲、陈乙人格权纠纷案

**案件来源：**上海市第二中级人民法院(2004)沪二中民一(民)终字第866号民事判决

**案情简介：**

陈丙(原告)与陈甲、陈乙(被告)系亲兄弟，三人另有一个姐姐和一个妹妹。2000年父亲去世后，陈丙提议将骨灰盒安葬在住处旁的绿化带中，遭陈甲、陈乙及众亲友反对，后骨灰盒一直放在陈乙家中。2003年，因房屋面临拆迁，陈甲、陈乙决定为父亲购买墓地。三人的姐夫邓某将情况告知陈丙，但陈丙未予理会。后陈甲、陈乙出资为其父亲购买墓地并准备安葬。安葬前一天，陈丙获悉该情况，于是找到邓某等亲戚，对陈甲、陈乙未与其商量安葬事宜表示异议，并表示要参加次日的安葬仪式。后陈丙以怕发生冲突为由在家等候通知，但陈甲、陈乙认为，在父亲安葬一事上陈丙应不计前嫌主动参加。在陈丙未主动参加的情况下，陈甲、陈乙处理了安葬事宜，并在墓碑上有意漏刻了陈丙夫妇的姓名。

陈丙认为陈甲、陈乙故意在碑文上漏刻其姓名，伤害其人格尊严和名誉权，于是诉请法院判令陈甲、陈乙停止侵害，赔礼道歉，将陈丙及妻儿的姓名镌刻在

---

* 曹相见，吉林大学法学院副教授，法学博士，浙江新台州律师事务所疑案研究中心研究员。

墓碑上，并判令陈甲、陈乙赔偿精神损失费5000元。一审法院审理期间，陈丙变更诉讼请求，要求将原墓碑更换为新墓碑，新墓碑的风格及大小同原墓碑，按照长幼顺序将陈丙、陈甲、陈乙及妻子的姓名镌刻在新墓碑上，原墓碑的费用由陈甲、陈乙承担，新墓碑及购墓的费用由陈丙、陈甲、陈乙三人平摊，其余的诉讼请求不变。

一审判决

一审法院经审理认为：法院认为，亲属之间基于亲属身份关系，有互为表明亲属身份的权利，且历来就有在过世长辈墓碑上镌刻姓名以示尊敬、哀悼、怀念的风俗，故公民在从事民事活动时应当遵守。陈甲、陈乙在为父亲立碑时，因宿怨未将陈丙夫妇的姓名镌刻在墓碑上，确有不妥。但因与陈甲、陈乙有矛盾怠于与陈甲、陈乙商量父亲安葬事宜，且在获悉安葬日期后仍未主动与陈甲、陈乙联系，对导致纷争亦有一定责任。陈甲、陈乙应于判决生效之日起一个月内将陈丁墓地的墓碑换为新墓碑，新墓碑应遵循原墓碑的风格、大小并按照陈丙、陈甲、陈乙的长幼顺序，在原墓碑铭文的基础上添加陈丙夫妇的姓名，原墓碑的费用2109元由陈甲、陈乙承担，新墓碑的费用2145元及拆装费300元由陈丙、陈甲、陈乙各负担三分之一。

二审判决

上海市第二中级人民法院经审理认为：公民的合法民事权益受法律保护。墓碑的功能除了标识死者身份外，亦是生者寄托对死者哀思、进行祭奠的物质载体，是具有人格象征意义的特定纪念物品。死者亲属按照长幼顺序在墓碑上镌刻姓名符合我国传统伦理道德的一般观念，应视为一种社会的公序良俗；能否在墓碑上刻名亦不以出资多少为前提条件，对此，上诉人在立碑刻字时应当予以充分的尊重。现上诉人将立碑仅视为消费行为，并以被上诉人已经放弃权利为由进行抗辩，缺乏依据。上诉人在父亲墓碑上漏刻被上诉人夫妇姓名的行为确已侵犯了被上诉人基于与死者的亲属关系所享有的身份上的权利。鉴于本案的纷争双方当事人均有一定的过错，且换碑重刻的行为已能补救被上诉人遭受损害的身份上的权益，一审法院对被上诉人要求上诉人赔礼道歉和要求进行精神损害赔偿的诉请不予支持亦无不妥。

## 二、相关规定

《侵权责任法》第2条(《民法典》1164条修正)："侵害民事权益，应当依照本法承担侵权责任。本法所称民事权益，包括生命权、健康权、姓名权、名誉权、荣誉权、肖像权、隐私权、婚姻自主权、监护权、所有权、用益物权、担保物权、著作权、专利权、商标专用权、发现权、股权、继承权等人身、财产权益。"

《最高人民法院关于确定民事侵权精神损害赔偿责任若干问题的解释》（法释〔2001〕7号）第1条［《最高人民法院关于确定民事侵权精神损害赔偿责任若干问题的解释》（法释〔2020〕17号）第1条］："自然人因下列人格权利遭受非法侵害，向人民法院起诉请求赔偿精神损害的，人民法院应当依法予以受理：（一）生命权、健康权、身体权；（二）姓名权、肖像权、名誉权、荣誉权；（三）人格尊严权、人身自由权。违反社会公共利益、社会公德侵害他人隐私或者其他人格利益，受害人以侵权为由向人民法院起诉请求赔偿精神损害的，人民法院应当依法予以受理。"

## 三、典型案例或做法

| 案号 | 裁判立场 |
| --- | --- |
| 赵某美诉张某根丧葬权、悼念权纠纷案/江苏省东台市人民法院（2014）东民初字第0510号民事判决 | 人格权侵权 |
| 贺某祭奠权纠纷案/湖南省新田县人民法院（2011）新法民一初字第356号民事判决 | 侵害人格利益而非人格权 |

## 四、法理分析

祭奠（或称"祭祀""悼念"）作为一种传统风俗，在中国由来已久。祭奠纠纷在现实中也层出不穷，但由于缺乏立法的明确规制，司法实践态度不一，在一般人格权说、身份权说和人格权说之间不停摇摆。当然，还有法院认为祭奠纠纷不属于民事诉讼的受案范围。本案中，陈丙认为陈甲、陈乙故意在碑文上漏刻其姓名，伤害其人格尊严和名誉权，诉请法院判令陈甲、陈乙停止侵害，赔礼道歉，显系基于人格侵权的诉讼请求。一审法院认为亲属之间基于亲属身份关系有互为表明亲属身份的权利，实质上也是从人格侵权角度的判断。二审法院虽然认可一审判决，判决书却自相矛盾：一方面认为墓碑是生者寄托对死者哀思、进行祭奠的物质载体，是具有人格象征意义的特定纪念物品，另一方面却认为上诉人的行为侵犯了被上诉人基于与死者的亲属关系所享有的身份上的权利。

就法律属性而言，祭奠利益不属于身份利益：首先，身份利益既是身份权人的利益所在，也是身份权相对人的利益所在。因此，身份权的内容与其说是权利人的自由，不如说是负有的义务，不可放弃、不可转让。“身份权本质是以义务为中心而非以权利为中心……时至今日，祭奠内涵已由义务为中心转向以利益为中心，有别于身份权。”[①]以亲权为例，为使未成年人健康成长，父母不仅负有保护未成年人身和财产的义务，还享有训诫等权力。但即便是后者，也以使孩子健康成长为目的，而非亲权人的自由。当然，亲权虽为未成年人利益而设，父母在负担此种义务时，亦可享受孩子成长之乐趣。其次，身份利益既为特定利益人存在，当然要求存在身份权人和相对人两方主体，此种主体必然是出生之后、死亡之前的民事主体。身份关系中双方任何一方死亡，将导致这种内部关系的终结，进而导致双方权利义务的终止。因此，祭奠开始之时，便是身份消亡之日，祭奠利益中的身份因此就缺乏利益法律关系构成的意义。

祭奠利益能否作为一项独立的人格权？由于缺乏现行法的规定，它显然不是法定人格权。那么，祭奠利益是否存在上升为法定权利的可能？答案是否定的。凡权利必体现为某种利益，但不是所有利益都可以成为权利。在侵权法上，利益要想成为权利，须同时具备可归属于特定主体、可排除他人干涉以及社会典型公开性三个要件。人格利益均符合前两个标准，但只有内在于人的人格利益才具有社会典型公开性。祭奠利益虽是利益主体的主观情感，但其寄托于外在之物和外在行为中，故因外在于人而不具有社会典型公开性。换个角度说，祭奠利益因外在于人而不具备专属性，而专属性恰恰又是人格权的基本属性。由此，祭奠利益可以纳入《侵权责任法》第 2 条第 2 款的“等人身、财产权益”[或《最高人民法院关于确定民事侵权精神损害赔偿责任若干问题的解释》（法释〔2001〕7 号）第 1 条]的范围，并适用《侵权责任法》第 6 条第 1 款规定的过错责任的责任构成。如果我们在人格保护兜底条款的意义上理解一般人格权，则祭奠利益的保护亦可称为“一般人格权”模式。

---

① 张红：《侵害祭祀利益之侵权责任》，《法学评论》2018 年第 2 期。

# 谈古论今，能否随意诋毁英雄烈士形象?

曹相见

工作闲余，谈古论今、也是一种常见的生活方式。由于英雄烈士往往都是死去的人，历史真实又不易于调查考证，因此有人从中取乐，任意诋毁英雄烈士的生前形象。那么，这种行为是否合法？历史人物能否受到法律保护？

## 一、案情与裁判

**案件名称**：葛某生诉洪某快名誉权、荣誉权纠纷案

**案件来源**：北京市第二中级人民法院(2016)京02民终6272号民事判决

**案情简介**：

2013年9月9日，洪某快(被告)在财新网发表《小学课本〈狼牙山五壮士〉有多处不实》一文。文章针对张姓网民因“污蔑狼牙山五壮士”被警方行政拘留事件认为，“越秀警方以虚构信息、散布谣言的罪名直接抓人，开了一个谈论历史有可能获罪被抓的先河”。其认为，所谓“污蔑狼牙山五壮士”的“谣言”原本就有：据2011年12月14日百度贴吧里一篇名为《狼牙山五壮士真相原来是这样!》的帖子说，“5个人中有3个是当场被打死的，后来清理战场把尸体丢下悬崖。另两个当场被活捉，只是后来不知道什么原因又从日本人手上逃了出来”。洪某快后来撰写了《“狼牙山五壮士”的细节分歧》一文，发表于《炎黄春秋》2013年第11期(该文同时发表在《炎黄春秋》官网)。文章通过援引不同来源、不同内容、不同时期的报刊资料等，分何处跳崖、如何跳崖、“‘五壮士’是否拔群众的萝卜”等部分，对“狼牙山五壮士”事迹中的细节提出质疑。

**一审判决**

**北京市西城区人民法院经审理认为**：学术自由、言论自由以不侵害他人合法权益、社会公共利益和国家利益为前提。这是我国宪法所确立的关于自由的

一般原则，是为言论自由和学术自由所划定的边界。本案中，“狼牙山五壮士”及其事迹所凝聚的民族感情和历史记忆以及所展现的民族精神，是当代中国社会主义核心价值观的重要来源和组成部分，具有巨大的精神价值，也是我国作为一个民族国家所不可或缺的精神内核。对“狼牙山五壮士”名誉的损害，既是对原告之父葛某林的名誉、荣誉的损害，也是对中华民族的精神价值的损害。被告完全可以在不损害“五壮士”名誉、荣誉和社会公共利益的前提下，自由地进行学术研究和自由发表言论，包括对狼牙山战斗的某些细节进行研究，但被告却未采用这种方式，而是通过所谓的“细节研究”，甚至与网民张某红对“狼牙山五壮士”的污蔑性谣言相呼应，质疑“五壮士”英勇抗敌、舍生取义的基本事实，颠覆“五壮士”的英勇形象，贬损、降低“五壮士”的人格评价。这种“学术研究”“言论自由”不可避免地会侵害五壮士的名誉、荣誉，以及融入了这种名誉、荣誉的社会公共利益。

鉴于洪某快的行为符合侵权责任构成，判决洪某快立即停止侵害葛某林名誉、荣誉的行为，并在判决生效后三日内，公开发布赔礼道歉公告。

**二审判决**

**北京市第二中级人民法院经审理认为**：案涉文章对于“狼牙山五壮士”在战斗中所表现出的英勇抗敌的事迹和舍生取义的精神这一基本事实，自始至终没有作出正面评价，而是以考证“在何处跳崖”“跳崖是怎么跳的”以及“‘五壮士’是否拔了群众的萝卜”等细节为主要线索，通过援引不同时期的材料、相关当事者不同时期的言论，全然不考虑历史的变迁，各个材料所形成的时代背景以及各个材料的语境等因素。在无充分证据的情况下，案涉文章多处作出似是而非的推测、质疑乃至评价。因此，尽管案涉文章无明显侮辱性的语言，但通过强调与基本事实无关或者关联不大的细节，引导读者对“狼牙山五壮士”这一英雄烈士群体英勇抗敌事迹和舍生取义精神产生质疑，从而否定基本事实的真实性，进而降低他们的英勇形象和精神价值。洪某快的行为方式符合以贬损、丑化的方式损害他人名誉和荣誉权益的特征。

案涉文章通过刊物发行和网络传播，在全国范围内产生了较大影响，不仅损害了葛某林的个人名誉和荣誉，损害了葛某生的个人感情，也在一定范围和程度上伤害了社会公众的民族和历史情感。在我国，由于“狼牙山五壮士”的精神价值已经内化为民族精神和社会公共利益的一部分，因此，也损害了社会公共利益。洪某快作为具有一定研究能力和熟练使用互联网工具的人，应当认识到案涉文章的发表及其传播将会损害到“狼牙山五壮士”的名誉及荣誉，也会对其近亲属造成感情和精神上的伤害，更会损害到社会公共利益。在此情形下，洪某快有能力控制文章所可能产生的损害后果而未控制，仍以既有的状态发表，在主观上显然具有过错。由于洪某快的行为符合侵权构成要件，故对其上诉请求不予支持，维持原判。

## 二、相关规定

《民法总则》第 185 条(《民法典》第 185 条)：“侵害英雄烈士等的姓名，肖像、名誉、荣誉，损害社会公共利益的，应当承担民事责任。”

《英雄烈士保护法》第 25 条：“对侵害英雄烈士的姓名、肖像、名誉、荣誉的行为，英雄烈士的近亲属可以依法向人民法院提起诉讼。英雄烈士没有近亲属或者近亲属不提起诉讼的，检察机关依法对侵害英雄烈士的姓名、肖像、名誉、荣誉，损害社会公共利益的行为向人民法院提起诉讼。”

《英雄烈士保护法》第 26 条：“以侮辱、诽谤或者其他方式侵害英雄烈士的姓名、肖像、名誉、荣誉，损害社会公共利益的，依法承担民事责任；构成违反治安管理行为的，由公安机关依法给予治安管理处罚；构成犯罪的，依法追究刑事责任。”

## 三、典型案例或做法

| 案号 | 裁判立场 |
|---|---|
| 叶某光、叶某鹰等与西安摩摩信息技术有限公司名誉权纠纷案/西安市雁塔区人民法院(2018)陕0113 民初 8937 号民事判决 | 被告西安摩摩公司创作的视频的内容(将叶挺生前创作的《囚歌》篡改为“为人进出的门紧锁着！为狗爬出的洞敞开着！一个声音高叫着！爬出来吧！无痛人流！”)亵渎了叶挺烈士的大无畏革命精神，损害了叶挺烈士的名誉，不仅给叶挺烈士亲属造成精神痛苦，也伤害了社会公众的民族和历史感情，损害了社会公共利益。被告西安摩摩公司的行为具有违法性且其主观过错明显，应当承担侵权责任。 |

续表

| 案号 | 裁判立场 |
| --- | --- |
| 徐某名誉权纠纷一审民事判决书/烟台市中级人民法院(2018)鲁06民初211号民事判决 | 被告徐某利用互联网微博发表带有侮辱性质的不实言论，公然辱骂烈士，歪曲烈士英勇牺牲的事实，其微博被网友截图并大量转发和评论，造成恶劣影响。其对张鑫烈士精神造成的负面影响，已经超出了我国公民言论自由的范畴，构成对烈士名誉的侵害。徐某的行为不仅侵害了张鑫烈士的名誉权利，而且严重伤害了张鑫烈士亲友及社会公众的情感，损害了社会公共利益，依法应当承担名誉侵权的民事责任。 |

## 四、法理分析

本案中，作为侵权责任构成的过错和因果关系比较容易判断：洪某快完全知道文章在财新网、《炎黄春秋》及相关网络上传播会损害“五壮士”生前形象仍然予以发表，显然存在放任损害发生的故意；洪某快发表文章的行为既是损害发生的条件，也符合通常情形下产生损害的相当性。但在损害和抗辩事由上却值得进一步分析，而法院判决也对此花费了很多笔墨。

就损害而言，烈士和死去的英雄是否还享有“名誉”等人格利益？损害民族精神和历史情感的说法，在法律上是否站得住脚？对此，法院持赞同立场。如一审判决认为“对‘狼牙山五壮士’名誉的损害，既是对原告之父葛某林的名誉、荣誉的损害，也是对中华民族的精神价值的损害”。二审判决认为“案涉文章……不仅损害了葛某林的个人名誉和荣誉，损害了葛某生的个人感情，也在一定范围和程度上伤害了社会公众的民族和历史情感”。但实际上，人死之后是不能享有任何权利和利益的，名誉自然也不例外。只是人的生前形象以文字、记忆等方式继续存在于客观世界，并具有受法律保护的三重利益：一是保持某种真相的公共利益，“历史不容歪曲”就是在这个意义上说的；二是引领高尚道德的公共利益，英雄烈士就有这个功能；三是近亲属等的悼念、追思利益。因此，受法律保护的其实是英雄烈士的生前形象，而之所以损害民族精神、历史情感属于违法行为，就是因为它损害了英雄、烈士生前形象在道德引领方面的公共利益。

有意思的是，既然保持真相也是死者生前形象上的公共利益，那么，历史考据或求真行为就不应认定为侵权。正因为如此,洪某快也辩解称他的行为是学术自由。答案是这样的吗?并不这么简单。一般而言,死者生前形象上的保持真相(这是从人们认识世界的角度说的)、道德引领(这是从人们生活行为角度的来说的)两种公共利益是统一的,具有高尚品格的人的生前形象不容歪曲。但二者也有可能是冲突的,即这个人的高尚品格其实是虚假的,是捏造出来的。这种情况应该怎么办呢?这就要运用利益衡量的方法。此时,保持真相与道德引领虽然同为公共利益,但基于生活高于认识的判断,道德引领利益原则上要高于认识世界的利益,只是在事实真相确定无疑的情况下,道德引领功能才应让位于真相上的公共利益。就本案而言,即便"五壮士"跳崖细节存疑,在没有确切证据和充分证明的情况下,否定"五壮士"的精神价值就是违法的。当然,假设存在确切证据和充分证明,则其行为就不具有违法性,从而无须承担侵权责任。

## 五、经验启示

谈天说地、纵古论今,本是人的自由。但即便是死去的英雄烈士,其生前光辉形象也通过道德引领的形式具有公共利益。因此,在没有充分的证据证明前,任何人不得凭个人好恶,肆意歪曲事实,污蔑英雄烈士人格。即便进行历史考证,也应仅对历史真实作出评价,不宜带有主观上的个人偏见和侮辱性言语。

# 冒用他人名义贷款逾期未还的侵权责任

曹相见

信用是做人之本，无信用者非丈夫。在征信系统越来越完善的今天，信用不良意味着无法从事很多必要的日常交易。如果个人身份被他人冒用导致在人民银行留下不良征信记录，行为人应如何承担侵权责任？同时也涉及哪些权利被侵害以及如何赔偿的问题。

## 一、案情与裁判

**案件名称：**周某猛与中国农业银行股份有限公司桂阳县支行名誉权纠纷案

**案件来源：**湖南省桂阳县人民法院(2018)湘1021民初853号民事判决

**案情简介：**

案外人李某某冒用周某猛(原告)的身份证等信息，向中国农业银行股份有限公司桂阳县支行(被告，以下简称农行桂阳县支行)申请贷款，获得10年期按揭贷款500000元，后李某某未及时还款、还息，造成了原告周某猛的不良信用记录，原告周某猛于2013年第一次向法院提起诉讼，请求判令被告消除原告的不良信用记录。后因双方和解，原告撤回起诉，被告消除了原告的不良信用记录。2016年，被告将其对李某某的贷款作为不良资产转让给桂阳某公司，为便利该公司实现债权，被告重新将该笔贷款及逾期信息报送征信服务中心，导致原告信用再次受损。原告于是再次提起诉讼，请求判令被告消除原告的不良信用记录，并向原告公开赔礼道歉。

**法院判决**

**湖南省桂阳县人民法院经审理认为：**本案的争议焦点有二：(1)原告周某猛与被告农行桂阳县支行是否存在金融借款合同关系？对此，原告主张案外人李某某冒用原告之名向被告贷款，此事实也得到了被告的认可，故原告与被告之间并无金融借款关系。(2)被告行为是否侵害了原告的名誉权?对此,被告在2013年第一次诉讼时,就已经知道原告名下贷款系因被他人冒名所致,并消除了原告的不良信用记录。但到2016年,被告为使不良资产受让方实现债权,又向征信服务中心报送原告贷款逾期的信息,从而导致原告信用受损,已经构成名誉侵权。由于不真实的个人信用记录会对人的日常生活造成不良影响。因此,原告要求被告消除其不良信用记录的诉讼请求应予支持。原告未妥善保管个人身份证件,本身存在一定过错,故本院对其要求被告赔礼道歉的诉讼请求不予支持。

## 二、相关规定

《民法通则》第101条(《民法典》第1024条修正):“公民、法人享有名誉权,公民的人格尊严受法律保护,禁止用侮辱、诽谤等方式损害公民、法人的名誉。”

《民法总则》第110条第1款(《民法典》第110条第1款):“自然人享有生命权、身体权、健康权、姓名权、肖像权、名誉权、荣誉权、隐私权、婚姻自主权等权利。”

## 三、典型案例或做法

| 案号 | 裁判立场 |
| --- | --- |
| 郑某军、厦门农村商业银行股份有限公司新民支行名誉权纠纷案/福建省厦门市中级人民法院(2017)闽02民终2697号民事判决 | 1.郑某军主张的名誉权,实质为信用权。信用是社会对特定主体清偿能力和清偿记录的评价,属名誉范畴。<br>2.根据本案情况,涉案征信记录并没有作为失信记录公布而被公众知晓,不足以造成郑某军社会评价降低。 |
| 彭某与衡阳县农村信用合作联社、衡阳县农村信用合作联社长安信用社名誉权纠纷案/湖南省衡阳县人民法院(2016)湘0421民初782号民事判决 | 1.我国民事立法对信用权未作明文规定,该权利包含在名誉权之中。<br>2.原告为从深圳赶回衡阳处理此事,存在一定的费用,本院酌情考虑2000元。侵权行为对彭某的精神造成一定的损害后果,应当予以赔偿。 |
| 宋某勇与泰安市岱岳农村商业银行股份有限公司名誉权纠纷上诉案/山东省泰安市中级人民法院(2017)鲁09民终896号民事判决 | 1.宋某勇主张被侵犯的实际是信用权。信用作为一种社会评价,它属于名誉的范畴之内。<br>2.虽然该征信系统并非向社会上不特定民众开放,但征信系统在相关经济领域内部具有公示效应,因此应当构成侵权。 |

## 四、法理分析

本案的特殊性是，冒用他人身份信息骗取银行贷款、贷款逾期未还属于两个独立行为。值得追问的是，这两个行为究竟构成何种侵权，受害人应如何主张损害赔偿？

首先，冒用他人名义侵害了姓名权上的精神利益。姓名权是权利人决定、变更自己姓名的人格权利。至于姓名的使用权，由于在不构成隐私侵权的情况下，他人也可以自由使用，在商业利用的情形还体现为财产利益，所以不是任何情况下使用他人姓名都构成姓名权侵权。但由于姓名符号与主体之间存在稳定联系，冒用他人姓名侵害了姓名上的同一性利益（即将姓名主体与他人混淆），应当承担侵权责任。但本案中侵害原告姓名上同一性利益的是案外人李某某，而非被告农行桂阳县支行。

其次，冒用他人名义贷款逾期未还构成信用权侵权。从所查阅到的案例来看，实务界普遍认识到冒用身份导致信用受损实质上是侵害信用权，但在信用权与名誉权的关系上，又普遍认为信用权属于名誉权的内容。此种认识的合理性是，个人信用记录虽然不向大众公开，仅特定主体才能查到，但它毕竟具有相对性，即有不良记录者在从事特定行为时，其信用记录必然为他人知晓，客观上好像是导致了他人社会评价的降低，但其后果并未损害信用主体的人格尊严，而是妨碍其从事相应的民事行为。因此，难以认定为构成名誉侵权还是独立的信用权侵权。就责任主体而言，通常冒名人为侵权人，银行仅在知道被冒名的事实时才负有更正记录的义务，但本案被告对冒名行为早已知情，故同为信用权侵权主体。

最后，损害他人征信信用的赔偿本质上是对机会损失的赔偿。由于信用权是对权利人清偿能力的社会评价，因此只要消除不当记录即可获得救济。但损害他人征信信用最常见的后果是导致受害人因无法从事相应民事行为而导致的损失。这种损失不应是人格权侵权的赔偿，而是因损害他人信用权而导致的机会损失。由于机会损失高度不确定，所以原则上不予赔偿。但在侵害他人征信信用的情况下，行为人不难预见受害人无法从事相应民事行为的损害后果时，应当给予赔偿。

综上，冒用他人名义贷款侵害了姓名上的同一性精神利益，逾期未还导致信用受损则侵害了信用权，由于二者属于前后两个不同的行为，所以民事责任构成聚合关系。这样，冒用他人名义贷款逾期未还就应同时赔偿受害人姓名权上精神利益损害、信用权损害以及因信用权受侵害导致无法从事特定民事行为的机会损失三个部分。在责任分配上，银行只可能构成信用权侵权，并依其过错就其所致损害的扩大部分承担责任。

# 民法典专题

婚姻家庭编

# 夫妻共有不动产的善意取得

石文静*

一方未经另一方同意出售夫妻共同共有的房屋，第三人善意购买、支付合理对价，但并未办理产权登记手续，另一方能否主张追回该房屋？如果可以追回，那么因此而受损的买方应如何进行救济？以下将结合一则案例说明之。

## 一、案情与裁判

**案件名称：**林某花等与邵某云房屋买卖合同纠纷再审案

**案情来源：**浙江省高级人民法院(2019)浙民再220号民事判决

**案情简介：**

邵某云(被申请人、一审原告、二审被上诉人)和刘某双(一审第三人、二审被上诉人)双系同村村民。董某趣(再审申请人一审被告、二审上诉人)和林某花(再审申请人一审第三人、二审上诉人)系夫妻关系。董某趣将其名下的坐落于瑞安市的房屋挂在瑞安市海平房屋介绍所待售。2017年5月18日，邵某云向瑞安市海平房屋介绍所支付了定金100000元欲购买上述房屋。2017年6月17日，瑞安市海平房屋介绍所的介绍人吴某平向董某趣转付定金100000元。之后，董某趣出具收条交邵某云收执，注明收定金100000元。2017年7月19日，邵某云和董某趣在瑞安市海平房屋介绍所居间介绍下签订了《房屋买卖合同》(甲方为董某趣，乙方为邵某云)，双方约定：甲方将登记在其名下的坐落于瑞安市的房屋出卖给乙方；房屋成交价860000元；订合同之日付定金400000元，定金在最后一次付款时冲抵购房款，定金不得超过房屋成交款的20%，超过部分计入预付款；第二期付款待房产证过户前再付

* 石文静，山东大学法学院博士研究生，浙江新台州律师事务所疑案研究中心研究员。

460000元；该房屋配套设施一切随房屋转让给乙方。双方将合同的落款时间写为2017年5月18日。合同签订后，邵某云于2017年7月21日、2017年8月12日分别向董某趣支付剩余购房款300000元、460000元。因涉案房屋的房产证和土地证分别登记在董某趣和刘某双名下，董某趣在协助邵某云办理过户中遇到阻碍，双方为此发生争执。之后，董某趣不同意出卖涉案房屋通过银行转账将上述购房款全额退还给邵某云，邵某云起诉要求继续履行合同。

**一审判决**

**浙江省瑞安市人民法院经审理认为：**邵某云与董某趣于2017年7月19日签订的《房屋买卖合同》有效；董某趣、刘某双应协助邵某云办理坐落于瑞安市房屋的不动产过户登记手续。

林某花、董某趣不服一审判决，分别提起上诉。

**二审判决**

**浙江省温州市中级人民法院经审理认为：**邵某云与董某趣签订的《房屋买卖合同》系当事人的真实意思表示，其内容不违反法律、行政法规的禁止性规定。涉案房屋登记在董某趣一人名下，邵某云与董某趣签订《房屋买卖合同》并不存在恶意或重大过失且已经支付了相应的对价，故《房屋买卖合同》应认定为合法、有效。即使董某趣出卖房屋的行为有侵害了林某花的合法权益，也应当由董某趣承担赔偿责任，而不能据此否定《房屋买卖合同》的效力。考虑到董某趣已将全部购房款退还给邵某云，邵某云在二审中表示愿意继续支付购房款，为减少当事人的诉累，该院在二审判决书中直接确定邵某云向董某趣履行支付购房款的义务。二审法院维持原判，并要求被上诉人邵某云于本判决生效之日起三日内向董某趣支付购房款860000元。

林某花、董某趣不服二审判决，向浙江省高院申请再审。

**再审判决**

**浙江省高级人民法院经审理认为：**本案争议焦点有三：一是案涉房屋在董某趣与邵某云签订房屋买卖合同前是否属于董某趣和林某花的夫妻共同财产；二是董某趣与邵某云签订的房屋买卖合同是否有效；三是案涉房屋买卖合同是否应继续履行。根据查明事实，法院认为，其一，案涉房屋买卖合同签订前，虽然案涉房屋所有权登记在董某趣名下，但案涉房屋系在董某趣、林某花夫妻关系存续期间所购置，现没有证据证明董某趣、林某花约定婚姻关系存续期间所得的财产归各自所有，故应当认定案涉房屋属于董某趣、林某花的夫妻共同财产。其二，无权处分并不影响合同的效力，故房屋买卖合同有效。其三，董某趣未经共同共有人林某花同意将案涉房屋出卖给邵某云，在本案二审判决生效前案涉房屋尚未变更登记到邵某云名下，不符合法律规定不动产善意取得必须具备已经办理产权登记手续的条件，因此邵某云不能取得案涉房屋的所有权。董某趣未经共同共有人林某花同意与邵某云签订房屋买卖合同，共同共有人林某花作为有独立请求权的第三人参与本案诉讼要求确认房屋买卖合同无效，实质是不同意继续履行，要求追回案涉房屋。根据相关规定，邵某云对案涉房屋不构成善意取得，林某花有权追回案涉房屋，故案涉房屋买卖合同不应继续履行。综上，法院撤销了一、二审法院的判决，确认房屋买卖合同有效。

**二、相关规定**

**《物权法》第 97 条(《民法典》第 301 条修正)**：“处分共有的不动产或者动产以及对共有的不动产或者动产作重大修缮的，应当经占份额三分之二以上的按份共有人或者全体共同共有人同意，但共有人之间另有约定的除外。”

**《最高人民法院关于审理买卖合同纠纷案件适用法律问题的解释》(法释〔2012〕8 号)第 3 条第 1 款**[①]：“当事人一方以出卖人在缔约时对标的物没有所有权或者处分权为由主张合同无效的，人民法院不予支持。”

**《物权法》第 106 条第 1 款(《民法典》第 311 条第 1 款修正)**：“无权处分人将不动产或者动产转让给受让人的，所有权人有权追回；除法律另有规定外，符合下列情形的，受让人取得该不动产或者动产的所有权：(一)受让人受让该不动产或者动产时是善意的；(二)以合理的价格转让；(三)转让的不动产或者动产依照法律规定应当登记的已经登记，不需要登记的已经交付给受让人。”

**《最高人民法院关于适用〈中华人民共和国婚姻法〉若干问题的解释(三)》(法释〔2011〕18 号)第 11 条第 1 款[《最高人民法院关于适用〈中华人民共和国民法典〉婚姻家庭编的解释(一)》(法释〔2020〕22 号)第 28 条第 1 款]**：“一方未经另一方同意出售夫妻共同共有的房屋，第三人善意购买、支付合理对价并办

① 《最高人民法院关于审理买卖合同纠纷案件适用法律问题的解释》(法释〔2020〕17 号)已删除该条。

理产权登记手续，另一方主张追回该房屋的，人民法院不予支持。”

## 三、典型案例或做法

| 案号 | 裁判立场 |
| --- | --- |
| 国某与韩某宇、路某豪等确认合同无效纠纷案/内蒙古自治区呼和浩特市中级人民法院（2019）内01民终812号民事判决 | 上诉人不能证明被上诉人之间恶意串通，不支持主张《二手房买卖合同》无效的诉求；虽然本案夫妻一方未经另一方同意处分该房屋系无权处分，但买卖合同双方约定的价款当时并不明显低于市场价格，且已经办理了产权转移手续，被上诉人已经善意取得该房屋所有权，故法院未支持上诉人要求变更登记的诉求。 |
| 曹某海、张某忠房屋买卖合同纠纷案/江苏省南通市中级人民法院（2019）苏06民终708号民事判决 | 该房屋系夫妻共同财产，卖方单独处分该财产系无权处分，房屋未办理过户登记，买方未取得房屋所有权。买方请求解除合同并要求卖方赔偿其房屋增值损失，因卖方存在主要过错，故法院最终判定卖方应赔偿买方80%的违约损失。 |
| 何某平、刘某平房屋买卖合同纠纷案/安徽省合肥市中级人民法院（2018）皖01民终4253号民事判决 | 买卖双方签订合同时，卖方配偶在现场；看房时，卖方配偶也在家中，由此可以认定卖方配偶应当知道卖方卖房的情况，且出卖房产登记为卖方一人所有，买方有理由相信何丹平对买卖房屋有处分权。案涉房买卖合同及补充协议，系双方当事人的真实意思表示，内容不违反法律、行政法规的强制性规定，合法有效。合同签订后，买方积极履行自己的义务，但卖方在无合同约定和法定事由的情况下，单方要求解除合同，并以自己的行为明确表示不履行合同义务，其行为已经构成违约，应向买方承担违约责任。法院最终判定卖方应向买方赔偿包括可得利益损失在内的各项损失共计22万元。 |

## 四、法理分析

在房屋买卖交易过程中，经常出现一方未经另一方同意便向第三人出售夫妻共同共有房屋的情形，当具备哪些条件时，第三人可以善意取得该房产；若第三人在此过程中遭受一定损失，又应采取何种救济措施，以下将作出简要阐述。

首先，登记于夫妻一方名下的房产并不一定归属于其个人所有。根据《婚姻法》相关规定，在夫妻关系存续期间购置的房产，属于夫妻共有财产。除非夫妻双方另有协议约定该房产归属，否则，即使登记于夫妻一方名下，仍归夫妻共同所有。本案涉及的房屋即属于夫妻共有财产。

其次，根据《物权法》第 106 条(《民法典》第 311 条)的规定，善意取得需满足以下四个要件：一是转让人无权处分，二是受让人受让时具备主观善意，三是以合理的价格进行交易，四是已经完成所有权的转移。在本案中，虽然夫妻一方未经对方同意擅自将房屋出卖于第三人的行为构成无权处分，第三人也以合理价格支付购房款，具备主观善意；但因案涉房屋未办理过户登记手续，故本案第三人未能善意取得该房产，所有权人有权追回。卖方配偶林某花在一审中作为有独立请求权的第三人参与诉讼，并作为再审申请人提起再审，表明其不愿意出卖该房屋，存在追回出售房产的意图，故案涉房屋仍归该夫妻双方所有，卖方并无协助买方办理过户登记的义务。

最后，虽然卖方构成无权处分，但这并不影响房屋买卖合同的效力。买方可以解除合同并要求卖方赔偿相应损失；还可以要求卖方承担违约责任。实践中最主要的违约责任承担方式便是赔偿损失，赔偿的范围包括直接损失和间接损失。直接损失指财产的直接减少，包括诸如中介费用、因房屋无法及时交付而租用房屋的费用等；间接损失指失去的可以预期取得的利益(可得利益)，包括诸如房屋增值损失等，可得利益的求偿应当客观确定，不能任意扩大。值得注意的是，在房屋买卖过程中，买方也应尽到一定的注意义务，否则应将对其自身的过错负责。譬如，在“曹某海、张某忠房屋买卖合同纠纷案”中，法院认为，买方完全可以根据拆迁资料了解到房屋的权利人为卖方夫妇二人，但其既未要求卖方配偶在合同上签字，又未审查卖方的委托授权材料，便贸然与卖方一人订立买卖合同，进而导致合同不能继续履行的僵局。故法院判定买方对最终损害结果的发生亦存有过错，卖方只需赔偿买方 80% 的违约损失。可见，房产交易需谨慎，在交易前应尽到合理的审查注意义务，以减少纠纷发生的可能性，并为可能发生的纠纷增加获赔的概率。

# 民法典专题

继承编

# 不符合法定形式要件的遗嘱的效力

刘耀东*

依据继承法，只有符合形式要件要求的遗嘱才能发生法律效力。然而，由于生活习惯、文化水平的差异，法律知识的欠缺等原因，遗嘱人往往并不按照法律规定制作遗嘱。审判实践中大量的遗嘱因为不合乎法定形式要件而被宣告无效，其做法并不合理。

## 一、案情与裁判

**案件名称**：李某甲、李某乙、李某丙诉李某丁遗嘱继承案

**案情来源**：北京市第二中级人民法院(2016)京02民终字第3817号民事判决

**案情简介**：

李某戊与葛某夫妻二人共生育子女李某甲(一审原告，二审上诉人)与李某丁(被告，二审被上诉人)二人。李某乙与李某丙系原告李某甲的两个女儿。2013年2月9日，李某戊去世，未立遗嘱。同年7月8日，葛某也去世。夫妻二人生前于北京市西城区北滨河路×号院×号楼拥有两套住房以及银行存款若干。

李某甲称关于遗产中两套住房(1602室与1603室)的归属，葛某生前曾留有一份代书遗嘱，其内容为：将两人共有的住房中1602室留给李某丁继承，1603室留给李某甲继承，李某甲需要在继承房屋的价值内分给李某乙和李某丙各70万元作为学习和生活费用。李某甲为了证明自己的主张，向法院提交了由李某己代书、史某见证，并由二人签名和葛某签名捺印的代书遗嘱。除此之

* 刘耀东，辽宁师范大学法学院副教授，法学博士，浙江新台州律师事务所疑案研究中心研究员。

外，李某甲还提交了自己拍摄的代书遗嘱签名捺印过程的视频资料，并申请两位见证人到庭作证，以证明遗嘱书写的时间和地点虽有笔误，但并不构成重大瑕疵，并不影响代书遗嘱的效力。

对此遗嘱，被告李某丁以葛某不具备订立遗嘱的能力以及遗嘱订立的时间和地点与记载不符为由否认遗嘱的真实性，并要求按照法定继承处理两套住房。但李某丁仅以口头陈述的形式否认遗嘱的真实性而并未对其质疑提供任何反证，也未对葛某的签名捺印申请司法鉴定。同时，由于李某丁和李某甲均承认见证人之一史某一直由李某甲成立的公司为其缴纳社会保险的事实，李某丁以该事实主张见证人史某与李某甲存在利害关系，并以此为由认为代书遗嘱违反了法定形式要求，应当认定遗嘱无效。

**一审判决**

**北京市西城区人民法院经审理认为：**葛某所立代书遗嘱首先应当确定其真实性，然后再审查其效力。对于代书遗嘱的真实性，李某甲提交了代书遗嘱以及相关的视频资料和证人证言，已经形成了完整的证据链佐证该遗嘱确系葛某所立。至于时间和地点的笔误不足以影响该遗嘱的真实性。李某丁主张该代书遗嘱并非葛某的真实意思表示，并非其所立，对此法律事实应当由李某丁承担举证责任，但李某丁并未提供任何反证，经法院释明也未对遗嘱书上葛某的签名捺印申请司法鉴定，故李某丁对此应当承担举证不能的法律责任。该代书遗嘱的真实性法院予以确认。但由于《继承法》明确规定与继承人有利害关系的人不得作为代书遗嘱的见证人。法院查明见证人史某与继承人李某甲存在雇佣关系，可以认为史某与原告李某甲存在利害关系，其作为代书遗嘱的见证人导致该遗嘱违反法定形式要件而无效，对原告的诉讼请求，不予支持。

判决驳回李某甲要求按照遗嘱继承遗产房屋的诉讼请求，按照法定继承处理涉案两套遗产房屋。

**二审判决**

**北京市第二中级人民法院经审理认为：**李某甲提供了葛某所立的代书遗嘱一份，对两套住房作出处分，但因代书遗嘱不符合法律规定的形式要件，故原审法院认定遗嘱无效，本院不持异议，上述两住房在被继承人未留有有效遗嘱的情形下应按法定继承办理。故驳回上诉，维持原判。

## 二、相关规定

《继承法》第 17 条第 2 款(《民法典》第 1134 条):“自书遗嘱由遗嘱人亲笔书写,签名,注明年、月、日。”

《继承法》第 17 条第 3 款(《民法典》第 1135 条):“代书遗嘱应当有两个以上见证人在场见证,由其中一人代书,注明年、月、日,并由代书人、其他见证人和遗嘱人签名。”

《民法典》第 1136 条:“打印遗嘱应当有两个以上见证人在场见证。遗嘱人和见证人应当在遗嘱每一页签名,注明年、月、日。”

《继承法》第 17 条第 4 款(《民法典》第 1137 条):“以录音形式立的遗嘱,应当有两个以上见证人在场见证。”

《继承法》第 17 条第 5 款(《民法典》第 1138 条):“遗嘱人在危急情况下,可以立口头遗嘱。口头遗嘱应当有两个以上见证人在场见证。危急情况解除后,遗嘱人能够用书面或者录音形式立遗嘱的,所立的口头遗嘱无效。”

《继承法》第 18 条(《民法典》第 1140 条):“下列人员不能作为遗嘱见证人:(一)无行为能力人、限制行为能力人;(二)继承人、受遗赠人;(三)与继承人、受遗赠人有利害关系的人。”

《最高人民法院关于贯彻执行〈中华人民共和国继承法〉若干问题的意见》[法(民)发〔1985〕22 号]第 35 条[①]:“继承法实施前订立的,形式上稍有欠缺的遗嘱,如内容合法,又有充分证据证明确为遗嘱人真实意思表示的,可以认定遗嘱有效。”

---

① 2020 年 12 月 29 日,最高人民法院印发《关于废止部分司法解释及相关规范性文件的决定》(法释〔2020〕16 号),决定废止 1985 年 9 月 11 日印发的《最高人民法院关于贯彻执行〈中华人民共和国继承法〉若干问题的意见》。

## 三、典型案例或做法

| 裁判观点 | 案号/司法文件 | 裁判立场 |
| --- | --- | --- |
| 形式瑕疵遗嘱有效 | 廖某基与陈某瑶确认之诉纠纷案/广东省佛山市中级人民法院(2004)佛中法民一终字第352号民事判决 | 遗嘱虽然在形式上稍有欠缺，但内容合法，又有充分证据证明为遗嘱人的真实意思表示，为有效遗嘱。 |
| | 上海市第一中级人民法院(2012)沪一中民一(民)终字第1333号民事判决 | 遗嘱有效与否的最为核心的要件是遗嘱须是遗嘱人的真实意思表示，其主要考察的是遗嘱人在订立遗嘱时是否受到胁迫或欺诈、遗嘱内容是否被篡改、遗嘱是否系伪造。本案的特殊之处在于遗嘱人是一位不识字且不会书写自己姓名的老人，但从遗嘱本身及见证人的证言可以表明，该份代书遗嘱是遗嘱人真实的意思表示，故应认定遗嘱有效。 |
| | 张某某等诉邵乙遗嘱继承纠纷再审案/上海市第二中级人民法院(2012)沪二中民一(民)再终字第14号民事判决 | 章某在遗嘱书写时虽不在场，但事先代书人曾要求其做见证人，事后代书人又将遗嘱让其过目，章某在确认遗嘱上签名系遗嘱人邵甲本人签字并至病房询问邵甲的真实意思后在遗嘱上签了名，章某作为见证人虽有瑕疵，但不能改变其作为见证人的本质，故代书遗嘱有效。 |
| | 范某1、范某2遗嘱继承纠纷再审案/浙江省高级人民法院(2017)浙民申2617号民事裁定 | 三位见证人的证言能够相互印证，证明遗嘱人李某在口述遗嘱时神志清醒，遗嘱内容系其真实意思表示。主张遗嘱无效者应对导致遗嘱无效的事实举证证明，当事人申请对遗嘱人李某在打印遗嘱上的捺印进行鉴定，因缺乏检材，无法对遗嘱人李某的签名和指印的真实性进行鉴定，当事人事后也未能提交其他证据证明案涉遗嘱存在无效的情形，故其应承担举证不能的法律后果，遗嘱有效。在遗嘱系遗嘱人李某真实意思表示的情况下，由他人书写身份信息并不影响遗嘱效力。 |
| | 申请再审人胡甲与被申请人胡乙、胡丙继承纠纷案/浙江省高级人民法院(2011)浙民提字第85号民事判决 | 对于代书遗嘱，《继承法》没有规定不符合该形式所立的遗嘱为无效；从《最高人民法院关于贯彻执行〈中华人民共和国继承法〉若干问题的意见》第35条的规定来看，不能得出形式上有欠缺的遗嘱即为无效的结论。在没有证据证明涉案遗嘱存在《继承法》第22条所规定的无效情形的情况下，仅以代书遗嘱形式上不符合《继承法》规定为由主张涉案遗嘱无效，缺乏法律依据，不予采信。 |

续表

| 裁判观点 | 案号/司法文件 | 裁判立场 |
| --- | --- | --- |
| | 牛某2等诉牛某1等继承纠纷案/上海市闸北区人民法院(2010)闸民一(民)初字第3726号民事判决 | 被继承人生前所立代书遗嘱虽只有盖章而没有签名、捺手印及注明时间未具体到'日',但因被继承人在以往所签协议签名位置有屡次盖章行为,故可认定其有盖章习惯,即被继承人本人认为其签名与盖章具有同等效力;至于被告提出代书遗嘱需精确到日的法律规定,因该遗嘱系被继承人真实意思表示,且公民意思表达真实即代表其个人意志,符合法律规定,故遗嘱落款虽未具名'日',但并不影响其处理个人遗产这一真实意思表示。《继承法》规定落款需年、月、日的立法本意在于确定立遗嘱的具体时间,以便确定在存在多份遗嘱时,以哪份遗嘱为准,而非要求遗嘱必须有完整的年、月、日,故该代书遗嘱真实有效。 |
| 形式瑕疵遗嘱无效 | 倪某某、潘某1与潘某2遗嘱继承、分家析产纠纷案/上海市普陀区人民法院(2013)普民一(民)初字第3311号民事判决 | 涉案代书遗嘱仅由代书律师在遗嘱上盖章,见证律师并未在该遗嘱上签名或盖章。且记载代书遗嘱制作过程的谈话记录所载内容亦无法明确陆某向代书律师表达所立遗嘱内容时见证人是否在场,涉案遗嘱不符合法定的代书遗嘱形式要件,遗嘱不生效,陆某的遗产应法定继承处理。 |
| | 上诉人邹某杰与被上诉人邹某影、邹某萍、邹某桂继承权纠纷案/辽宁省沈阳市中级人民法院(2014)沈中民一终字第2325号民事判决 | 关于争议的见证遗嘱效力问题。经本院重新核查该遗嘱认为,该遗嘱形式要件部分欠缺:第一、该遗嘱没有立遗嘱人签名,只有立遗嘱人手印;第二,该遗嘱没有代书人、见证人签名,只有两位见证人的名章;第三、该遗嘱不是现场一次性形成,存在打印和手写混合的情况,争议的见证遗嘱的形式要件并不符合规定,该遗嘱无效。 |
| | 马某1与马某2、马某3、马某4法定继承纠纷案/北京市第二中级人民法院(2014)二中民再终字第06256号民事判决 | 原《继承法》要求的代书遗嘱的形式要件是代书遗嘱生效的必要条件,且从立法本意考虑,代书遗嘱的被继承人签字的行为能够反映出被继承人认同代书遗嘱的意思表示,而没有签字仅有手印不能反映出被继承人认同代书遗嘱的意思表示。依据现有证据不能突破《继承法》关于代书遗嘱形式要件的规定,对该代书遗嘱效力不予认定。 |

续表

| 裁判观点 | 案号/司法文件 | 裁判立场 |
| --- | --- | --- |
| | 北京一中院2016年重阳节涉老年人纠纷六大典型案例之案例二 | 自书遗嘱由遗嘱人亲笔书写，签名，注明年、月、日。对于李小甲提供的遗嘱，因系打印遗嘱，李小甲未向法院提供证据证实该遗嘱确系李某打印，该遗嘱不符合自书遗嘱的形式要件，应认定无效。遗嘱无效的，应当按照法定继承办理。 |
| | 最高人民法院研究室对北京高院《关于代书遗嘱虽不符合法定形式要件但确系遗嘱人真实意思表示能否认定有效问题的答复》（2011年12月6日） | 北京市高级人民法院：<br>你院京高法[2011]238号《关于代书遗嘱虽不符合法定形式要件但确系遗嘱人真实意思表示能否认定有效的请示》收悉。经研究，答复如下：根据《继承法》以及《最高人民法院关于贯彻执行〈中华人民共和国继承法〉若干问题的意见》的有关规定，不符合法定形式要件的代书遗嘱不宜认定为有效。 |
| | 北京市高级人民法院《关于审理继承纠纷案件若干疑难问题的解答》（2018年6月11日） | 未严格按照法律规定的形式要件作出的遗嘱，人民法院应认定无效。<br>签署日期不全的自书遗嘱应为无效。以遗书形式处分遗产的，如该遗书具备法律规定的自书遗嘱形式要件的，应认定有效。 |

## 四、法理分析

虽然我国《继承法》规定了各种类型遗嘱的形式要件，但在现实社会生活中遗嘱人因疏忽或各种条件所限，所订立的遗嘱并不完全符合法律所规定的形式要件，进而导致司法实践中大量形式瑕疵遗嘱效力纠纷的发生。遗嘱重在尊重遗嘱人最终的意思，为确保遗嘱人意思表示之真实性，各国法律要求遗嘱均须依一定的方式进行。但由于我国《继承法》并未明确规定欠缺法定形式要件的遗嘱即为无效，因而导致司法实践中关于形式瑕疵遗嘱效力的裁判标准不一。有的法院采取只要遗嘱不符合法定形式要件即判决无效，甚至在有其他证据证明遗嘱真实性的情况下，亦是如此；反之，有的法院则采取虽然遗嘱欠缺法定的形式要件，但如果有其他证据可以证明遗嘱确为遗嘱人真实意思的情况下，则遗嘱有效。

诚然，严格的遗嘱形式要件确实有利于保证遗嘱的真实性，因为继承开始后无法通过与遗嘱人对质的方式查明其内心真意，而通过遗嘱形式强制则便于引导广大民众订立符合法律规定的遗嘱，提醒遗嘱人谨慎行事，以定纷止争。同时，在具体案件中，法官可以依据法律对遗嘱形式的要求，而直接裁决遗嘱的效力，无须为举证问题而迟疑不决。但是，遗嘱形式强制也容易产生另外的不公平，即当遗嘱人的真意能够通过其他证据得到确证，却由于疏忽大意或其他原因导致遗嘱本身因不符合法定的形式要件而无效。显然，遗嘱形式强制体现的是一般正义，其代价可能是个案的非正义。遗嘱形式要件过于严格，虽可确保遗嘱人的真意，但有可能损及遗嘱自由原则，且容易滋生遗嘱因形式要件之不备而导致无效的后果；反之，遗嘱形式过于缓和，虽然有利于遗嘱自由原则，并可减少遗嘱因形式瑕疵而无效之情形，但却难以把握遗嘱人的真意。这种二律相悖的问题，应如何予以调和，实际上是遗嘱法上的一大难题。虽然不能完全取消遗嘱的形式要件，但这种一刀切的做法在当今自媒体高度发达的社会已经不能发挥以往那么大的作用了，尤其是在遗嘱人的真实意思能够得到证实的情况下，仍以遗嘱形式上的瑕疵而宣告遗嘱无效，此种做法已经严重背离了法律规定遗嘱形式要件的目的。因此，有必要对遗嘱形式强制作适度的缓和，即“形式瑕疵的遗嘱，如有其他证据可证明其确为遗嘱人真实意思表示的，不因其法定形式要件的欠缺而影响其效力”。在法律价值判断上应由强调遗嘱形式要件之完整性向遗嘱人终意表示之真实性转变。

就本案而言，葛某所立的代书遗嘱其真实性，原告李某甲通过提供视频资料以及证人证言予以佐证，且法院对此也予以确认，但仅因代书遗嘱不符合法定形式要件为由即宣告代书遗嘱无效，难谓妥当。

# 民法典专题

## 侵权责任编

# 景区落石砸伤游客的法律责任

侯圣贺*

出门旅游，意在放松身心、陶冶情操。但世事难料，景区、旅馆、饭店场合侵害游客权益的案件屡见报端。为平安出行，游客当掌握一点法律常识，以防患于未然，实现法律伴我游！

## 一、案情与裁判

**案件名称：**秦某等诉广东大峡谷旅游发展有限公司公共场所管理人责任纠纷案

**案情来源：**广东省韶关市中级人民法院(2017)粤02民终1704号民事判决

**案情简介：**

罗某明(原审第三人)网上邀约秦某(上诉人、原审原告)等人参加自助游，并向每人收取350元活动经费。后罗某明作为领队，在购买门票后，带领秦某等人进入广东乳源大峡谷景区(AAAA级景区)游玩。其间，一块滚落的山石砸伤秦某。秦某被送就医，共花费10682.47元。本案的争议焦点为：广东大峡谷旅游发展有限公司(被上诉人、原审被告，以下简称大峡谷公司)作为大峡谷景区的管理人，其是否尽到了安全保障义务并是否存在过错，如果存在过错应如何承担侵权责任。

**一审判决**

**广东省韶关市乳源瑶族自治县人民法院经审理认为：**根据《旅游法》第50条："旅游经营者应当保证其提供的商品和服务符合保障人身、财产安全的要求。旅游经营者取得相关质量标准等级的，其设施和服务不得低于相应标

* 侯圣贺，山东农业大学法学院讲师，法学硕士，浙江新台州律师事务所疑案研究中心研究员。

准……”大峡谷景区作为AAAA级景区，应当按照《旅游景区质量等级的划分与评定》(GB/T17775－2003)的规定，在危险地段设置明显的标志，防护设施齐备、有效，高峰期有专人看守，且应当配备齐全、完好、有效的救护设备，设立医务室，并配备医务人员。但在连日降雨的情况下，大峡谷公司并没有对景区进行风险检测评估、信息披露和整改，也未加强值班、值守，未履行消除危险的义务。并且，事故发生后，并没有大峡谷公司医务人员对伤者进行抢救，可见其未尽危险预防义务。故大峡谷公司在秦某被景区山石砸伤事故中存有过错，判决其承担主要民事责任。

二审判决

广东省韶关市中级人民法院经审理认为：事故发生后，秦某等人由大布镇卫生院医务人员抢救，其间并未有大峡谷公司医务人员参与，可见大峡谷公司未履行预防危险发生的义务。在连日降雨且“五一”黄金周期间人流密集的情况下，大峡谷公司没有对景区进行风险检测评估、信息披露和整改，也未加强值班、值守，未尽消除危险的义务。故应根据《侵权责任法》第37条，承担民事侵权责任。但对于此次事故的发生，连日降雨等原因也有一定作用，而并非完全是由大峡谷公司未尽安全保障义务所导致的，故对于秦某主张大峡谷公司应承担全部责任的上诉请求不予支持。

## 二、相关规定

《侵权责任法》第37条(《民法典》第1198条)：“宾馆、商场、银行、车站、娱乐场所等公共场所的管理人或者群众性活动的组织者，未尽到安全保障义务，造成他人损害的，应当承担侵权责任。因第三人的行为造成他人损害的，由第三人承担侵权责任；管理人或者组织者未尽到安全保障义务的，承担相应的补充责任。”

《最高人民法院关于审理旅游纠纷案件适用法律若干问题的规定》(法释〔2010〕13号)第3条[《最高人民法院关于审理旅游纠纷案件适用法律若干问题的规定》(法释〔2020〕17号)第3条]：“因旅游经营者方面的同一原因造成旅游者人身损害、财产损失，旅游者选择要求旅游经营者承担违约责任或者侵权责任的，人民法院应当根据当事人选择的案由进行审理。”

《最高人民法院关于审理旅游纠纷案件适用法律若干问题的规定》(法释〔2010〕13号)第7条第1款[《最高人民法院关于审理旅游纠纷案件适用法律若

干问题的规定》(法释〔2020〕17号)第7条第1款]:"旅游经营者、旅游辅助服务者未尽到安全保障义务,造成旅游者人身损害、财产损失,旅游者请求旅游经营者、旅游辅助服务者承担责任的,人民法院应予支持。"

《旅游法》第50条:"旅游经营者应当保证其提供的商品和服务符合保障人身、财产安全的要求。旅游经营者取得相关质量标准等级的,其设施和服务不得低于相应标准;未取得质量标准等级的,不得使用相关质量等级的称谓和标识。"

## 三、典型案例或做法

| 案号 | 裁判立场 |
| --- | --- |
| 吴某景等与福建省永春牛姆林旅游发展服务有限公司旅游合同纠纷上诉案/《人民司法案例》2008年第24期 | 导游的行为是导致死亡后果的次要原因,其原因力酌定为20%;牛姆林公司管理的马尾松折断致人损害和救助不力的行为系导致死亡后果的主要原因,两个因素的原因力酌定为80%。导游既代表康健旅行社,又代表牛姆林公司,责任由康健旅行社与牛姆林公司共同承担,双方各负担10%,并互负连带责任;牛姆林公司管理的马尾松折断致人损害及救助不力的行为所产生的责任由牛姆林公司自行承担。 |
| 徐某与汤某某等生命权、健康权、身体权纠纷案/山东省济南市中级人民法院(2015)济民五终字第69号民事判决 | 一审判决:"汤某某所受伤害系由徐某侵权所致,徐某理应承担赔偿责任;同时汤某某系具备完全民事行为能力的成年人,选择了涉案的危险路段,事故的发生与其自身的选择、盲目判断存有关联,酌定由汤某某对因此造成的损失承担20%的责任,徐某承担80%的责任。涉案事故发生在被告山东佳汇公司所经营的济南波罗峪旅游度假区内,公司未安排专人在此进行引导和劝诫,事故的发生与山东佳汇公司的管理瑕疵存在一定的因果关系,酌定山东佳汇公司应当在徐某承担侵权责任的20%范围内承担补充责任。"二审维持原判。 |
| 李某琼与昆明市西游洞公园管理有限公司违反安全保障义务责任纠纷上诉案/云南省昆明市中级人民法院(2014)昆民三终字第305号民事判决 | 一审判决:"昆明市西游洞公园管理有限公司在履行旅游合同过程中明知有安全隐患存在而未尽向游客提示、告知、劝说等安全保障义务,违反了法律对公共场所管理人安全保障义务的规定……综合昆明市西游洞公园管理有限公司的过错程度和行为原因力,以及侵权责任中的第三人不确定,李某琼本人在景区外受伤等事由考量,一审法院确定由昆明市西游洞公园管理有限公司在本案中对李某琼的损失承担40%的赔偿责任。"二审维持原判。 |

续表

| 案号 | 裁判立场 |
|---|---|
| 任某某等诉新疆阿资亚哈萨克文化旅游开发有限公司等旅游合同纠纷案/新疆维吾尔自治区乌鲁木齐县人民法院(2017)新0121民初1080号民事判决 | “被告金像人旅游公司作为旅游场所提供的服务应当符合保障旅游者人身、财产安全的要求，对游客负有安全保障义务……原告子女任某，在未经过人工开发的自然景区内游玩，亦应当对景区内的周围环境作出预判，防止意外的发生，尽量避免在存在风险的地方游玩，事故的发生与其自身有一定的关系，应承担一定的责任；被告阿资亚旅游公司与被告金像人旅游公司承担80%，原告之女承担20%。” |

## 四、法理分析

我国风景区普遍由获得特许经营权的企业实际经营。在此情形下，享有特许经营权的企业是景区的管理人，其未尽安全保障义务致使山石滚落砸伤游客的，应承担侵权责任。本案中，大峡谷公司是风景区的实际经营者，其应承担作为管理人的侵权责任。当然，秦某也可以依据《民法典》请求大峡谷公司承担违约责任。

（一）大峡谷公司是否尽了安全保障义务？

安全保障义务体现为三个方面的内容：危险预防义务、危险消除义务和发生损害后的救助义务。

1.危险预防义务。《旅游法》第50条规定：“旅游经营者应当保证其提供的商品和服务符合保障人身、财产安全的要求。”大峡谷景区作为国家AAAA级旅游景区，应当在危险地段设置明显标志，防护设施齐备、有效，高峰期有专人看守；应当配备齐全、完好、有效的救护设备，设立医务室，并配备医务人员。大峡谷公司在景区门票背面印有“游客须知”，在景区内设置有“小心山石滑落”的安全告示和警示标志，并在人行道上设置了护栏，可认为其在一定程度上尽到了危险预防义务。但在事故发生后，并未有大峡谷公司的医护人员对秦某等伤者进行救治，可见其并未尽危险预防义务。

2.危险消除义务。事故发生地黄龙潭瀑布景点属石英砂峡谷地貌，山体坡度较陡，受构造、风化影响，外侧岩块容易与母岩分离形成滚石。事故发生时，当地已连续降雨多日，作为公共场所管理人的大峡谷公司应对景区旅游安全风险进行实时监测和评估，对可能对游客产生危害的信息进行披露和告知，并加强值班、值守，及时处理发生的问题等。在不能保障游客安全时，应封闭景区，待满足安全条件后再开放。本案中，在连日降雨的情况下，大峡谷公司并没有对黄龙潭瀑布等景点区域进行风险检测评估、信息披露和整改，也未加强值班、值守，其未尽到危险消除义务。

3.发生损害后的救助义务。事故发生后，大峡谷公司工作人员及时报警，通知120救治伤者。可见其没有违反发生损害后的救助义务。

（二）大峡谷公司应该承担多少侵权责任？

大峡谷公司作为公共场所的管理人，应尽安全保障义务。大峡谷公司在连日降雨且五一黄金周期间人流量密集的情况下，没有对黄龙潭瀑布等景点进行风险检测评估、信息披露和整改，也未加强值班、值守，未尽到公共场所管理人的安全保障义务，对秦某被山石砸伤事件存在过错，应承担赔偿责任。此外，游客在购买门票后方被允许进入景区，本着收益与责任相一致的原则，在大峡谷公司违反安全保障义务的情况下，也应要求其向游客承担赔偿责任。但对于此次事故的发生，连日降雨等原因也有一定作用，而并非完全是由大峡谷公司未尽安全保障义务所导致的。因此，秦某所受损害是由大峡谷公司未尽安全保障义务并混合了意外事故等原因造成的。大峡谷公司应承担主要责任，而不是全部责任。

（三）作为领队的罗某明应否承担责任？

罗某明网上邀约秦某等人参加自助游活动，并向每人收取350元活动经费，其是否应承担相应的民事责任？

答案是否定的。首先，罗某明收取的350元仅供活动使用，不具有营利性，其不属于《最高人民法院关于审理旅游纠纷案件适用法律若干问题的规定》第1条规定的旅游经营者或旅游辅助服务者。故罗某明与秦某之间不存在旅游合同关系，秦某不能依《合同法》的规定请求罗某明承担违约责任。其次，尽管罗某明是此次自助游活动的组织者，但景区落石非其所能预见，秦某等人被滚落山石砸伤超出了其所能预见的范围，其不具有过错。故秦某也不能依据《侵权责任法》的内容请求罗某明承担侵权责任。此外，秦某及罗某明没有过错，并有理由相信大峡谷景区提供的旅游服务能够保障自身的人身、财产安全，其在景区重要景点游玩的行为不构成自甘风险行为。

# 超标电动车肇事，责任如何承担？

侯圣贺

电动自行车因其轻便、快捷，深受广大市民青睐。近年来，随着节能、环保理念的不断倡导，电动自行车行业得到迅速发展。但由于该行业管理不规范，有些电动自行车存在设计时速过高、空车质量过大等特点，给人们带来了极大的安全隐患并实际造成了许多交通事故。而电动自行车是否属于非机动车，关系到电动车驾驶人的侵权责任构成与责任承担，值得关注。

## 一、案情与裁判

**案件名称：**卢某龙等与刘某机动车交通事故责任纠纷上诉案

**案情来源：**陕西省汉中市中级人民法院(2017)陕07民终423号民事判决

**案情简介：**

卢某龙(原告)之父卢某刚驾驶两轮摩托车与刘某(被告)驾驶的两轮电动自行车发生碰撞，卢某刚被撞倒在地，送医后被诊断为重型闭合性颅脑损伤。根据城固县公安局交警大队作出的城公交认字(2016)第3－5033号道路交通事故认定书，卢某刚负本起事故主要责任、刘某负次要责任。卢某刚不服，向汉中市公安局交警支队提出复核申请。汉中市公安局交警支队作出汉公交复字(2016)第60号道路交通事故认定复核结论，认为城公交认字(2016)第3－5033号道路交通事故认定书证据不充分，责令城固县公安局交警大队重新作出道路交通事故认定书。城固县公安局交警大队委托陕西中正机动车物证司法鉴定所对被告刘某所骑无牌照台隆牌两轮车的性能(属性)进行检验。鉴定意见认为：无牌照台隆牌两轮车是以电池为动力，电机驱动的轮式车辆，没有脚踏骑行功能，不符合电动自行车通用技术条件中相关规定，属于机动车。后城固县公安局交警大队作出城公交认字(2016)第3－5049号道路交通事故认定书，认定:无牌照台隆牌两轮车属机动车范畴,卢某刚、刘某在本起事故中负同等责任。

卢某刚住院期间花费医疗费83006.20元、购买导尿管等材料花费192元、出院后在村卫生室治疗期间花费105元。后卢某刚因病经医院抢救无效死亡。经城固县公安局司法鉴定中心鉴定,死者卢某刚系巨大钝性外力致颅脑严重损伤并肺部感染而死亡。原告卢某龙、刘某云遂向城固县人民法院提起诉讼,请求依法判令被告首先在交强险范围内赔偿120000元,然后赔偿剩余部分的50%,两项合计415367.85元。

一审判决

**陕西省城固县人民法院经审理认为:**鉴定机构按照《电动自行车通用技术条件》的有关规定对被告骑的"台隆"牌两轮电动车进行鉴定,鉴定台隆电动车为机动车。鉴定意见符合《电动自行车通用技术条件》的规定。本院对该鉴定意见予以采信。结合当前电动车交通管理的实际情况,现有法律并未对电动车进行明细分类和管理,致使电动车交通事故处理中法律依据不足。如果判令被告首先在机动车强制保险赔偿限额内赔偿,缺乏充分的法律依据,也显失公平公正。被告骑的台隆牌两轮电动车经鉴定属于机动车范畴,事故责任为同等责任。对于原告的损失要依法充分的予以保护,但对两轮电动车在现实社会中的管理现状也要充分考虑,结合本案实际和电动车运行管理的实际,原告的损失,直接由原、被告双方按照事故责任比例承担赔偿责任,符合现有法律规定,也合情合理。故判决原、被告在法院核定的损失基础(324651.54元)上各承担50%的责任。

二审判决

**汉中市中级人民法院经审理认为:**虽然最高人民法院《关于审理道路交通事故损害赔偿案件适用法律若干问题的解释》(以下简称《道路交通事故案件解释》)规定了未依法投保交强险的机动车发生交通事故造成损害,当事人可以请求投保义务人在交强险责任限额范围内予以赔偿。但本案中,从当事人双方所举证据及法院调查情况看,并没有明确的法律规定将涉案类电动车纳入机动车登记管理,并强制要求该类电动车必须进行机动车登记管理并配发相应机动车牌照。实际管理中,该类电动车也并未纳入机动车交通事故责任强制保险的投保范围。被上诉人也不能依照相关管理规定,购买机动车交通事故责任强制保险。因此,原审根据查明的案件事实,依照相关法律规定,判决被上诉人根据本次事故责任比例承担相应的赔偿责任，并无明显不当。上诉人要求被上诉人在交强险限额内先予以赔偿的上诉理由没有充分的法律依据及事实理由，不能成立，本院不予支持。

## 二、相关规定

《道路交通安全法》第17条："国家实行机动车第三者责任强制保险制度，设立道路交通事故社会救助基金。具体办法由国务院规定。"

《道路交通安全法》第76条："机动车发生交通事故造成人身伤亡、财产损失的，由保险公司在机动车第三者责任强制保险责任限额范围内予以赔偿；不足的部分，按照下列规定承担赔偿责任：（一）机动车之间发生交通事故的，由有过错的一方承担赔偿责任；双方都有过错的，按照各自过错的比例分担责任。（二）机动车与非机动车驾驶人、行人之间发生交通事故，非机动车驾驶人、行人没有过错的，由机动车一方承担赔偿责任；有证据证明非机动车驾驶人、行人有过错的，根据过错程度适当减轻机动车一方的赔偿责任；机动车一方没有过错的，承担不超过百分之十的赔偿责任。交通事故的损失是由非机动车驾驶人、行人故意碰撞机动车造成的，机动车一方不承担赔偿责任。"

《道路交通安全法》第119条："本法中下列用语的含义：（一）'道路'，是指公路、城市道路和虽在单位管辖范围但允许社会机动车通行的地方，包括广场、公共停车场等用于公众通行的场所。（二）'车辆'，是指机动车和非机动车。（三）'机动车'，是指以动力装置驱动或者牵引，上道路行驶的供人员乘用或者用于运送物品以及进行工程专项作业的轮式车辆。（四）'非机动车'，是指以人力或者畜力驱动，上道路行驶的交通工具，以及虽有动力装置驱动但设计最高时速、空车质量、外形尺寸符合有关国家标准的残疾人机动轮椅车、电动自行车等交通工具。（五）'交通事故'，是指车辆在道路上因过错或者意外造成的人身伤亡或者财产损失的事件。"

《最高人民法院关于审理道路交通事故损害赔偿案件适用法律若干问题的解释》第19条[《最高人民法院关于审理道路交通事故损害赔偿案件适用法律若干问题的解释》（法释〔2020〕17号）第16条]："未依法投保交强险的机动车发生交通事故造成损害，当事人请求投保义务人在交强险责任限额范围内予以赔偿的，人民法院应予支持。投保义务人和侵权人不是同一人，当事人请求投保义务人和侵权人在交强险责任限额范围内承担连带责任的，人民法院应予支持。"

### 三、法理分析

本案争议焦点在于，被上诉人刘某驾驶的两轮电动自行车是否属于非机动车以及刘某是否应当按照《道路交通事故案件解释》第19条第1款之规定，先行在第三者责任强制保险责任范围内承担赔偿责任。

（一）电动自行车被认定为机动车的标准与影响

《道路交通安全法》第119条规定："……（三）'机动车'是指以动力装置驱动或者牵引，上道路行驶的供人员乘用或者用于运送物品以及进行工程专项作业的轮式车辆；（四）'非机动车'，是指以人力或者畜力驱动，上道路行驶的交通工具，以及虽有动力装置驱动但设计最高时速、空车质量、外形尺寸符合有关国家标准的残疾人机动轮椅车、电动自行车等交通工具。"即电动车是否属于机动车，关键在于其设计最高时速、空车质量以及外形尺寸等是否符合国家标准。如果符合，则属于电动车；如果不符合，则属于机动车。而《电动自行车通用技术条件》规定，电动自行车最高时速不大于20公里，整车不大于40公斤。因此，如果电动自行车的最高时速超过20公里，整车质量大于40公斤，则不再属于电动自行车的范畴，而被认定为机动车。

电动自行车是否为机动车，对驾驶人的影响不可不谓之大。根据《道路交通安全法》第76条以及《道路交通事故案件解释》第19条，机动车发生交通事故造成人身伤亡、财产损失的，首先由保险公司在交强险责任限额范围内予以赔偿，如果肇事车辆未投保交强险，受害人可请求投保义务人在交强险责任限额范围内先予赔偿，不足部分按以下规则进行赔偿：机动车之间发生交通事故的，适用过错责任原则确定双方当事人的责任份额；机动车与非机动车驾驶人、行人之间发生交通事故的，适用无过错责任原则，由机动车一方承担侵权责任，有证据证明非机动车驾驶人、行人有过错的，根据过错程度适当减轻机动车一方的赔偿责任，机动车一方没有过错的，承担不超过10%的赔偿责任。具体在本案中，如果被告刘某驾驶的电动自行车被鉴定为机动车（未缴纳交强险），其可能需要在交强险责任限额范围内赔偿原告120000元，然后再赔偿剩余损失的50%，而如果该电动自行车被鉴定为非机动车，其仅需要赔偿全部损失的50%即可。

（二）交强险制度是否适用于被鉴定为机动车的电动自行车？

根据《道路交通安全法》第17条，国家实行交强险制度。该制度设计的初衷在于通过保险机制为交通事故受害人提供及时有效的救济，同时减轻侵权人的经济负担，化解经济赔偿纠纷，通过实行“奖优罚劣”的费率浮动机制，提高机动车驾驶人员的交通安全意识。但是，交强险制度是否适用于被鉴定为机动车的电动自行车呢？笔者认为，答案是否定的。

尽管《道路交通事故案件解释》规定，未依法投保交强险的机动车发生交通事故并造成损害的，受害人可以请求投保义务人在交强险责任限额范围内先予赔偿，但超标电动自行车毕竟不是一般意义上的机动车，目前我国保险行业也尚未提供为电动自行车投保交强险的服务，电动自行车所有人尚无可能投保交强险。具体在本案中，虽然刘某驾驶的电动自行车被鉴定为机动车，但其未购买交强险的原因是行政管理部门以及保险公司并没有提供为电动车投保交强险的服务，而非未尽法定义务所致。因此，让刘某缴纳交强险缺乏期待可能性。基于“法律不强人所难”的法理念，不应由刘某首先在交强险范围内承担侵权责任。

# 侵权人不明下的高空抛物致人损害责任

侯圣贺

高楼大厦平地起,"深圳玻璃案""重庆烟灰缸案""济南切菜板案"等高空抛物致害案件屡有发生,成为"悬在城市上空的痛"。若能确定侵权行为人,无疑应当适用一般侵权行为规则。但问题在于,此类案件往往不易确定侵权行为人。此时,受害人的损失如何得以救济呢?

## 一、案情与裁判

**案件名称:**吴某某等28人与王某甲等物件损害责任纠纷上诉案

**案情来源:**辽宁省鞍山市中级人民法院(2017)辽03民终2787号民事判决

**案情简介:**

2014年10月10日,受害人王某某于某单元楼西侧,被楼上落下的砖头击中头部,经中国医科大学附属第一医院鞍山医院抢救无效后死亡。公安机关对此案进行了调查,但仍不能查清抛掷砖头的具体侵权人。王某某的近亲属王某甲、王某乙、王某丙遂向鞍山市铁西区人民法院提起诉讼,请求法院判令小区物业服务中心、某某办事处、某某栋楼2单元及3单元的所有住户赔偿此次事故产生的医疗费、死亡赔偿金、精神损害抚慰金、丧葬费等各项损失。

**一审判决**

**辽宁省鞍山市铁西区人民法院经审理认为:**在投掷物、坠落物致人损害且加害人不明的情况下,受害人处于弱势地位,由可能的加害人对受害人的损失进行分担,体现了对无辜受害人的特殊保护。建筑物的实际使用人应在使用期间对建筑物造成的损害承担责任。高空抛物威胁着不特定多数人的利益,对使用人科以责任,符合多数人的意愿。故应判令不能排除侵权可能的被告对原告的损失予以补偿。2单元9楼及以上住户可通过消防通道至3单元,存在对受害人造成损害的可能，但2、3单元均分别装有独立电梯及楼梯，原告请求2单元用户承担责任的主张扩大了责任主体，不予支持。某某办事处、小区管理中心不是建筑物使用人，不应承担责任。通常情况下，建筑物使用人能证明自己所处的位置客观上不具有造成损害的可能性时是可以免责的，但本案中各楼层楼梯间均建有窗户，且可能抛掷物品到王某某受伤地点，而楼梯间是公共区域，某某栋3单元所有住户均为使用人，存在加害可能性。关于部分被告提出事发当天房屋空置或上班情况的辩称，作为房屋使用人、管理人，在本案事故发生时对其房屋仍有控制权，不能排除业主本人或相关人员进出该楼的可能，故仍应承担损害补偿责任。关于部分被告辩称其房屋已出租，非本人居住，因其提供的证据不足，且承租人亦未能到庭予以说明，故对于该项辩称，不予支持。综上，判令某某栋3单元60户实际使用人共同分担原告的合理损失。

二审判决

辽宁省鞍山市中级人民法院经审理认为：受害人王某某被楼上坠落的砖头砸伤头部致死，在向公安机关报案后无法确定具体侵权人的情况下，为了使处于弱势地位的受害人能获得及时救济，使无辜受害人能够得到特殊保护，应适用《侵权责任法》第87条之规定，要求不能排除侵权可能的建筑物使用人分担损失。本案中，受害人系建筑物中抛掷的砖头砸伤致死，侵权人不明，原审法院判决某某栋3单元的60户实际使用人分担死者亲属王某甲等人的合理损失并无不当，应予以维持。

## 二、相关规定

《侵权责任法》第87条："从建筑物中抛掷物品或者从建筑物上坠落的物品造成他人损害，难以确定具体侵权人的，除能够证明自己不是侵权人的外，由可能加害的建筑物使用人给予补偿。"

《民法典》第1254条："禁止从建筑物中抛掷物品。从建筑物中抛掷物品或者从建筑物上坠落的物品造成他人损害的，由侵权人依法承担侵权责任；经调查难以确定具体侵权人的，除能够证明自己不是侵权人的外，由可能加害的建筑物使用人给予补偿。可能加害的建筑物使用人补偿后，有权向侵权人追偿。物业服务企业等建筑物管理人应当采取必要的安全保障措施防止前款规定情形的发生；未采取必要的安全保障措施的，应当依法承担未履行安全保障义务的侵权责任。发生本条第一款规定的情形的，公安等机关应当依法及时调查，查清责任人。"

## 三、典型案例或做法

| 案号 | 裁判立场 |
| --- | --- |
| 刘某某诉四川宜宾成中房地产开发集团有限公司等不明抛掷物、坠落物损害责任纠纷案/四川省宜宾市中级人民法院(2017)川15民终1877号民事判决 | 本案系建筑物抛掷物致人损害案件,应适用《侵权责任法》第87条的规定。开发商成中公司和物管企业吉星物业公司不属于本案可能加害的建筑物使用人,不是本案适格主体,且本条规定的是补偿责任,故开发商成中公司和物管企业吉星物业公司不承担责任。刘某某所受建筑物抛掷物损害系接受宜宾市德峰装饰有限责任公司安排,提供有偿劳动过程中的损害。此种情形与一般路过建筑物下公共区域的无辜行人受损害相比较具有其特殊性。刘某某可另案对相关责任人提起损害赔偿之诉。被上诉人申文富等11家业主共同补偿义务并基于非侵权行为产生的,而是基于道义上对弱势受害人受损的一种补偿而已。原审判决对本案补偿金额的确定兼顾了受害人刘某某与申文富等11户业主的特殊情况,符合本案客观实际和相关法律规定。 |
| 叶某晟与笪某燕等侵权责任纠纷上诉案/湖北省武汉市中级人民法院(2017)鄂01民终5660号民事判决 | 叶某晟所受损害发生于江汉二路5号楼与49号楼之间,在无法确定坠落物具体由哪栋楼抛出的情形下,叶某晟仅向5号楼的业主主张权利,应视为放弃对其他可能对其伤害的侵权人主张权利,一审法院根据查明的案件事实,判令5号楼户及武汉市江汉区房地产公司公房管理单位承担责任合法,对上诉人叶某晟要求全体被上诉人对其承担补偿责任的上诉请求,本院不予支持。 |
| 刘某霞诉管某松等不明抛掷物、坠落物损害责任纠纷案/安徽省合肥市中级人民法院(2017)皖01民终4324号民事判决 | 本案中管某松车辆受损,虽经公安机关调查,但无法确定具体侵权人,故应由可能实施侵权行为的业主对其所受损害予以补偿。管某松车辆停放地点离2单元、4单元较远,故可排除2单元、4单元住户实施侵害行为的可能。3单元607室安装了防盗窗,花盆不可能从其室内坠落,故该室住户不承担责任。董某炳房屋已出租,本人不在楼上居住,不可能实施侵害行为,不承担责任。因管某松不主张董某炳房屋的承租人承担责任,该户应分担的补偿份额应由管某松自行承担。朱某有提供的房屋租赁合同不能排除其实施侵害行为的可能性,刘某霞未提供证据,故朱某有、刘某霞应对管某松的损失进行补偿。本案中管某松车辆紧靠居民住宅楼,影响业主正常通行,发生车辆损害事件,自身存在一定过错。结合本案具体情况,综合确定管某松承担40%的责任,由可能实施侵权行为的住户承担60%的责任。 |

## 四、法理分析

首先，“建筑物抛掷物、坠落物责任”的主体是可能实施加害行为的建筑物的实际使用人，而非全部所有权人、使用人。一方面，使用人是在损害发生时实际占有并使用建筑物的人。如果建筑物的所有权人将其房屋出租，则承担“建筑物抛掷物、坠落物责任”的应为承租人，而非所有权人。之所以作这样的规定，乃是因为只有实际的使用人才对建筑物进行现实的控制、管理，才可能是侵权行为人。另一方面，“责任主体”是可能实施加害行为的建筑物使用人，并非建筑物的所有使用人。如果某些使用人不可能实施加害行为，则不必对受害人进行补偿。例如，在“吴某某等 28 人与王某甲等物件损害责任纠纷上诉案”中，法院基于 2 单元和 3 单元均装有独立电梯，2 单元住户几乎不可能实施侵权行为的事实，而判令 2 单元住户不承担责任。

其次，对建筑物使用人免除“建筑物抛掷物、坠落物责任”的证明责任要求比较高。即可能实施侵权行为的住户只有在证明自己不是侵权人时，方能免除责任。例如，受害人甲被楼上坠落的啤酒瓶砸伤，可能实施侵权行为的住户如果仅证明自己不喝酒并不能免除其责任，只有其证明全部家庭成员均在事故发生时不在家居住时，方能免除责任。此时，不是实际加害人的建筑物使用人想要免除自身责任是比较难的。

最后，“建筑物抛掷物、坠落物责任”的适用情形是具体加害人不明。即受害人受有损害后，只有在受害人无法查明侵权人，且公安机关依职权亦无法查明的情况下，才能判令由可能实施加害行为的建筑物使用人对损害进行相应补偿。如果能查明具体的侵权人，应由其承担侵权责任，自然不存在适用《侵权责任法》第 87 条（《民法典》第 1254 条）的可能。在“吴某某等 28 人与王某甲等物件损害责任纠纷上诉案”等案件中，均是具体侵权人不明的情况下，法院才判令可能实施加害行为的建筑物使用人承担侵权责任。这是因为，令可能实施加害行为的建筑物使用人分担损失，虽然可以使受害人的损失得以填补，但毕竟多数的“责任人”没有实施侵权行为，要求其对受害人的损失进行补偿确实强人所难。故《侵权责任法》第 87 条（《民法典》第 1254 条）之规定仅是一种权衡利弊之下的无奈之举。为此，最高人民法院最新出台的《关于依法妥善审理高空抛物、坠物案件的意见》（法释〔2019〕25 号）第 9 条规定：“当事人应尽量提供具体明确的侵权人，尽量限缩‘可能加害的建筑物使用人’范围，减轻当事人诉累。”

第 10 条规定:"法院要加大依职权调查取证力度,积极主动向物业服务企业、周边群众、技术专家等询问查证,加强与公安部门、基层组织等沟通协调,充分运用日常生活经验法则,最大限度查找确定直接侵权人并依法判决其承担侵权责任。"《民法典》第 1254 条第 3 款规定:"发生本条第一款规定的情形的,公安等机关应当依法及时调查,查清责任人。"这表明,民法典生效后,"建筑物抛掷物、坠落物责任"的承担,需要受害人无法查明侵权人,且公安机关依职权调查仍无法查明。

# 遗嘱无效产生的经济损失能否获得赔偿？

刘耀东

现实生活中，出现了诸多因律师、会计师等因专家的执业活动导致第三人损害的案件。其中，因专家接受他人委托而为了使特定第三人获得利益，但因其执业过错导致第三人无法获得相关利益之情形，其典型形态即为遗嘱无效案。那么，对于因律师执业过错致使遗嘱无效，从而导致受益人因无法依有效的遗嘱继承相应的遗产所产生的纯经济损失，能否请求律师赔偿，不无疑问。

## 一、案情与裁判

**案件名称：**上海祁长宇律师事务所与瞿某凤、瞿某华财产损害赔偿纠纷二审案

**案情来源：**上海市第二中级人民法院(2018)沪02民终10369号民事判决

**案情简介：**

瞿某禾于2017年3月3日死亡，生前未婚，无子女。2017年2月28日，瞿某禾委托上海祁长宇律师事务所(上诉人、原审被告)订立代书遗嘱，言明："在我百年后，将我拥有的上海市广灵一路的房屋产权，给我的弟弟瞿某华(被上诉人、原审原告)和妹妹瞿某凤(被上诉人、原审原告)两个人继承，每人各继承一半"。"立遗嘱人"处由祁长宇律师代瞿某禾签字，注明"祁律师(代签)"，并由瞿某禾捺印。代书人为祁长宇律师，见证人为祁长宇和李某某两位律师。同日，上海祁长宇律师事务所对该份遗嘱出具律师见证书。瞿某禾支付律师见证费6,000元。

2017年5月，瞿某凤、瞿某华以遗嘱继承纠纷为由起诉案外人瞿某1、瞿某2、瞿某3，要求按照遗嘱由瞿某凤、瞿某华各半继承瞿某禾名下上海市广灵一路的房屋产权。上海市虹口区人民法院于2017年9月27日作出(2017)沪0109

民初19198号民事判决，认为系争遗嘱并非代书人在遗嘱人口述遗嘱内容时的当场记录，而是代书人根据自己的记忆在事后整理的版本，整理过程中也没有遗嘱人口述时的谈话笔录、录音录像等资料可供参考，并不符合时空一致性的要求，无法证明遗嘱系遗嘱人的真实意思表示，且遗嘱应由遗嘱人签名确认，原告（瞿某凤、瞿某华）与证人均未提供遗嘱人立遗嘱时无法握笔的证据，故遗嘱人仅在遗嘱上捺印并不符合代书遗嘱的形式要求，认定2017年2月28日瞿某禾的遗嘱无效，上海市广灵一路的房屋产权由瞿某凤、瞿某华、瞿某2、瞿某1、瞿某3按份共有，各占20%产权份额。一审判决后，瞿某凤、瞿某华不服，向上海市第二中级人民法院提起上诉。上海市第二中级人民法院于2017年12月25日作出（2017）沪02民终10065号民事判决，认为瞿某禾所订立的代书遗嘱并非代书人在遗嘱人口述遗嘱内容时的当场记录，而系代书人返回律所后根据记忆整理而成，且无整个过程的录音、录像等证据予以佐证，故不符合代书遗嘱时空一致性要求，也无证据证明该遗嘱系遗嘱人的真实意思表示，一审法院认定遗嘱无效且按法定继承处理，并无不当，判决驳回上诉，维持原判。

一审判决

上海市杨浦区人民法院经审理认为：律师是依法取得律师执业证书，接受委托或者指定，为当事人提供法律服务的执业人员。律师事务所是律师的执业机构。律师担任诉讼法律事务代理人或者非诉讼法律事务代理人的，应当在受委托的权限内，维护委托人的合法权益。瞿某凤、瞿某华之兄瞿某禾生前委托上海祁长宇律师事务所代书并见证遗嘱，目的是通过熟悉法律事务的专业人员提供法律服务，使其所立遗嘱具有法律效力。作为专门从事法律服务的机构，上海祁长宇律师事务所应当明知瞿某禾的这一签约目的，在收取对价后，有义务为瞿某禾提供完善的法律服务，以维护委托人的合法权益。但在代书遗嘱过程中，遗嘱人口述遗嘱内容时，上海祁长宇律师事务所指派的两位律师既没有做谈话笔录，也没有录音录像，而是回到律师事务所后仅凭自己的记忆整理出遗嘱版本，致使代书遗嘱因不符合时空一致性的要求，无法证明系遗嘱人的真实意思表示，而被人民法院生效判决确认为无效，瞿某禾名下的房屋按法定继承处理。《律师法》第54条规定："律师违法执业或者因过错给当事人造成损失的，由其所在的律师事务所承担赔偿责任。律师事务所赔偿后，可以向有故意或者重大过失行为的律师追偿。"瞿某禾立遗嘱行为的本意，是要将遗嘱中所指的财产交由瞿某凤、瞿某华继承。现瞿某凤、瞿某华不能按遗嘱继承瞿某禾遗产的根本原因,是上海祁长宇律师事务所没有给瞿某禾提供完善的法律服务,以致瞿某禾立下了无效遗嘱。上海祁长宇律师事务所在履行自己职责中的过错,侵害了瞿某凤、瞿某华依遗嘱继承瞿某禾遗产的权利,由此给瞿某凤、瞿某华造成损失,应当承担赔偿责任。至于赔偿范围,应以瞿某凤、瞿某华因遗嘱被生效判决确认为无效而被减少的继承份额为限。

判决:上海祁长宇律师事务所应于判决生效之日起十日内赔偿瞿某凤、瞿某华经济损失 1188000 元。

上海祁长宇律师事务所不服一审法院判决,提起上诉。

二审判决

**上海市第二中级人民法院审理认为:**上诉人的有关律师,因违反代书遗嘱订立的法律程序,导致所订立的代书遗嘱被法院认定为无效遗嘱,上述情形已被生效法律文书认定为法律事实。根据上诉人的律师在被继承人瞿某禾遗嘱继承纠纷案件中的陈述以及法院查明的被继承人瞿某禾订立代书遗嘱时的身体及精神状态,被继承人瞿某禾具有遗嘱能力。依据被继承人瞿某禾所订立的“代书遗嘱”的相关内容,若该代书遗嘱符合《继承法》第 17 条所规定的代书遗嘱的法律要件,或者上诉人的律师以《继承法》规定的其他遗嘱方式完成被继承人瞿某禾委托的订立遗嘱事务,则被上诉人瞿某凤、瞿某华可以取得被继承人瞿某禾的遗产,但上诉人的律师所订立的代书遗嘱却因严重违反法律程序而无效,进而使被上诉人实际丧失了获得相应遗产的遗嘱继承权。依据上述法律事实,上诉人的律师在执业行为中显然存有过错,且造成了被上诉人的损失,上诉人所应承担的责任在《律师法》54 条有明确规定,一审法院也已论及,本院予以认同并不再赘述。关于上诉人应承担的损失范围,一审法院的认定有事实和法律依据,本院予以确认。上诉人主张不应承担全部的责任,缺乏相应依据,本院不予采纳。

## 二、相关规定

《侵权责任法》第 6 条第 1 款(《民法典》第 1165 条第 1 款):“行为人因过错侵害他人民事权益,应当承担侵权责任。”

《侵权责任法》第 17 条第 3 款(《民法典》第 1135 条):“代书遗嘱应当有两个以上见证人在场见证,由其中一人代书,注明年、月、日,并由代书人、其他见证人和遗嘱人签名。”

《律师法》第54条:“律师违法执业或者因过错给当事人造成损失的,由其所在的律师事务所承担赔偿责任。律师事务所赔偿后,可以向有故意或者重大过失行为的律师追偿。”

## 三、典型案例或做法

| 案号 | 裁判立场 |
| --- | --- |
| 郑州市中原区建设路法律服务所与刘某天、刘某坤、柳某元法律服务合同纠纷二审案/河南省郑州市中级人民法院(2014)郑民三终字第995号民事判决 | 虽然林某华与建设路法律所之间未签订书面合同,但从“即林某华到建设路法律所的办公室,要求办理代书遗嘱并支付了法律服务费用,建设路法律所指派刘某坤、柳某元为林某华办理了一份遗嘱”事实可知林某华与建设路法律所形成了法律服务合同关系,该合同已被实际履行。但实际履行过程中,建设路法律所在办理代书遗嘱时,未尽代书人、见证人应尽的职责,给遗嘱受益人造成损失,应当承担赔偿责任,但赔偿范围仅限于刘某天因遗嘱未被采信而减少的继承份额。按照遗嘱继承,刘某天能够得到83333元,按照法定继承,刘某天只能得到50000元,差额部分为33333元。刘某坤、柳某元是建设路法律所工作人员,其为林某华办理代书遗嘱是职务行为,其后果应当由建设路法律所承担,原审法院据此判决建设路法律所赔偿刘某天相应财产损失亦无不妥。 |
| 辽宁轩鉴律师事务所与邹某某、韩某财产损害赔偿纠纷二审案/辽宁省沈阳市中级人民法院(2016)辽01民终2203号民事判决 | 辽宁轩鉴律师事务所受委托办理邹某某母亲张某芹遗嘱见证事宜,其有义务提供完善的法律服务,使张某芹所立遗嘱具有法律效力,但因该份见证书存在诸多瑕疵导致该遗嘱被人民法院生效判决确认为无效,立遗嘱人张某芹的遗愿未能实现,邹某某不能按遗嘱继承取得财产。辽宁轩鉴律师事务所履行职责中的过错,侵害了邹某某依遗嘱继承遗产的权利,由此给邹某某造成的损失,应当承担赔偿责任。韩某系辽宁轩鉴律师事务所委派的律师,其对外进行的职务行为应由辽宁轩鉴律师事务所承担法律责任。现邹某某按法定继承取得遗产为涉诉房屋的25%份额,该房屋评估总价为442144元,故邹某某所得遗产比按遗嘱继承少331608元。韩某仅主张30万元经济损失,系对自身权利的处分,原审法院予以确认。 |
| 王某富诉北京三信律师事务所财产损害赔偿纠纷二审案/《最高人民法院公报》2005年第10期 | 王某智立遗嘱行为的本意,是要将遗嘱中所指的财产交由被上诉人王某富继承。由于上诉人三信律师所接受王某智的委托后,在“代为见证”王某智立遗嘱的过程中,没有给王某智提供完善的法律服务,以致王某智所立的遗嘱被人民法院生效判决确认为无效,王某智的遗愿不能实现。王某富现在不能按遗嘱来继承王某智遗产的根本原因,是三信律师所没有给王某智提供完善的法律服务,以致王某智立下了无效遗嘱。三信律师所履行自己职责中的过错,侵害了王某富依遗嘱继承王某智遗产的权利,由此给王某富造成损失,应当承担赔偿责任。 |

续表

| 案号 | 裁判立场 |
|---|---|
| 董某兰、符某尧、符某仁、符某玲与海南省琼海市公证处、王某安、王某梅、王某花、王某燕等公证损害责任纠纷二审案/海南省第一中级人民法院（2016）琼96民终1810号民事判决 | 关于导致《公证遗嘱书》无效是否因为被告琼海公证处的过错而造成，在生效的海南省第一中级人民法院（2015）海南一中民一终字第625号民事判决书的判决理由中已论述：导致该公证遗嘱无效的根本性原因是被继承人王某英自己的行为造成，而不是被告琼海市公证处造成。被告琼海市公证处在办理公证事务时应当依照相关规定办理，但被告琼海市公证处在承办该公证业务过程中，没有由两名公证员共同办理，以及《公证遗嘱书》《遗嘱公证申请表》原稿中有涂改和遗嘱人王某英没有在该材料中签名或按指纹确认，形式上存在一定瑕疵，未能严格按照司法部第57号《遗嘱公证细则》规定要求实施，致使该公证形式上出现一些瑕疵，这是对工作不负责任的表现，对此应当指出。但该瑕疵不是造成遗嘱公证无效的根本性原因，其不足以否定该遗嘱公证的效力。既然导致遗嘱公证无效的根本原因在于被继承人王某英，因此，被告琼海公证处不应承担导致公证无效的法律责任。 |
| 祁某珍诉兰州天信公证处公证损害责任纠纷二审案/甘肃省兰州市七里河区人民法院（2017）甘0103民初2589号民事判决 | 公证机构及其公证员因过错给当事人、公证事项的利害关系人造成损失的，由公证机构承担相应的赔偿责任。本案被告兰州天信公证处在给徐某怀2000年10月12日设立的遗嘱作公证时，未能严格审查徐某怀的民事行为能力，公证后将该公证遗嘱的档案材料遗失，致使法院对公证遗嘱的真实性、合法性无法审查，被告兰州天信公证处存在过错，由此给原告造成损失，被告兰州天信公证处应予以赔偿。 |
| 张某兰、石家庄市井陉苍山法律服务所法律服务合同纠纷二审案/河北省石家庄市中级人民法院（2017）冀01民终2667号民事判决 | 涉案委托合同是苍山法律服务所与田某妮签订的，不是与张某兰签订的，本案双方之间不属委托关系，但张某兰是此代书遗嘱的利害关系人。苍山法律服务所为田某妮所代书的遗嘱因不符合法律规定的形式要件、处分非遗嘱人的个人财产等原因被法院判决认定为无效遗嘱，致使该遗嘱的利害关系人即张某兰未能按照有效遗嘱获得田某妮的遗产份额，给张某兰造成了一定的预期利益损失，应承担一定的赔偿责任。 |

## 四、法理分析

本案争议的焦点问题是因律师的过错致使被继承人所立遗嘱无效，因而导致继承人不能按遗嘱继承遗产所产生的损失能否获得赔偿？

在各国侵权法中，对于经济损失的赔偿责任，通常区别为“衍生性经济损失

(也称为'附随经济损失')"与"纯粹经济损失"而进行差别保护。前者是指因侵害人身或财产所直接产生的经济损失,如人身权受侵害而产生的医疗费与误工损失等。后者是指与有形的人身损害或财产损害无关的纯粹经济上利益的损失。也就是说,纯经济损失不是因侵害人身权或财产权等绝对权而产生的损失,只是一种金钱利益损失。

在我国法律上,律师、注册会计师等专业人员或专业机构因过错造成他人纯经济损失的情形主要包括:(1)注册会计师因过错给委托人或其他利害关系人(如因合理信赖或者使用会计师事务所出具的不实报告的单位或个人)造成损失的赔偿责任[《注册会计师法》第 42 条、最高人民法院《关于审理涉及会计师事务所在审计业务活动中民事侵权赔偿案件的若干规定》(法释〔2007〕12 号)第 2 条、第 4 条]。(2)公证机构及其公证员因过错给当事人或公证事项的利害关系人造成损失的赔偿责任(《公证法》第 43 条)。(3)律师在执业中因过错造成他人经济损失的赔偿责任(《律师法》第 54 条、《证券虚假称述赔偿的规定》第 24 条)。(4)产品质量检验机构、认证机构出具的检验结果或者证明不实,造成经济损失的赔偿责任(《产品质量法》第 57 条)。

对于因律师执业过错致遗嘱无效案进而造成第三人经济损失而言,遗嘱无效,遗嘱继承人虽无法依照遗嘱内容而享受利益,但其仍可基于法定继承继承被继承人之遗产,因此并无权利(继承权)被侵害之情形。所以,在遗嘱无效案,受害人(遗嘱受益人)所受到的损害为纯经济损失。然律师仅对其委托人(立遗嘱人)负合同法上的注意义务,而对第三人并无责任,同时我国理论界与实务界对于合同相对性原则的突破一直持谨慎态度,故第三人通常无法请求律师承担合同上的责任。但倘若律师具有过错,且该过错行为通常于被继承人死后始被发现,如遗嘱受益人无法请求赔偿,则因律师的过错行为所生的损害将无任何救济方法。因此,我国学说与实务均认为律师等专家对第三人的赔偿责任采侵权责任模式。最高人民法院在诸多司法解释中也明确专家对第三人责任属于侵权责任(如《会计师事务所侵权赔偿的规定》)。此外,我国民法学通说认为,《侵权责任法》第 2 条第 2 款、第 6 条以及原《民法通则》第 106 条第 2 款并未将侵权责任法保护的民事权益的范围限定为绝对权。因此,纯经济损失在我国民法上也可以纳入侵权责任法的保护范围。

就本案而言,被继承人瞿某禾生前委托上海祁长宇律师事务所代书并见证遗嘱,但在代书遗嘱过程中,遗嘱人口述遗嘱内容时,两位律师既没有做谈话笔录，也没有录音录像，而是回到律师事务所后凭自己的记忆整理出遗嘱内容，致使代书遗嘱因违反法定形式要件而被宣告无效。从而导致遗嘱受益人瞿某凤、瞿某华不能按遗嘱继承瞿某禾的遗产，由此造成瞿某凤、瞿某华经济损失。根据《侵权责任法》第 6 条(《民法典》第 1165 条第 1 款)及《律师法》第 54 条规定，上海祁长宇律师事务所应当对因其两名律师的执业过错而对瞿某凤、瞿某华造成的经济损失承担侵权损害赔偿责任。

# 已网签备案的房屋买受人能否排除法院的强制执行?

刘耀东

商品房交易实践中的网签备案登记能否发生物权变动效力?购房者能否主张已办理网签备案登记而取得房屋所有权,进而在强制执行程序中,提出执行异议以排除对网签备案登记房屋的强制执行?

## 一、案情与裁判

**案件名称**:刘某波、邓某再审审查与审判监督案

**案情来源**:最高人民法院(2018)最高法民申350号民事判决

**案情简介**:

德州市中级人民法院(2013)德中商初字第43号民事判决认定,德州天翔置业有限责任公司(被申请人一审被告、二审上诉人,以下简称天翔公司)、德州三沅工贸有限公司(一审第三人,以下简称三沅公司)双方在签订《电梯订购合同》后,天翔公司按约履行了付款义务,三沅公司却没有交付电梯,其行为已构成违约,在合同解除后,应返还原告货款647万元,赔偿损失1072918元。天翔公司提供的证据仅能证明刘某波(再审申请人、一审原告、二审被上诉人)、邓某(再审申请人、一审原告、二审被上诉人)购房时,三沅公司支付过部分房款,不能据此推定该公司财产与个人财产混同,天翔公司缺乏充分的证据证明刘某波、邓某作为公司股东滥用公司人格,侵害公司债权人的合法权益。根据合同的相对性原理,天翔公司只能向三沅公司主张权利,而不能要求刘某波、邓某为公司的债务承担连带责任。判决:(1)解除原告德州天翔置业有限责任公司与被告德州三沅工贸有限公司签订的《电梯订购合同》。(2)被告德州三沅工贸有限公司返还原告德州天翔置业有限责任公司货款647万元,赔偿损失

1072918元。

德州市中级人民法院在执行(2013)德中商初字第43号民事判决时，查封了刘某波、邓某的位于德州市德兴中大道699号的楼房，对刘某波、邓某提出的异议，于2016年3月4日作出(2015)德中法执异字第9号执行裁定书予以驳回，刘某波、邓某于2016年3月12日向德州市中级人民法院提起诉讼。

**一审判决**

**德州市中级人民法院经审理认为：**本案的争议焦点被查封房屋的所有权问题及是否应予执行该房屋。刘某波、邓某在购买涉案房屋并办理了网签，说明该房屋归刘某波、邓某所有，虽然三沅公司支付了2773938元，也只能说明刘某波、邓某对三沅公司负有2773938元的债务。《最高人民法院关于适用〈中华人民共和国民事诉讼法〉的解释》第501条第2款规定："该他人对到期债权有异议，申请执行人请求对异议部分强制执行的，人民法院不予支持。"一审法院不应继续执行该债权即涉案房产，而应由天翔公司通过代位诉讼救济权利。其次，刘某波、邓某在(2013)德中商初字第43号判决中没有承担责任，在该案件的执行中属于案外人，针对其房产被查封对其与三沅公司之间的债权债务关系提出异议的诉讼为案外人执行异议之诉，而非立案时的案由执行异议之诉，审理案外人就执行标的是否享有排除强制执行的民事权益，案外人同时提出确认其权利的诉讼请求的，法院可以一并审理，但撤销执行异议裁定书不是一审法院的审理范围，对此不予审查。综上所述，原告刘某波、邓某合法购买了涉案房屋，即拥有该房屋的所有权，原告的诉讼请求成立，应予支持。判决：(1)位于德州市德兴中大道699号的房产归原告刘某波、邓某所有；(2)不得执行位于德州市德兴中大道699号房产。

一审判决后天翔公司不服，提起上诉。

**二审判决**

**山东省高级人民法院经审理认为：**商品房网签登记所登记的不是现实的不动产物权，而是行政机关对于商品房买卖合同进行管理的一项措施，网签登记并不直接产生不动产物权设立或变动的效力，刘某波、邓某对涉案房产只是享有债权请求权，而非物权请求权。从不动产物权公示的效果看，刘某波、邓某并不享有涉案房产的所有权。根据《物权法》第9条规定："不动产物权的设立、变更、转让和消灭，经依法登记，发生效力；未经登记，不发生效力，但法律另有规定的除外。"涉案房产没有登记在刘某波、邓某名下，刘某波、邓某未占有涉案房产，且本案不存在法律另有规定的情形。因此，刘某波、邓某以涉案房产已网签登记在其名下为由，主张其享有涉案房产的所有权的主张不能成立。

判决撤销德州市中级人民法院(2016)鲁14民初190号民事判决；驳回刘某波、邓某的诉讼请求。

二审判决后刘某波、邓某不服，向最高人民法院申请再审。

**再审裁定**

最高人民法院经审查认为：刘某波、邓某为支持其诉讼请求而提供的主要证据为(2013)德中商初字第43号民事判决所确认涉案的房产由刘某波、邓某自然人购买，并办理网签登记的事实。从《物权法》的规定看，物权公示原则为法律规定的基本原则。对不动产而言，其设立、变更、转让和消灭，应当依照法律规定登记。结合本案相关事实，案涉房屋并未登记在刘某波、邓某名下，刘某波、邓某仅进行了商品房网签登记，但商品房网签登记是政府部门依托其建立的商品房网上签约备案平台，规范房地产开发企业、房屋中介公司等相关主体进行商品房预售管理的网上备案登记行为，商品房网签登记并不具有物权变动性质，而是行政机关对于商品房买卖合同进行管理的一项措施，商品房网签登记并不直接产生不动产物权设立或变动的效力。故本案中刘某波、邓某对涉案房产只是享有债权请求权，而非物权请求权。刘某波、邓某向法院提起的执行异议之诉，并未提供相应的证据证明其享有足以排除强制执行的民事权益，依法应承担举证不能的法律后果。综上，刘某波、邓某以涉案房产已网签登记在其名下为由，主张对涉案房产享有所有权的再审事由，缺乏事实和法律依据。

## 二、相关规定

《物权法》第9条第1款(《民法典》第209条第1款)："不动产物权的设立、变更、转让和消灭，经依法登记，发生效力；未经登记，不发生效力，但法律另有规定的除外。"

《物权法》第14条(《民法典》第214条)："不动产物权的设立、变更、转让和消灭，依照法律规定应当登记的，自记载于不动产登记簿时发生效力。"

《最高人民法院关于适用〈中华人民共和国民事诉讼法〉的解释》(法释〔2015〕5号)第311条[《最高人民法院关于适用〈中华人民共和国民事诉讼法〉的解释》(法释〔2020〕20号)第311条]："案外人或者申请执行人提起执行异议之诉的，案外人应当就其对执行标的享有足以排除强制执行的民事权益承担举证证明责任。”

《最高人民法院关于人民法院办理执行异议和复议案件若干问题的规定》(法释〔2015〕10 号)第 26 条[《最高人民法院关于人民法院办理执行异议和复议案件若干问题的规定》(法释〔2020〕21 号)第 26 条]:“金钱债权执行中，案外人依据执行标的被查封、扣押、冻结前作出的另案生效法律文书提出排除执行异议，人民法院应当按照下列情形，分别处理:(一)该法律文书系就案外人与被执行人之间的权属纠纷以及租赁、借用、保管等不以转移财产权属为目的的合同纠纷，判决、裁决执行标的归属于案外人或者向其返还执行标的且其权利能够排除执行的，应予支持。(二)该法律文书系就案外人与被执行人之间除前项所列合同之外的债权纠纷，判决、裁决执行标的归属于案外人或者向其交付、返还执行标的的，不予支持。(三)该法律文书系案外人受让执行标的的拍卖、变卖成交裁定或者以物抵债裁定且其权利能够排除执行的，应予支持。金钱债权执行中，案外人依据执行标的被查封、扣押、冻结后作出的另案生效法律文书提出排除执行异议的，人民法院不予支持。非金钱债权执行中，案外人依据另案生效法律文书提出排除执行异议，该法律文书对执行标的权属作出不同认定的，人民法院应当告知案外人依法申请再审或者通过其他程序解决。”

《最高人民法院关于人民法院办理执行异议和复议案件若干问题的规定》(法释〔2015〕10 号)第 28 条[《最高人民法院关于人民法院办理执行异议和复议案件若干问题的规定》(法释〔2020〕21 号)第 28 条]:“金钱债权执行中，买受人对登记在被执行人名下的不动产提出异议，符合下列情形且其权利能够排除执行的，人民法院应予支持:(一)在人民法院查封之前已签订合法有效的书面买卖合同;(二)在人民法院查封之前已合法占有该不动产;(三)已支付全部价款，或者已按照合同约定支付部分价款且将剩余价款按照人民法院的要求交付执行;(四)非因买受人自身原因未办理过户登记。”

《最高人民法院关于人民法院办理执行异议和复议案件若干问题的规定》(法释〔2015〕10 号)第 29 条[《最高人民法院关于人民法院办理执行异议和复议案件若干问题的规定》(法释〔2020〕21 号)第 29 条]:“金钱债权执行中，买受人对登记在被执行的房地产开发企业名下的商品房提出异议，符合下列情形且其权利能够排除执行的，人民法院应予支持:(一)在人民法院查封之前已签订合法有效的书面买卖合同;(二)所购商品房系用于居住且买受人名下无其他用于居住的房屋;(三)已支付的价款超过合同约定总价款的百分之五十。”

## 三、典型案例或做法

| 案号 | 裁判立场 |
| --- | --- |
| 汤某安与海南星禾装饰工程有限公司、陵水骏高实业发展有限公司案外人执行异议再审案/最高人民法院(2017)最高法民申4900号民事判决 | 汤某安与骏高公司虽在签订《商品房买卖合同》后办理了网签备案手续,但涉案房产所有权仍登记在骏高公司名下,网签备案行为并未产生变动物权的法律效果,也不改变汤某安作为买受人仅享有请求交付房产之债权的客观事实,其基于前述合同享有的债权亦不因办理网签备案手续而具有优于一般债权的效力。因此,汤某安关于针对涉案房产已经享有物权期待权并可以排除法院强制执行的主张,不符合前述法律规定。 |
| 王某中、余某明等与湖南泰山工程有限公司重庆分公司建设工程合同纠纷执行行为异议案/重庆市第四中级人民法院(2018)渝04执异506号民事判决 | 案涉36套房屋并未登记在黄某名下,黄某仅进行了商品房网签登记,但商品房网签登记是政府部门依托其建立的商品房网上签约备案平台,规范房地产开发企业、房屋中介公司等相关主体进行商品房预售管理的网上备案登记行为,商品房网签登记并不具有物权变动性质,而是行政机关对于商品房买卖合同进行管理的一项措施,商品房网签登记并不直接产生不动产物权设立或变动的效力。故黄某对案涉36套房屋不享有所有权。依据《最高人民法院关于人民法院办理执行异议和复议案件若干问题规定》第28条的规定,不享有足以排除强制执行的民事权益。 |
| 上海绿地集团江西申江置业有限公司、张某民执行异议之诉再审案/江西省高级人民法院(2018)赣民再60号民事判决 | 对购房合同进行备案登记是《城市房屋地产管理法》所规定的,属于行政管理范畴,并不必然产生物权变动的法律效力。就本案而言,虽然聂某与绿地集团在签订《南昌市商品房买卖合同》后办理了购房合同的网签备案手续,亦虽然聂某已付清案涉房款的法律事实成立,但因《不动产产权情况表》显示案涉房屋的权属人系绿地集团而非聂某,房屋所有权未变更登记在聂某名下。故绿地集团作为出售案涉房屋的所有权人,仍应确认其享有足以排除强制拍卖等处分行为的民事权益。 |

## 四、法理分析

本案争议的焦点是刘某波、邓某对涉案房产进行了网签备案登记能否取得涉案房产所有权并进而排除法院的强制执行?

根据《物权法》第 9 条及第 14 条(《民法典》第 209 条及第 214 条)之规定,不动产物权变动以登记(过户登记)为生效要件。不动产物权自记载于不动产登记簿时发生物权变动效力。而商品房交易实践中的网签备案登记是政府部门为规范房地产开发企业、房屋中介公司等相关主体进行商品房预售管理,依托其建立的商品房网上签约备案平台所进行的一种网上备案登记,此种登记并非作为房屋产权变动生效要件的登记,只是政府对于商品房买卖合同进行管理的一种行政措施,本身并不具有物权变动的性质,因而也并不能直接产生不动产物权设立或变动的效力。

就本案而言,刘某波、邓某仅对涉案房产进行了网签备案登记而并未进行不动产物权变动过户登记,涉案房产没有登记在刘某波、邓某名下,因而其并未取得涉案房产所有权,仅享有债权。且本案也并不存在《最高人民法院关于人民法院办理执行异议和复议案件若干问题的规定》(法释〔2015〕10 号)第 26 条、第 28 条及第 29 条所规定的可以排除强制执行之情形。因此,刘某波、邓某仅以涉案房产已网签登记在其名下为由,主张其享有涉案房产所有权进而可排除法院强制执行的主张不能成立。

# 业主车辆被外来人员砸坏，物业公司应否承担赔偿责任？

刘耀东

近年来，物业服务纠纷案件日益增多，究其原因，不仅在于物业服务纠纷案件类型多样，更在于纠纷所涉法律关系复杂、案件带有群体性特征而导致处理难度大。其中，因小区业主车辆被砸而产生的纠纷也是司空见惯。业主车辆被砸既有因建筑物及其附属设施上的悬挂物、搁置物脱落、坠落造成，也有因高空抛物以及物业管理不到位由外来人员所致。本案例分析仅讨论业主车辆被外来人员砸坏，物业公司应否承担赔偿责任且主要以物业公司承担的安全保障义务及其限度为分析视角。于此类纠纷，物业公司通常与业主之间并未签订车辆保管合同，故多以向业主收取的停车费用为车位租用费、服务费而非保管费为由，拒绝承担违约赔偿责任。物业公司的此种抗辩能否成立，且看法律规定及司法实践中的裁判。

## 一、案情与裁判

**案件名称：**李某根、安徽信联物业服务有限公司物业服务合同纠纷二审案

**案情来源：**安徽省合肥市中级人民法院(2018)皖01民终8596号民事判决

**案情简介：**

李某根(上诉人原审原告)系合肥市沿河路222号柏景湾逸湖居17幢601室业主，安徽信联物业服务有限公司(上诉人、原审被告，以下简称信联物业公司)系该小区物业管理服务公司，双方于2004年12月19日签订了《前期物业管理服务协议》，李某根缴纳了物业管理费用和车位租赁费用。2017年12月17日晚，身份不明的案外人蒙面进入地下车库，并数次打砸李某根所有的车牌皖A×××6车辆，后信联物业公司立即通知李某根车辆被别人砸坏情况，李某

根立即赶赴现场查看并从信联物业公司处调取了事发时安装在车库内的监控视频。李某根在事发后于 2017 年 12 月 18 将车辆送到合肥恒信德龙威力汽车销售服务有限公司进行维修,后李某根要求信联物业公司就车辆损失进行赔偿,遭到信联物业公司拒绝。信联物业公司认为李某根缴纳的停车费为车位租用费而非车辆保管费,故对其车辆因案外人所致损失不应承担责任。为此,李某根提起本案诉讼。

**一审判决**

**安徽省合肥市庐阳区人民法院经审理认为:**根据国务院《物业管理条例》第 36 条规定:“物业服务企业应当按照物业服务合同的约定,提供相应的服务。物业服务企业未能履行物业服务合同的规定,导致业主人身、财产安全受到损害的,应当依法承担相应的法律责任。”信联物业公司与李某根签订的《前期物业管理服务协议》及信联物业公司作出的《管理公约》,对李某根、信联物业公司双方均具有约束力,信联物业公司应当按照物业服务合同的内容履行相应的义务。本案中,在李某根车辆被砸过程中,信联物业公司未尽到安全管理义务,导致李某根车辆受到损害,信联物业公司对此应承担一定的违约赔偿责任,本院酌定 50%比例。

李某根、信联物业公司之间系物业服业合同关系,不构成保管合同关系,且该案的实际侵权人为第三人,故李某根要求信联物业公司承担全部赔偿责任的请求,于法无据,不予支持。信联物业公司辩称系第三人侵权行为导致李某根的车辆损失,且信联物业公司并非是侵权责任法中所规定的公共场所的管理人或者群众性活动的组织者,故信联物业公司不应当承担侵权赔偿责任,李某根的损失与信联物业公司无关。本案系物业服业合同纠纷,并非侵权责任纠纷,因信联物业公司未能履行物业服务合同约定的服务而承担违约赔偿责任,故信联物业公司辩称于法无据,不予采信。

一审判决后,李某根、信联物业公司均不服,均提起上诉。

**二审判决**

**安徽省合肥市中级人民法院经审理认为:**本案双方当事人之间成立物业服务合同关系。李某根车辆停放于小区公共地下车库,信联物业公司有义务按照《前期物业管理服务协议》的约定对小区进行 24 小时治安巡逻,应对进出小区的外来人员进行登记,并建立治安档案。但根据本案所反映的情况,信联物业公司显然未严格按照物业合同的约定履行上述合同义务。根据《物业管理条例》的规定，信联物业公司在发生安全事故时，应当及时向有关行政管理部门报告。但信联物业公司未在发现事故时立即向公安机关报案，未尽到上述法定协助义务。信联物业公司的上述违约行为，导致未能及时发现、制止李某根车辆被砸，也未能及时确认被砸人员的身份情况，对于李某根的损失无法获得及时赔偿有一定责任，但一审法院酌情确定50%的赔偿责任比例过高。

**二、相关规定**

**《物业管理条例》第35条**："物业服务企业应当按照物业服务合同的约定，提供相应的服务。物业服务企业未能履行物业服务合同的约定，导致业主人身、财产安全受到损害的，应当依法承担相应的法律责任。"

**《物业管理条例》第46条**："物业服务企业应当协助做好物业管理区域内的安全防范工作。发生安全事故时，物业服务企业在采取应急措施的同时，应当及时向有关行政管理部门报告，协助做好救助工作。物业服务企业雇请保安人员的，应当遵守国家有关规定。保安人员在维护物业管理区域内的公共秩序时，应当履行职责，不得侵害公民的合法权益。"

**《最高人民法院关于审理物业服务纠纷案件具体应用法律若干问题的解释》（法释〔2009〕8号）第3条**[①]："物业服务企业不履行或者不完全履行物业服务合同约定的或者法律、法规规定以及相关行业规范确定的维修、养护、管理和维护义务，业主请求物业服务企业承担继续履行、采取补救措施或者赔偿损失等违约责任的，人民法院应予支持。物业服务企业公开作出的服务承诺及制定的服务细则，应当认定为物业服务合同的组成部分。"

**《侵权责任法》第37条（《民法典》第1198条修正）**："宾馆、商场、银行、车站、娱乐场所等公共场所的管理人或者群众性活动的组织者，未尽到安全保障义务，造成他人损害的，应当承担侵权责任。因第三人的行为造成他人损害的，由第三人承担侵权责任；管理人或者组织者未尽到安全保障义务的，承担相应的补充责任。"

---

① 《最高人民法院关于审理物业服务纠纷案件适用法律若干问题的解释》（法释〔2020〕17号）已删除该条。

## 三、典型案例或做法

| 案号 | 裁判立场 |
|---|---|
| 林某杰、珠海仁恒物业管理有限公司物业服务合同纠纷二审案/广东省珠海市中级人民法院(2017)粤04民终603号民事判决 | 林某杰与仁恒物业公司签订了《前期物业管理服务协议业主(临时)规约》,双方形成的是物业管理服务关系。林某杰停放在自有车位上的车辆遭到人为破坏,其要求仁恒物业公司承担赔偿责任,则要考察仁恒物业公司是否未尽管理义务。根据一审查明的事实,仁恒物业公司对车库进行了值班、巡逻、监控、登记,在事发当晚对临时进入车库的车辆也按规定进行了登记,应视为其履行了《前期物业管理服务协议业主(临时)规约》约定的管理义务,基本尽到了最大的安全保障义务。综上,仁恒物业公司并不存在未尽《前期物业管理服务协议业主(临时)规约》约定义务的情形,林某杰上诉要求仁恒物业公司承担赔偿责任缺乏依据。 |
| 孙某霆、山东鲁商物业服务有限公司物业服务合同纠纷二审案/山东省临沂市中级人民法院(2017)鲁13民终3127号民事判决 | 因鲁商物业公司没有提供亮化和安保服务,致使客户车辆被砸,车内财物被盗。根据《物业管理条例》第35条规定:"物业服务企业应当按照服务合同的约定,提供相应的服务。物业企业未能履行服务合同的约定,导致业主人身财产安全受到损害的,依法应当承担相应的法律责任。"鲁商物业公司对客户车辆被砸被盗造成的损失,应负一定责任。 |
| 魏某与沈阳绿建物业服务有限公司物业服务合同纠纷二审案/辽宁省沈阳市中级人民法院(2018)辽01民终10946号民事判决 | 绿建物业公司作为魏某所在的沈阳市于洪区绿地老街坊小区的物业服务单位,应当按照物业服务合同约定,提供相应的服务,对小区业主的财产负有安全保障的义务。绿建物业公司收取了魏某交纳的2017年8月10日至2018年3月9日期间的车位费,并向魏某提供了小区规划的地上停车位。魏某停放在地上停车位的车辆于2017年12月20日发生汽车后挡风玻璃被砸坏的事实,后虽经报警,但车位临近监控头不能使用,影响到刑事案件的侦查结果,因绿建物业公司系小区监控设备的维护管理者,一审法院结合绿建物业公司过错程度等因素,酌情判令绿建物业公司对魏某的损失承担50%的赔偿责任并无不当。 |
| 王某与南京同曦物业管理有限公司物业服务合同纠纷二审案/江苏省南京市中级人民法院(2017)苏01民终10217号民事判决 | 上诉人王某车辆被砸的地点非被上诉人同曦物业管理公司提供物业管理服务的区域,被上诉人亦未收取车辆被砸期间的停车管理费用,故车辆被砸的责任不能归责于被上诉人,涉案车辆被砸的直接原因亦非车辆进入涉案小区而发生,故本院对上诉人该部分上诉请求,不予支持。 |

续表

| 案号 | 裁判立场 |
| --- | --- |
| 谷某丰与大连生生物业管理有限公司物业服务合同纠纷二审案/辽宁省大连市中级人民法院(2018)辽02民终4021号民事判决 | 根据物业管理协议约定,被上诉人生生物业公司有协助公安部门维护社区秩序的义务,包括安全监控、值班、巡视的义务。被上诉人生生物业公司认可案涉停车场系其管理,故根据约定其应当履行维护该停车区域秩序的义务,根据查明事实,上诉人谷某丰停放在案涉停车场的车辆于2015年及2017年两次受损,一审法院据此认定被上诉人履行维护社区秩序义务存在瑕疵正确,因上诉人的车辆损失并非被上诉人直接造成,被上诉人承担的责任应与其履行义务存在瑕疵所承担的责任相适应,根据本案具体情况,一审法院根据上诉人提供的修车发票酌定被上诉人对上诉人修车费用承担30%的责任并无不妥,本院予以确认。 |
| 杜某与海南平方物业管理有限公司物业服务合同纠纷民事二审案/海南省海口市中级人民法院(2014)海中法民一终字第1567号民事判决 | 根据平方物业公司与杜某所在小区的业主委员会签订的《正庄大厦物业服务合同》的约定,平方物业公司负责对小区的车辆(包括自行车)停放进行管理;如因管理不当,造成业主财产损失,平方物业公司负全部赔偿责任。杜某经平方物业公司的同意,将车辆停放在紧靠小区楼下的监控死角处,平方物业公司应提高注意义务,谨慎履行管理职责。因平方物业公司的不作为,导致其未能及时防止及发现杜某车辆玻璃被砸坏,明显履责不当。平方物业公司未依约履行管理职责,应对杜某遭受的损害承担赔偿责任。 |

## 四、法理分析

首先,根据《人身损害赔偿司法解释》(法释〔2003〕20号)第6条与《侵权责任法》第37条(《民法典》第1198条)之规定,宾馆、商场、银行、车站、娱乐场所等公共场所的管理人或者群众性活动的组织者,未尽到安全保障义务,造成他人损害的,应当承担侵权责任。依据上述规定,承担安全保障义务的主体为经营活动的经营者、公共场所的管理人和其他社会活动的组织者。从物业服务企业的性质来说,其所从事的也是一种服务性行业,当然属于经营活动的经营者范畴。作为物业服务区域的实际管理者,物业服务企业对区域内危险源的注意和控制明显要高于业主。因此,物业服务企业在一定情形下承担相应的安全保障义务符合人们的生活常理。

其次,物业服务企业与业主通常会就安全保障义务在物业服务合同中加以约定,同时,根据《最高人民法院关于审理物业服务纠纷案件具体应用法律若干问题的解释》（法释〔2009〕8 号）第 3 条第 2 款的规定，物业服务企业的单方承诺与服务细则也被纳入服务合同的内容当中。因此，物业服务企业如果在其单方承诺或服务细则中有涉及安全保障义务的内容，也应作为物业服务合同的内容加以履行。即使，物业服务合同中未约定或未明确约定安全保障义务，物业服务企业也未对此作出单方承诺以及物业服务细则中也并未存在涉及安全保障义务的内容，也可根据《合同法》第 60 条（《民法典》第 509 条）规定，基于诚实信用原则衍生出物业服务企业的安全保障义务（属于物业服务企业基于物业服务合同承担的附随义务）。物业服务企业在履行物业管理义务过程中应当配有专门的安保人员，建立相应的安保机制，安装必要的监控设备，管理维护物业服务区域边境的围护设施等。如果物业服务企业违反该义务进而对业主的人身或财产造成损害的，应当承担相应的赔偿责任。

所以，物业服务企业违反安全保障义务造成业主人身或财产权益损害，业主既可以提起侵权之诉，也可以基于物业服务合同提起违约之诉。

最后，物业服务企业的安全保障义务并不能随意扩大解释和适用，否则会导致安全保障义务的滥用和扩张，进而给物业服务企业带来极大的风险，最终可能会给广大业主造成不利影响。例如，对于近些年频发的小区高空抛物致害，即不能过度要求物业服务企业进行监督和防范，否则即不当地扩张了其安全保障义务的范围。

就本案而言，信联物业公司与李某根签订的《前期物业管理服务协议》及信联物业公司作出的《管理公约》，对双方均具有约束力，信联物业公司应当按照物业服务合同的内容履行相应的安全保障义务。李某根车辆因外来人员被砸，信联物业公司未尽到相应安全保障义务，导致李某根车辆受到损害，因此应当承担相应的违约责任。但本案李某根车辆被砸并非是信联物业公司直接造成的，故信联物业公司承担的违约损害赔偿责任应与其履行安全保障义务存在的瑕疵相适应。同时，如前所述，于此情形当事人既可以选择依据物业服务合同提起违约之诉，也可以依据《侵权责任法》的规定提起侵权之诉，本案当事人选择了前者。

# “凶宅”所有权人能否请求赔偿房屋贬值损失及其精神损害?

时　诚*

近年来,“凶宅”纠纷案件频繁发生,基于长期以来形成的“趋吉避凶”的风俗习惯,人们对于“凶宅”大多存在忌讳、不安、恐惧等抵触心理。探索“凶宅”贬值索赔诉讼案件,有助于进一步厘清相关案件的审理思路,为推进“凶宅”贬值民事损害赔偿纠纷案件的审判工作提供参考,实现对“凶宅”贬值赔偿纠纷案件的有效处理。那么,当房屋内发生非自然死亡事故,致使其蒙受“污名”而引发的贬值损失,“凶宅”所有权人能否就此请求财产及精神损害赔偿?以下结合一则案例说明之。

## 一、案情与裁判

**案件名称:**程某正、王某华等与东莞市唐庭装饰设计工程有限公司财产损害赔偿纠纷案

**案情来源:**广东省东莞市中级人民法院(2017)粤19民终2737号民事判决

**案情简介:**

2015年9月26日,程某正(被上诉人、原审原告)与唐庭公司(上诉人、原审被告)签订装饰工程合同书,约定唐庭公司承包案涉房屋的装修工程。2015年10月16日,案外人魏某在案涉房屋装修施工期间触电身亡。程某正及王某华委托东莞市广协鉴定评估有限公司就案涉房屋因装修工人死亡引起的市场价值贬损金额进行鉴定。后该鉴定机构出具情况说明,称由于案涉当事人认为房屋价值贬损是因装修工人现场死亡造成的,此类型业务带有封建迷信色彩,无

---

* 时诚,西南政法大学法学院博士研究生,浙江新台州律师事务所疑案研究中心研究员。

法对本案的贬损金额作出价值评估。本案的焦点在于原告程某正、王某华是否有权向被告唐庭公司主张房屋贬值损失和精神损害抚慰金。

一审判决

广东省东莞市第一人民法院经审理认为：房屋的市场价值由建筑成本、地理位置、供求关系、人文环境等诸多因素综合决定，虽然房屋内发生人员非正常死亡事件未造成房屋物理受损及影响房屋的实际使用价值；但广大群众对该类房屋普遍存在忌讳、不安、恐惧等抵触心理，这又客观上导致该类房屋相对难以转让、出租或交换价值贬损，故本院认定唐庭公司装修工人的非正常死亡致使案涉房屋价值受到损害。鉴于程某正及王某华未能提供有力证据证实其财产损失金额，一审法院根据《侵权法》第 6 条、第 19 条，综合考虑程某正及王某华购买房屋时的价格、房屋受损时的市场价格、唐庭公司的过错程度等因素，酌定唐庭公司赔偿程某正及王某华共 50000 元。

对于精神损害抚慰金，因本案中程某正及王某华受侵害的对象是房屋，且该房屋尚未装修入住，不属于《侵权法》第 22 条及《最高人民法院关于确定民事侵权精神损害赔偿责任若干问题的解释》第 1 条、第 4 条规定的侵害人身权益、侵害人格权利及具有人格象征意义的特定纪念物品，并造成严重精神损害的情况，故程某正及王某华诉请精神损害抚慰金 40000 元依法无据，法院不予支持。

二审判决

广东省东莞市中级人民法院经审理认为：本案系财产损害赔偿责任纠纷，侵权责任的构成要件有行为、过错、损害事实、因果关系四个方面。魏某作为一名持有电工证的施工人员，其在安装水电过程中未采取安全防范措施而导致触电身亡，魏某对事故的发生是具有一定过错的；唐庭公司作为施工单位需尽管理义务，在事故发生前未对施工人员进行岗前安全培训，事故发生时也未派人在场监工，未尽足够的管理义务。案涉事故造成魏某在案涉房屋内非正常死亡，使案涉房屋变成所谓的“凶宅”。虽然案涉事故未对案涉房屋的使用价值产生任何影响，但按当前民风民俗，群众对“凶宅”存在抵触心理是客观存在的事实，这无疑会降低案涉房屋的交易价值，实质上已导致程某正、王某华产生损失。由于鉴定机构无法对受损价值进行评估，原审酌情认定损失金额为 50000 元，并无明显不妥，二审法院予以确认。

## 二、相关规定

《侵权责任法》第1条(《民法典》第1164条):“侵害民事权益,应当依照本法承担侵权责任。本法所称民事权益,包括生命权、健康权、姓名权、名誉权、荣誉权、肖像权、隐私权、婚姻自主权、监护权、所有权、用益物权、担保物权、著作权、专利权、商标专用权、发现权、股权、继承权等人身、财产权益。”

《侵权责任法》第6条(《民法典》第1165条):“行为人因过错侵害他人民事权益,应当承担侵权责任。”

《侵权责任法》第19条(《民法典》第1184条):“侵害他人财产的,财产损失按照损失发生时的市场价格或者其他方式计算。”

《侵权责任法》第22条(《民法典》第1183条第1款):“侵害他人人身权益,造成他人严重精神损害的,被侵权人可以请求精神损害赔偿。”

《最高人民法院关于确定民事侵权精神损害赔偿责任若干问题的解释》(法释〔2001〕7号)第4条[《最高人民法院关于确定民事侵权精神损害赔偿责任若干问题的解释》(法释〔2020〕17号)第1条]:“具有人格象征意义的特定纪念物品,因侵权行为而永久性灭失或者毁损,物品所有人以侵权为由,向人民法院起诉请求赔偿精神损害的,人民法院应当依法予以受理。”

## 三、典型案例或做法

| 案号 | 裁判立场 |
| --- | --- |
| 温某等与重庆市江北区禾田氏家橱柜经营部侵权责任纠纷上诉案/重庆市第一中级人民法院(2017)渝01民终2361号民事判决 | 涉案安装工人在温某、曹某房屋意外死亡,从民间“趋吉避凶”的风俗习惯,确存在温某、曹某对进入该房屋居住有一定心理障碍,但现无证据证明该工人系禾田氏家经营部员工,也无证据证明禾田氏家经营部对意外的发生存在过错;同时,对房屋是否因此贬值无法确认。 |
| 钟某赐等诉广东世荣兆业股份有限公司等侵权责任纠纷案/广东省珠海横琴新区人民法院(2015)珠横法民初字第743号民事判决 | 罗某和虽是从原告的房屋内坠楼,但其死亡地点是在楼下地面,而非死在屋内,原告的房屋与传统意义上的“凶宅”有着本质的区别。且房屋内没有出现血腥场面,对人的直观冲击不大;两名原告亦未亲眼目睹罗某和坠楼的过程,故法院不予支持房屋贬值损失和精神损害赔偿。 |

续表

| 案号 | 裁判立场 |
| --- | --- |
| 程某强诉平成贝斯特电子(平湖)有限公司财产损害赔偿纠纷案/浙江省平湖市人民法院(2011)嘉平民初字第102号民事判决 | 广大社会群众对存在人员非正常死亡的房屋普遍带有抵触的意识,这是长期以来形成的"趋吉避凶"的风俗习惯,并不违反公序良俗,理应得到法律的尊重,事实上存在的此类房屋难以出租、转让的现状也说明其交换价值的贬损,故本院认定由于居住人的非正常死亡导致涉案房屋的价值受到损害。 |
| 张某等诉上海步阳置业有限公司财产损害赔偿纠纷案/上海市嘉定区人民法院(2018)沪0114民初1641号民事判决 | 被告对臧某死于涉案房屋内虽无过错,但鉴于臧某系被告员工且系被告安排臧某居住于涉案房屋内,又臧某的死亡确有可能对涉案房屋价值等带来不利影响,故结合本案实际情况、社会价值取向及公平原则等情况,被告应给予原告一定的经济补偿。 |

## 四、法理分析

所谓"凶宅",系指曾发生非自然死亡事故或地处位置异常的房屋。在此场合,房屋并未发生实体毁损,不需要物理上的修复,受害人却因房屋价值下降而遭受贬值损失。

(一)"凶宅"所有权人能否请求赔偿房屋贬值损失?

由于此类房屋贬值损失的无形化程度较高,并未造成房屋的"实际损害";且因果关系较为主观,可能完全建立在人们对"凶宅"的忌讳、不安、恐惧等抵触心理之上,其赔偿往往受到限制。一般而言,基于非自然死亡事故而引发的房屋贬值损失赔偿须满足下列条件:

1.是否为纯粹经济损失不影响其赔偿

当前我国理论和实务上存在一种明显倾向:如果认为"凶宅"贬值损失是对物的损害,就承认其可救济性;反之,如果将其认定为纯粹经济损失,则当事人无法获得赔偿。然而,在立法政策上,纯粹经济损失之所以原则上不具备可救济性,是为了防止侵权责任的泛用或责任范围的无限扩大。正如一审法院所言,尽管"凶宅"贬值损失与受害人或潜在购买者的主观心理状态密切相关,却可通过交易市场上的抽象评价获得客观属性,具有典型的社会公开性、责任范围的相对确定性等特点，其赔偿不会由于无限的因果关系而引发侵权责任的泛用。同时，我国侵权法也在一定程度上认可了以物的使用利益损失为代表的纯粹经济损失赔偿，“凶宅”贬值损失与停运损失、使用中断损失等物之使用利益损失在法律属性上颇为类似，是否将其定性为纯粹经济损失并不影响其可救济性。

2.须满足相当因果关系

本案二审法院指出，“凶宅”贬值损失系财产损害赔偿责任纠纷，须满足财产损害赔偿的构成要件方得请求救济。其中因果关系无疑是构成要件的核心。装修工意外死亡于原告所有的房屋，虽未造成系争房屋外观形体之毁损或功能减损，然依社会通常观念和事物通常发展进程，人们对曾发生非正常死亡事故的房屋普遍存在忌讳或恐惧心理，这又客观上导致其交换价值下降或出租人收益之降低，造成系争房屋遭受贬值损失，符合相当性因果关系的要求。

3.自杀或凶杀者等造成损害后果的人具有过错

“凶宅”贬值损失赔偿采过错责任原则，以自杀或凶杀者等造成损害后果的人对房屋贬值损失具有过错为前提。本案中，魏某已经具备电力施工资格，其在安装水电过程中未采取安全防范措施而导致触电身亡，对房屋贬值损失的发生具有过错。魏某作为唐庭公司的施工人员，其过错责任应由唐庭公司承担(《侵权责任法》第34条)。

4.不以受害人完全证明其损害数额为必要

实务上，由于我国鉴定市场尚不规范，鉴定机构对“凶宅”贬值损失数额的确定具有较大的任意性。在此背景下，很多法院常常以受害人不能证明房屋贬值损失的责任范围为由拒绝赔偿。但是，鉴定结论仅为房屋贬值损失的证据之一，而非损害赔偿的必要条件或最终途径。特别是当事人已证明其房屋受有损害而不能证明其数额或证明显有重大困难者，法院可以综合具体情形推定贬值损失的发生，酌定其范围。本案中，由于鉴定机构无法对受损价值进行评估，一审法院综合考虑程某正及王某华购买房屋时的价格、房屋受损时的市场价格、唐庭公司的过错程度等因素，酌定唐庭公司赔偿程某正及王某华共50000元，值得赞同。

(二)“凶宅”所有权人能否请求精神损害赔偿？

无论是房屋所有权人还是潜在购买者都可能因房屋曾发生非正常死亡事故而引发忌讳、不安、恐惧等抵触心理。然而，精神损害赔偿坚守法定原则，并非所有的“凶宅”事故都能引发法律上的精神损害。根据《侵权责任法》第22条，精神损害赔偿以“侵害他人人身权益”并造成“严重精神损害”为条件。只有当权利人房屋具有足够的感情利益而属于人格象征意义的纪念物品时，其才更多地表现为一种人格利益而非财产权利。如果房屋所有权人因居住该凶宅而令其健康权等人身权益遭受到了严重损害，其还有权同时主张房屋贬值损失和精神损害赔偿。本案中，程某正及王某华受侵害的对象是房屋，且该房屋尚未装修入住，并未对其形成足够的感情利益，不属于人身权益或人格利益的范畴，故不应支持其精神损害赔偿请求，一审法院的判决值得肯定。

# 车辆贬值损失究竟赔不赔?

时　诚

因事故造成车辆贬值损失是否具有可救济性?对于保险公司关于车辆贬值损失的免责条款能否生效?理论和司法实践中存在较大争议,以下结合一则案例说明之。

## 一、案情与裁判

**案件名称**:王某欢诉牛某锋等机动车交通事故责任纠纷案

**案情来源**:河南省荥阳市人民法院(2014)郑民一终字第2135号民事判决

**案情简介**:

2013年12月24日早8时许,牛某锋(被告、被上诉人)驾驶豫A7DR36轿车(车主为被告、被上诉人康某丽),与申某倩驾驶的豫A0DP66轿车(车主为原告、上诉人王某欢)、程志章驾驶的豫AYK677轿车发生连环相撞,造成三车受损。经荥阳市公安局交通巡逻警察大队出具的道路交通事故认定书认定,牛某锋负此事故的全部责任。豫A0DP66轿车在事故中严重受损,原告为此支付车辆维修费用17500元。2014年8月1日,河南旧机动车鉴定评估事故所有限公司出具《司法鉴定意见书》:豫A0DP66轿车因事故造成车辆贬值损失3万元。双方争议的焦点在于3万元的车辆贬值损失应该由谁负责。

**一审判决**

**河南省荥阳市人民法院经审理认为**:根据《最高人民法院关于审理道路交通事故损害赔偿案件适用法律若干问题的解释》(法释〔2012〕19号)第15条,财产损失的范围已经明确,且该条文并没有兜底性条款,原告关于车辆贬值损失的赔偿请求缺乏法律依据。交通事故发生后,车辆零部件经过修复和更换,已对车辆损失进行了弥补,车辆的使用价值没有受到影响。而贬值损失仅在出售时可能影响其交换价值，故并非必然发生的损失，本院不予支持。

二审判决

河南省郑州市中级人民法院经审理认为：王某欢的车辆在购置刚刚半年时间发生本案交通事故，导致多部件修复。司法鉴定意见书认定：在修复过程中，要通过部件拆装及加压、拉伸、敲击等外力加工方式恢复部件原貌，金属机件通常会改变原有金属结构、预应力分配方向、原有设计意图等。以上修复必然导致对车辆外观影响较大、技术性能下降等问题，故存在车辆贬值损失。牛某锋驾驶的豫 A7DR36 车辆在保险公司投保有机动车交通事故强制保险和商业第三者责任保险。保险公司未能举证证明其曾经就责任免除条款作出足以引起投保人注意的提示，该免责条款不产生效力，车辆贬值损失 30000 元应由保险公司在商业第三者责任保险限额范围内予以赔偿。

## 二、相关规定

《侵权责任法》第 6 条(《民法典》第 1165 条第 1 款)：“行为人因过错侵害他人民事权益，应当承担侵权责任。”

《侵权责任法》第 19 条(《民法典》第 1184 条)：“侵害他人财产的，财产损失按照损失发生时的市场价格或者其他方式计算。”

《最高人民法院关于审理道路交通事故损害赔偿案件适用法律若干问题的解释》(法释〔2012〕19 号)第 15 条[《最高人民法院关于审理道路交通事故损害赔偿案件适用法律若干问题的解释》(法释〔2020〕17 号)第 12 条]：“因道路交通事故造成下列财产损失，当事人请求侵权人赔偿的，人民法院应予支持：(一)维修被损坏车辆所支出的费用、车辆所载物品的损失、车辆施救费用；(二)因车辆灭失或者无法修复，为购买交通事故发生时与被损坏车辆价值相当的车辆重置费用；(三)依法从事货物运输、旅客运输等经营性活动的车辆，因无法从事相应经营活动所产生的合理停运损失；(四)非经营性车辆因无法继续使用，所产生的通常替代性交通工具的合理费用。”

《保险法》第 17 条：“订立保险合同，采用保险人提供的格式条款的，保险人向投保人提供的投保单应当附格式条款。保险人应当向投保人说明保险合同的内容。对保险合同中免除保险人责任的条款，保险人在订立合同时应当在投保单、保险单或者其他保险凭证上作出足以引起投保人注意的提示，并对该条款的内容以书面或者口头形式向投保人作出明确说明；未作提示或者明确说明的，该条款不产生效力。”

## 三、典型案例或做法

| 相关条款或案号 | 赔偿意见 |
|---|---|
| 《北京市高级人民法院关于审理道路交通事故损害赔偿案件的会议纪要》第2条 | “对于购买年限或行驶里程相对较短的车辆造成严重损害，足以使车辆严重贬值，给车辆所有人造成重大损失的，可以酌情赔偿其贬值损失。” |
| 《浙江省高级人民法院民一庭关于审理道路交通事故损害赔偿纠纷案件若干问题的意见（试行）》第20条 | “已获得机动车维修费用等财产损失赔偿的赔偿权利人，又主张机动车贬值损失赔偿的，一般不予支持；但属于待售中或者运输中的新车受到损害等特殊情况的，可酌情予以赔偿。” |
| 《山东省高级人民法院2011年民事审判工作会议纪要》第6条第(13)项 | “机动车贬值损失一般是指机动车发生交通事故后，其使用性能虽已恢复，其本身经济价值却会因发生交通事故而降低所造成的损失，其实质为民法理论上所称的纯粹经济损失。对于因交通事故造成的机动车贬值损失是否予以赔偿，我国现行法律没有明确规定。由于没有相应的法律依据，且机动车贬值损失的认定受机动车本身状况、机动车的用途、市场价格等多种因素的影响，具有多变性和不可确定性。因此，不宜支持交通事故受害人要求赔偿义务人赔偿机动车贬值损失的诉讼请求。” |
| 2011年12月《上海市高级人民法院民事审判第一庭道路交通事故纠纷案件疑难问题研讨会会议纪要》 | “侵权人已经赔偿了修复费用，一般情况下可以认为对受损车辆损害进行了赔偿，关于当事人主张赔偿车辆因交通事故产生贬值损失，实际缺乏客观评定标准，原则上不应支持。” |
| 孙某妮与苏州市东方客运有限公司等交通事故损害赔偿纠纷上诉案/江苏省苏州市中级人民法院(2011)番法民一初字第991号民事判决 | 否认未出售受损车辆时的贬值损失赔偿，认为“修理后车辆的交换价值确实存在贬值的风险，但这种差价只有在汽车出卖的情况下才会发生”。 |
| 钱某东诉张某渶、广州番禺粮食储备有限公司大龙粮油批发中心等交通事故赔偿案/广州市番禺区人民法院(2008)苏中民一终字第0570号民事判决 | 以“涉案车辆为普通物品，其主要功能在于发挥汽车的使用价值，并无其他特殊的诸如纪念、珍藏等价值，因此对该财产的损失判断应以使用价值为基本标准”为由拒绝赔偿车辆贬值损失。 |

续表

| 相关条款或案号 | 赔偿意见 |
| --- | --- |
| 钟某诉桂林世纪地产开发有限责任公司等财产损害赔偿纠纷案/桂林市象山区人民法院(2015)象民初字第1221号民事判决 | 尽管受损车辆的行驶里程较长(58000公里)、价值不高(3万元),但法院基于原告过错程度较高、车辆受损严重的事实,仍判决赔偿车辆贬值损失。 |

## 四、法理分析

所谓车辆贬值损失，是指被毁损车辆经过修理等措施而恢复原状，但基于技术条件限制或交易心理影响等导致其价值减少而引发的损害。

（一）车辆贬值损失是否具有可救济性?

从宏观制度规划层面看，损害赔偿的目的在于使受害人处于如同损害事故未曾发生的状态，只有将车辆贬值损失纳入损害事故的赔偿范围，才能与恢复原状的赔偿目的相吻合。但如果一味注重全面赔偿，又会遭受过度限制行为自由之质疑。故在司法实践中，车辆贬值损失赔偿通常倾向于采取折中路线，通过设定赔偿条件落实其可救济性。

1.不以法律明文规定为必要

本案一审法院认为，车辆贬值损失不属于相关司法解释规定的交通事故财产损失的赔偿范围，其赔偿请求缺乏法律依据。但是，车辆贬值损失是全面赔偿原则的必然要求，财产损害的赔偿范围不应以法律明文规定为限。即使法律并未明定贬值损失，其也可以借助《侵权责任法》第6条等一般条款获得救济，也可以成为《侵权责任法》第19条应予赔偿的“财产损失”之列。

2.须满足相当因果关系或符合法规目的要求

通常而言，只有人们已经预见或者应当预见的车辆贬值损失才能获得赔偿。例如，在待售新车受损的场合，受害人以获得被毁损车辆的交换价值为目的，人们对于车辆贬值损失的可预见性较高，法院通常认可其因果关系的相当性。但即使是超出预见范围的贬值损失，也不能一律否认其可救济性，而须根据侵权责任法的保护目的、社会需求等（法规目的说）判断应否予以救济。例如，在广州市康富物业管理有限公司诉冯显铨等财产损害赔偿纠纷案中，法院就以“支持车辆贬值损失有利于康富公司进一步加强管理，发挥侵权责任法的预防和制裁功能”为由判决赔偿贬值损失。而在本案中，二审法院充分采纳了司法鉴定意见书的意见，基于行为人过错程度较高、车辆毁损严重的事实，据此认定该侵权行为促使车辆贬值损失发生的客观可能性较高，属于相当因果关系的射程范围。

3.须造成严重损害

并非任何损害事故都能引发贬值损失，只有价值较高、受损程度较重、修理费用较高的车辆遭受的贬值损失才可获得赔偿。而车辆价值又取决于车辆新旧、行驶里程、使用状况、修理历史、车型款式等诸多要素，如果受损车辆的价值很高，即使其并未遭受结构性损坏，也可以获得贬值损失赔偿。在本案中，二审法院充分考虑“车辆购置仅半年时间”、外力加工方式的修理“必然导致对车辆外观影响较大、技术性能下降等问题”、“车辆维修费用较高(17500元)”等因素，最终判决赔偿贬值损失，总体上值得肯定。

4.不以出售受损车辆为前提

交易的确可以帮助当事人证实或确立车辆贬值损失，但其并非赔偿的必要条件。因为贬值损失作为一种客观财产损害，产生于侵权行为发生时，依损害发生前后市场价值之差而计算，不以受害人主观上是否具有交易意图为转移。倘若以出售受损车辆作为贬值损失的赔偿条件，则逼迫受害人在出售车辆获得赔偿或保有车辆放弃赔偿之间进行选择，不利于保护其合法权益。

(二)保险公司关于车辆贬值损失的免责条款能否生效?

在本案中，当事人订立的保险格式条款明确将车辆贬值损失列为免赔事由。根据《保险法》第17条，除非保险人尽到“足以引起投保人注意的提示”和“明确说明”义务，否则该条款不能生效。保险公司在投保单中对免除保险人责任条款以足以引起投保人注意的文字、字体作出提示，投保人本人亦签字确认，通常可以认为保险公司已经就上述免责条款向投保人尽到了提示说明义务。本案保险公司未能举证证明其曾尽到上述义务，故车辆贬值损失应该由保险公司在责任险范围内予以赔付，二审法院的判决值得肯定。

# 交通事故中被毁损车辆因使用中断所导致的损失该不该赔?

时　诚

因为交通事故引起的损害赔偿,是常见的纠纷类型,也存在许多疑难问题。车辆毁损可进一步导致被侵权人无法继续使用车辆,产生租车等替代性费用,这些使用中断损失应不应该由被侵权人赔偿?

## 一、案情与裁判

**案件名称**:袁某秀与中国太平洋财产保险股份有限公司淄博中心支公司、肖某亮等机动车交通事故责任纠纷案

**案情来源**:山东省淄博市中级人民法院(2014)淄民三终字第328号民事判决

**案情简介**:

2013年6月12日14时45分许,肖某亮(原审被告)驾驶鲁C×××××号中华牌轿车顺205国道由南向北行驶至309国道交叉路口掉头时,其车前部与顺205国道由南向北行驶的袁某秀(被上诉人、原审原告)雇佣的司机朱兵驾驶的鲁C×××××号奥迪牌轿车相撞,致车辆受伤,造成道路交通事故。现场无交通警察指挥,也无交通监控设施,该道路交通事故形成原因无法查清。事故发生后,2013年6月14日,袁某秀为出行方便,以每日租金200.00元租赁该公司同款奥迪A4L鲁C×××××号轿车使用,租用期间为其车辆修理时间50天。经查明,涉案肇事车辆鲁C×××××号中华牌轿车在太平洋保险公司(上诉人、原审被告)投保了机动车交通事故责任强制保险。本案焦点在于原告的车辆使用中断损失能否获得赔偿?

一审判决

山东省淄博市周村区人民法院经审理认为：袁某秀的租车时间，自事故发生之日计算至交警部门出具事故证明后合理的修理时间计算为 50 天，袁某秀主张的租车费，根据其每天租赁标准 200.00 元计算为 10000.00 元，由太平洋保险公司予以支付。

二审判决

山东省淄博市中级人民法院经审理认为：因道路交通事故造成非经营性车辆无法继续使用的，产生的通常替代性交通工具的合理费用应以诚实信用原则为基础，遵循必要性、合理性原则，根据事故车辆本身价值大小和一般使用用途来确定。本案被侵权人袁某秀的奥迪轿车被撞受损，修理期间非工作必需又租用同款奥迪轿车作为替代性交通工具，实际支出费用明显过高，不属于通常的替代性交通工具，违背诚实信用原则，本院不予支持。根据日常出行需要，本案应以正常支出的出租车费作为计算损失的依据，按每日支出出租车费30.00 元，修理时间 50 天计算，通常替代性交通工具支出为 1500.00 元(30.00 元×50 天)。上诉人太平洋保险公司认为每天租车费 200.00 元过高的上诉主张符合事实和法律规定，本院予以采纳。被上诉人袁某秀不能证明其需要奥迪轿车作为替代性交通工具的合理性，其主张租用奥迪轿车是为了做生意撑门面的理由不符合法律规定的诚信原则和合理性、必要性原则，本院不予支持。原审判决认定事实不清，依法予以改判。

## 二、相关规定

《侵权责任法》第 19 条(《民法典》第 1184 条)：“侵害他人财产的，财产损失按照损失发生时的市场价格或者其他方式计算。”

《最高人民法院关于审理道路交通事故损害赔偿案件适用法律若干问题的解释》(法释〔2012〕19 号)第 15 条[《最高人民法院关于审理道路交通事故损害赔偿案件适用法律若干问题的解释》(法释〔2020〕17 号)第 12 条]：“因道路交通事故造成下列财产损失，当事人请求侵权人赔偿的，人民法院应予支持：(一)维修被损坏车辆所支出的费用、车辆所载物品的损失、车辆施救费用；(二)因车辆灭失或者无法修复，为购买交通事故发生时与被损坏车辆价值相当的车辆重置费用；(三)依法从事货物运输、旅客运输等经营性活动的车辆，因无法从事相应经营活动所产生的合理停运损失；(四)非经营性车辆因无法继续使用，所产生的通常替代性交通工具的合理费用。”

《保险法》第17条：“订立保险合同，采用保险人提供的格式条款的，保险人向投保人提供的投保单应当附格式条款。保险人应当向投保人说明保险合同的内容。对保险合同中免除保险人责任的条款，保险人在订立合同时应当在投保单、保险单或者其他保险凭证上作出足以引起投保人注意的提示，并对该条款的内容以书面或者口头形式向投保人作出明确说明；未作提示或者明确说明的，该条款不产生效力。”

## 三、典型案例或做法

| 案号 | 裁判立场 |
|---|---|
| 于某森诉张某霞等机动车交通事故责任纠纷案/北京市丰台区人民法院(2015)丰民初字第292号民事判决 | 车辆使用中断损失赔偿，既包括车辆毁损进行修理而无法继续使用、又包括因车辆灭失在重置新车期间所产生的通常替代性交通工具的合理费用。 |
| 中国人民财产保险股份有限公司天津市分公司电子商务营业部与张某兵等机动车交通事故责任纠纷上诉案/天津市第一中级人民法院(2018)津01民终7623号民事判决 | 当事人因非经营性车辆无法继续使用，可以主张通常替代性交通工具的合理费用。张某兵受损车辆车型为奥迪R8，租赁车辆为卡罗拉，租期为事故发生之日至车辆维修完毕翌日，上述租车标准和租赁日期均较为合理，依法应由上诉人承担相应赔偿责任。 |
| 徐某与梁某等机动车交通事故责任纠纷上诉案/广东省广州市中级人民法院(2018)粤01民终6912号民事判决 | 梁某的车辆因本次事故受损，需要维修，其间无法使用车辆，梁某主张侵权人赔偿通常替代性交通工具的合理费用，符合相关规定，应予支持，原审法院酌定5000元在合理范围，本院依法予以维持。 |
| 佟某因与回某阳、英某泰和财产保险股份有限公司河北分公司机动车交通事故责任纠纷案/辽宁省阜新市中级人民法院(2017)辽09民终756号民事判决 | “通常”替代性交通工具的合理费用，指的应是利用公共交通(乘坐公交车、地铁、出租车、长途汽车或者火车等)，而不应是租车，且原告没有提供证据证明其出行目的地以公共交通方式无法实现，故其租车的行为缺乏必要性。另租车发生的费用远高于乘用公共交通方式出行的费用，加重了赔偿义务人的赔偿责任，有违民法的公平原则。原告租车发生的费用属于扩大损失，应由原告自行承担。 |

续表

| 案号 | 裁判立场 |
| --- | --- |
| 焦某芳与叶某强等机动车交通事故责任纠纷上诉案/陕西省铜川市中级人民法院(2013)铜中民一终字第00166号民事判决 | 一个物的随时之使用可能性是有市场价值的，因而在维修期间所有人的该财产体现在这一部分的价值就减少。受损车辆陕AS398J号车在维修期间及交警部门开出放车单的合理提车期间的替代性交通工具的合理费用损失应予认定。根据事故车辆本身的价值、一般使用用途、合理期间及参照本地租赁相关车辆的价值等，酌定使用中断期间财产合理费用为2400元。 |

## 四、法理分析

所谓车辆使用中断损失，系指因车辆遭受损害或被侵夺等无法继续使用而造成的损失。广义上的车辆使用中断损失包括停运损失、实际支出的合理替代费用以及纯粹使用利益损失等。理论上关于车辆停运损失赔偿争议甚微，关键在于非经营性车辆的使用中断损失问题，《最高人民法院关于审理道路交通事故损害赔偿案件适用法律若干问题的解释》(法释〔2012〕19号)第15条将“非经营性车辆因无法继续使用，所产生的通常替代性交通工具的合理费用”纳入交通事故财产损害赔偿之列，但其赔偿条件和范围尚待明确。

### (一)车辆使用中断损失赔偿须满足哪些条件?

通常而言，除须符合财产损害赔偿的一般构成要件之外，车辆使用中断损失赔偿尚须满足下列条件：

1.不以实际支出替代费用为必要

本案中，原告袁某秀为出行方便，在车辆修理期间租用同款奥迪轿车使用，应肯定其使用利益的丧失。问题是，如果受损车辆无法继续使用而受害人并未租用替代车辆的，其是否有权主张使用中断损失赔偿?《最高人民法院关于审理道路交通事故损害赔偿案件适用法律若干问题的解释》(法释〔2012〕19号)第15条并未明确将其纳入损害赔偿的范围。根据“利益说”，当受害人未实际支出替代费用时，其实际财产状况与假设车辆未受损时的财产状况不存在差额，并无损害发生。但是，车辆使用中断损失表现为受害人本来具有的车辆用益权能因损害事故而无法实现，其可以基于交易市场上的租赁等方式进行商业化评估而获得商品化属性。故在此情形下应采“商品化说”对传统的“利益说”损害概念进行补充，即使受害人并无替代费用支出，也应肯定车辆使用利益的金钱价值而获得赔偿。

2.受损车辆对受害人的生活维持具有重要意义

“商品化说”以被侵害的车辆用益权能在交易市场上体现的金钱价值为标准，一律遵循该说可能造成侵权责任的无限扩张。为限制其滥用，车辆使用中断损失赔偿应以受害人对车辆具有经济生活上的依赖和要求为前提。而受损车辆是否属于对受害人的生活维持具有必要性的物品又须依靠交易观念、受害人的特殊需求、受损车辆的市场价值等综合认定。如果是单纯用于生活享受或追求的奢侈物品，尽管也在一定程度上符合“商品化说”的要求，但由于受害人对于用益车辆并无经济生活、支配使用上的依赖，此时应否定其使用中断损失赔偿，或者适当限制其赔偿数额。本案中，尽管原告袁某秀未能证明租用替代车辆是为了做生意撑门面，但至少租用该车辆是基于日常出行的需要，应认定受损车辆是对受害人生活维持具有重要意义的物品。

3.受害人具备使用车辆的意思及可能

车辆使用中断损失赔偿，以受害人客观上具备使用车辆的可能性、主观上具有使用的意图为前提。质言之，受害人须对车辆使用利益损失具有可感知性。倘若受害人无法使用或不具备使用受损车辆的意图，例如受害人住院接受治疗、身居外地或拥有其他车辆可供使用的，则其无权获得使用中断损失赔偿。本案中，原告袁某秀没有使用车辆的客观障碍，并已经为其日常出行租用替代车辆，应认定其具备使用车辆的意思及可能，承认其损害赔偿请求权。

（二）如何判断替代性费用的合理性？

为防止赔偿范围过宽，《最高人民法院关于审理道路交通事故损害赔偿案件适用法律若干问题的解释》（法释〔2012〕19 号）第 15 条规定：“非经营性车辆因无法继续使用而支出替代性费用的数额必须具有合理性。”所谓“合理性”，应以诚实信用原则为基础，遵循必要性、合理性原则，根据事故车辆本身的价值、一般使用用途、合理期间、本地租赁相关车辆的价值、权利人生活工作需要等因素，结合案件个案情形进行判断。本案中，原告受侵害的标的物是较为奢侈的奥迪车，修理期间非工作必需又租用同款奥迪车作为替代性交通工具，实际支出费用明显过高。根据日常出行需要，本案车辆使用中断损失赔偿应以平均支出的出租车费作为赔偿范围基准，二审法院的判决值得肯定。

# 乘客下车被撞伤，能否依交强险中的“第三者”身份获赔偿?

时　诚

根据《机动车交通事故责任强制保险条例》的相关规定，“交强险”仅赔偿本车人员、被保险人以外第三者遭受的人身伤亡和财产损失。然而，究竟何谓“本车人员”？满足何种情形可转化为受“交强险”保护的“第三者”？该条例并未明确规定，实务上也存在较大分歧。

## 一、案情与裁判

**案件名称**：胡某琴诉中国太平洋财产保险股份有限公司淮安中心支公司、淮安市公共交通有限公司等乘客下车过程中遭该车刮碰道路交通事故人身损害赔偿案

**案情来源**：江苏省淮安市中级人民法院(2012)淮中民终字第0251号民事判决

**案情简介**：

被告汪某丽驾驶的大型普通客车属于被告淮安市公交公司所有，该车辆在被告太平洋保险公司处投保了机动车交通事故责任强制保险。在保险期间，被告汪某丽驾驶的大型普通公交客车，未确保安全，将刚从车上下来的乘客即原告胡某琴碰伤。经淮安市公安局楚州分局交通巡逻警察大队认定，汪某丽负事故的全部责任。

被告太平洋保险公司在淮安市淮安区人民法院审理中称，原告下车时一只脚在地上，另外一只脚在车上，系在身体未完全脱离公交车的情况下跌倒的，但原告及被告淮安市公交公司予以否认。本案的争议焦点是原告胡某琴对于肇事车辆是否属于机动车交通事故责任强制保险中的“第三者”而应获得赔偿。

一审判决

江苏省淮安区人民法院经审理认为：机动车交通事故责任强制保险是保护本车人员以外的受害人的，其目的主要是保护道路通行中弱势群体的利益，让受害方能够得到更及时的替代性赔偿。

本案中，在公安机关事故认定书中确认“被告汪某丽驾驶苏H08221号大型普通公交客车，未确保安全，将刚从车上下来的原告胡某琴碰倒致伤，并认定被告汪某丽负事故的全部责任”这一事实，说明原告胡某琴作为乘客是刚从车上下来被公交车碰伤的，而不是在公交车内受伤。

即使如被告太平洋保险公司辩称原告下车时一只脚在地上，另外一只脚在车上的情形，原告亦离开了所乘坐的车辆，不能认定原告属于本车人员，故原告胡某琴应属于机动车交通事故责任强制保险中的“第三者”而获得赔偿。经计算，一审法院判决：被告太平洋保险公司合计赔偿原告胡某琴61506.42元，被告淮安市公交公司赔偿原告胡某琴1300元。

二审判决

江苏省淮安市中级人民法院经审理认为：根据被上诉人胡某琴在二审庭审中陈述其受伤的经过，可以确认胡某琴脚已经落地，其身体重心已离开公交车，其只是因为人未站稳公交车就启动并将其刮倒而导致骨折受伤，故胡某琴被公交车刮倒受伤的瞬间，其身体已离开公交车车体，即使上下车时发生，其排除第三者责任强制性的格式合同亦不能被认定为有效。

因此，被上诉人胡某琴应当不属于公交车车内人员受伤的情形，依法应认定为机动车第三者责任强制保险规定的赔偿范畴。故二审法院认为，一审判决确认被上诉人胡某琴属于机动车交通事故责任强制保险中的“第三者”而应获得赔偿是正确的。

## 二、相关规定

《最高人民法院关于审理道路交通事故损害赔偿案件适用法律若干问题的解释》（法释〔2012〕19号）第17条［《最高人民法院关于审理道路交通事故损害赔偿案件适用法律若干问题的解释》（法释〔2020〕17号）第14条］：“投保人允许的驾驶人驾驶机动车致使投保人遭受损害，当事人请求承保交强险的保险公司在责任限额范围内予以赔偿的，人民法院应予支持，但投保人为本车上人员的除外。”

《机动车交通事故责任强制保险条例》第3条："本条例所称机动车交通事故责任强制保险，是指由保险公司对被保险机动车发生道路交通事故造成本车人员、被保险人以外的受害人的人身伤亡、财产损失，在责任限额内予以赔偿的强制性责任保险。"

《机动车交通事故责任强制保险条例》第21条："被保险机动车发生道路交通事故造成本车人员、被保险人以外的受害人人身伤亡、财产损失的，由保险公司依法在机动车交通事故责任强制保险责任限额范围内予以赔偿。道路交通事故的损失是由受害人故意造成的，保险公司不予赔偿。"

## 三、典型案例或做法

| 相关案例 | 裁判立场 |
| --- | --- |
| 焦作市豫通物流有限公司诉中国平安财产保险股份有限公司焦作中心支公司保险合同纠纷案/河南省焦作市中级人民法院(2013)焦民二金终字第00032号民事判决 | 事故发生时，受害人卢某波在车上。车辆撞于桥面东侧护栏后，牵引车悬停于桥面，致乘车人卢某波坠于桥下。该结果系车上损害结果的当然延续，故卢某波的车上人员身份未发生转化，仍属于"本车人员"，依法不能成为机动车强制险和商业三者险中赔偿对象的"第三人"。 |
| 郑某宝诉徐伟良、中国人民财产保险股份有限公司长兴支公司道路交通事故人身损害赔偿纠纷案/《最高人民法院公报》2008年第7期 | 由于驾驶员遇到紧急情况时操作不当，导致涉案保险车辆失控，将郑某宝甩出车外，随后被涉案保险车辆碾压至重伤。因此，涉案交通事故发生时，郑某宝不是在涉案保险车辆之上，而是在该车辆之下。如果郑某宝在涉案交通事故发生时是涉案保险车辆车上人员，则根本不可能被该车碾压致伤。 |
| 长春公共交通(集团)有限责任公司与付某等机动车交通事故责任纠纷上诉案/吉林省长春市中级人民法院(2017)吉01民终5460号民事判决 | 本案"发生意外的瞬间"应该是车启动时导致胡桂珍身体站不稳即将跌倒的瞬间，而不是甩出公交车跌落到地面的瞬间，事故发生后受害人所处位置不是判断受害人是"车上人员"还是"第三者"的标准，故一审法院认定胡桂珍系×××号大型客车的车上人员。 |
| 邵某诉贾某、杨某、北京娜多姿服装服饰有限公司、中国人民财产保险股份有限公司北京市分公司九五五一八营销服务部、北京骏马客运有限公司、中国太平洋财产保险股份有限公司北京分公司机动车交通事故责任纠纷案/北京市顺义区人民法院(2014)顺民初字第4536号民事判决 | 虽然邵某于事故发生过程中被甩出车外又与本车发生二次事故，但由于邵某系骏马公司的司机，是大型普通货车的驾驶人，负事故主要责任，故本院认为不应将邵某视为本车的第三者，太保北京分公司不应对邵某承担赔偿责任。 |

## 四、法理分析

根据《机动车交通事故责任强制保险条例》的相关规定，“交强险”仅赔偿本车人员、被保险人以外第三者遭受的人身伤亡和财产损失。而受害人究竟属于“本车人员”抑或“第三者”，必须以特定的时间、地点、条件作为判断基准，其身份随时可能发生变化。故“交强险”中的“第三者”和“车上人员”仅是临时性身份。满足下列条件时，可认定受害人已由“车上人员”转化为“第三者”。

（一）受害人在事故发生时身处车体外部

此处的事故发生时，并非是指危险事故从开始到结束的全过程，而是指受害人受伤或死亡的时点。如果受害人在受伤或死亡时位于驾驶室、车厢内等安全区域，则应当认定其属于“车上人员”而无法获得“交强险”救济；反之，即使受害人在事故发生前身处车体内部，只要受害时身体重心已偏离被保险车辆，其身份仍有可能实现从“车上人员”到“第三者”的转化。

本案中，原告胡某琴在保险事故发生前身处公交车内，但刚从车上下来时被公交车碰伤。即使如被告太平洋保险公司辩称，原告下车时是一只脚在地上，另外一只脚在车上的情形，也应认定原告重心已经偏离其乘坐的车辆，符合该要件。

（二）排除被保险人自身受害的情形

责任保险的目的在于转嫁被保险人对第三方承担的责任风险，让受害者及时稳定地获得救济。从这一角度上说，无论何种情形，被保险人都无法实现“车上人员”向“第三者”的转化。而其他车上人员，如被保险人的家庭成员、被保险人的雇佣人员、正在维修车辆的驾驶员等，都存在转化的可能。本案中，原告胡某琴是公交车的普通乘客而非被保险人，不属于“交强险”的排除情形。

（三）须符合保险法的近因原则

根据保险法的近因原则，只有保险事故与损害结果之间具有直接的因果关系，保险公司才承担赔偿责任。就此而言，“交强险”保护的是机动车在行驶过程中对车体外不特定人所造成的损害，保险公司只对直接来源于车辆外部的风险承担保险责任。

本案中，原告胡某琴刚下车就被正在启动的公交车碰伤，这是大型车对车外人员的危险性所致。造成胡某琴受伤的是源于公交车的外部风险，应认定胡某琴在保险事故发生时已经转化为“第三者”，保险公司须在“交强险”承保范围内承担赔偿责任。本案法院的判决值得肯定。

# 经审批建设的房屋权利人能否免除日照权侵权责任?

时　诚

对于日照权侵害行为，无论遮挡建筑物是否经过审核批准，只要其构成重大妨害、符合相当因果关系，均应予赔偿。

## 一、案情与裁判

**案件名称**：罗田县金诚置业有限公司与黄某松相邻关系纠纷上诉案

**案情来源**：湖北省黄冈市中级人民法院(2017)鄂11民终2340号民事判决

**案情简介**：

黄某松(被上诉人、原审原告)在罗田县自建有两层房屋一栋。罗田金诚公司(上诉人、原审被告)开发的“凤城丽都”高层建筑楼盘竣工并经罗田县规划局验收合格后，黄某松明显感到住宅日照时间大幅减少。罗田县城乡规划局委托宜昌兴瑞测绘有限公司进行日照分析，分析结论对黄某松及多户居民的日照造成影响，罗田金诚公司对部分居民给予了补偿，没有答复黄某松的要求，认为没有影响黄某松房屋的日照。后双方委托黄冈昊天规划咨询有限公司对“凤城丽都”地块西侧建筑的日照情况进行分析，并出具《日照分析报告》。结论为：“凤城丽都”建设后黄某松的建筑不满足大寒日3小时日照标准，现黄某松认为：其建筑在“凤城丽都”建设后全部被遮挡，日照时间减少，并全部低于国家标准，给黄某松的日常生活、视觉愉悦以及身心健康造成巨大损害。本案焦点是黄某松的日照权能否获得救济?

**一审判决**

**湖北省罗田县人民法院经审理认为**：罗田金诚公司所建房屋虽经有关职能部门审批后建设，但黄某松房屋1～2楼窗户在“凤城丽都”建设后全部被遮挡，日照时间减少，并全部低于国家标准，罗田金诚公司侵犯黄某松的相邻日照权事实成立，但黄某松要求排除妨碍、恢复日照之请求，势必要拆除“凤城丽都”部分建筑，该建筑是高层建筑，是一个整体，若拆除部分，必然会给该建筑整体结构造成损害，造成的损失会更大，故该请求不予支持。黄某松因罗田金诚公司侵犯其相邻日照权并要求赔偿的请求符合法律规定，予以支持。根据罗田金诚公司房屋对黄某松房屋产生的日照减少程度，以及日照减少对黄某松家庭生活、人员健康、房屋价值等产生的影响，和罗田金诚公司与周边其他住户的赔偿标准综合考量，认为黄某松主张赔偿 110000 元的诉讼请求具有合理性，故予以支持。黄某松主张罗田金诚公司支付鉴定费符合法律规定，亦予以支持。

据此，依照《物权法》第 89 条、《民法通则》第 83 条之规定，遂判决：罗田县金诚置业有限公司一次性赔偿黄某松因罗田县金诚置业有限公司开发“凤城丽都”高层商住建筑给黄某松在该建筑物西侧住房日照造成的经济损失110000 元及鉴定费 1025 元，共计 111025 元。

二审判决

**湖北省黄冈市中级人民法院经审理认为：**罗田金诚公司建设的“凤城丽都”部分建筑，与黄某松居住的房屋属相邻建筑，《物权法》第 89 条规定：“建造建筑物，不得违反国家有关工程建设标准，妨碍相邻建筑物的通风、采光和日照。”黄某松是国有土地使用权人，其在该土地上兴建房屋，虽未办理房产证，但作为相邻权人向罗田金诚公司主张权利，符合法律规定。故罗田金诚公司认为黄某松未提供物权凭证及合法建造房屋的证据、不是本案适格相邻权人的上诉理由，事实与法律依据均不足，本院予以驳回。

## 二、相关规定

**《物权法》**第 89 条（**《民法典》**第 293 条**修正**）：“建造建筑物，不得违反国家有关工程建设标准，妨碍相邻建筑物的通风、采光和日照。”

**《物权法》**第 84 条（**《民法典》**第 288 条）：“不动产的相邻权利人应当按照有利生产、方便生活、团结互助、公平合理的原则，正确处理相邻关系。”

**《侵权责任法》**第 19 条（**《民法典》**第 1184 条**修正**）：“侵害他人财产的，财产损失按照损失发生时的市场价格或者其他方式计算。”

**《城市居住区规划设计标准》**（GB50180－2018）4.0.9：“住宅建筑的间距应符合表 4.0.9 的规定；对特定情况，还应符合下列规定：1.老年人居住建筑日照标准不应低于冬至日日照时数2h;2.在原设计建筑外增加任何设施不应使相邻住宅原有日照标准降低,既有住宅建筑进行无障碍改造加装电梯除外;3.旧区改建项目内新建住宅建筑日照标准不应低于大寒日日照时数1h。”

**表4.0.9 住宅建筑日照标准**

<table>
<tr><td>建筑气候区划</td><td colspan="2">Ⅰ、Ⅱ、Ⅲ、Ⅶ气候区</td><td colspan="2">Ⅳ气候区</td><td>Ⅴ、Ⅵ气候区</td></tr>
<tr><td>城区常住人口(万人)</td><td>≥50</td><td><50</td><td>≥50</td><td><50</td><td>无限定</td></tr>
<tr><td>日照标准日</td><td colspan="3">大寒日</td><td colspan="2">冬至日</td></tr>
<tr><td>日照时数(h)</td><td>≥2</td><td colspan="2">≥3</td><td colspan="2">≥1</td></tr>
<tr><td>有效日照时间带<br>(当地真太阳时)</td><td colspan="3">8时～16时</td><td colspan="2">9时～15时</td></tr>
<tr><td>计算起点</td><td colspan="5">底层窗台面</td></tr>
</table>

注:底层窗台面是指距室内地坪0.9m高的外墙位置。

## 三、典型案例或做法

| 案号 | 裁判立场 |
|---|---|
| 泾川县住房和城乡规划建设局与韩某相邻关系纠纷上诉案/甘肃省平凉市中级人民法院(2017)甘08民终855号民事判决 | 泾川住建局的建筑虽然经过规划部门审核批准建设,但其致使韩某的住房采光达不到《城市居住区规划设计规范》规定的最低日照时间标准,对韩某居住房屋的采光构成了侵害。故泾川住建局的行为依法已构成侵权,应承担赔偿责任。 |
| 延安金圣都房地产开发有限责任公司与范某恭等相邻采光、日照纠纷上诉案/陕西省延安市中级人民法院(2017)陕06民终370号民事判决 | 虽然上诉人实施的延安食品公司、迎宾楼改造项目是经过住建局审批的合法建筑,但该建筑物客观上确实造成了被上诉人范某恭等延安大学附属医院2号住宅楼的住户的采光、日照不能满足大寒日累计日照时数大于或等于2小时规定的损害后果,因此其应给住户赔偿损失。 |
| 刘某文与宁夏富兴达房地产开发集团有限公司相邻关系纠纷上诉案/宁夏回族自治区石嘴山市中级人民法院(2017)宁02民终275号民事判决 | 富兴达公司所建的房屋虽经有关职能部门审批建设,但该建筑同时对刘某文采光确实产生较大影响,致使刘某文冬至日采光满窗未达到2小时要求,应予赔偿。因此对刘某文要求的赔偿35000元诉求,酌情支持10000元。 |

续表

| 案号 | 裁判立场 |
| --- | --- |
| 贾某增与沈阳龙湖新北置业有限公司、中国建筑东北设计研究院有限公司相邻关系纠纷案/辽宁省沈阳市中级人民法院(2016)辽01民终8468号民事判决 | 尽管被告的项目规划设计方案送相关部门审批并取得许可证，但房屋所有权人贾某增在生活中享受光照的权利应当受到法律保护。根据鉴定结论可以认定，龙湖公司建设的房屋对贾某增的房屋的采光构成了侵权，应承担相应的侵权责任。 |

## 四、法理分析

日照权，是指相邻不动产权利人享有的就外界获取阳光照射而请求相邻关系人限制其不动产高度或距离的权利，属于兼具人格权益和财产性质的复合性权利。对于日照权侵害行为，受害人有权基于物权请求权而请求行为人承担停止侵害、排除妨害、恢复原状等责任。但多数情形下，采用物权救济方法难免会导致资源浪费、效益低下等弊端，此时应选择侵权救济方法予以补充。通常而言，日照权构成侵权须满足如下要件：

1.须构成重大侵害。基于诚信原则，只有日照权侵害超出社会一般人的容忍限度才能予以救济。在实践中，这种容忍限度通常以《城市居住区规划设计标准》(GB50180－2018)规定的强制标准为基准，只要行为人违反建筑物设计的间距标准或日照时数标准，就可认定其构成侵权。但是，即使符合该强制性标准，也不能就此认定其不负侵权责任，而应判断此建筑物对原有建筑采光、日照时间的缩短，是否严重影响到房屋市场价值、居住者身体健康或产生额外的替代费用(如照明、取暖)等。本案中，罗田金诚公司建造的房屋致使黄某松的住房采光达不到国家规定的最低日照时间标准，对黄某松的日常生活、身心健康以及其房屋价值等造成影响，构成重大侵害。

2.须符合相当因果关系。依一般生活经验，只要行为人的建筑行为通常足以侵害受害人的日照权益，引发房屋贬值损失、危害身体健康或产生额外的照明费用，就可认定其建筑行为具有可归责性。而这又需要结合损害的客观性、建筑物建成的先后顺序等进行判断。如果仅仅造成受害人个体的视觉污染、心理厌恶，则不应予以救济；而当在后建成的建筑物权利人主张在先建成的建筑物权利人侵害其日照权时，依据“权利在先原则”，其日照权益损害也不能归责于建筑行为。本案中，罗田金诚公司在后建成的建筑达到了足以侵害日照权的程度，并引发房屋贬值损失、健康补偿费、视觉污染等，这是“凤城丽都”距离黄某松住宅较近而遮挡阳光所致，属于理性人的预见范围，符合相当性的要求。

3.不因建筑物经审批建设而免责。经过规划许可或审核批准的建筑物仅能表明其是合法建筑、符合建筑行政规划，而并非日照权侵害的免责事由。特别是当此类建筑影响到房屋市场价值、居住者身体健康时，即使其是经过审批建设的合法建筑，也不能就此免除行为人的赔偿责任，而仍应结合《城市居住区规划设计标准》规定的强制标准、建筑物建成的先后顺序等前述要件加以评价。此外，如果行政机关对建筑物的审批建设存在过错，如违法审批、侵害利害关系人听证权等，该行政机关应承担相应的赔偿责任。本案中，罗田金诚公司所建房屋虽经有关职能部门审批后建设，但黄某松房屋 1～2 楼窗户在“凤城丽都”建设后全部被遮挡，日照时间减少，并全部低于国家标准，不能免除行为人的日照权侵害责任。本案法院的判决值得肯定。

# 第三人侵害债权的行为能否构成侵权?

时　诚　石文静

对于第三人侵害债权的行为，支持其构成侵权固然可实现对受害人的全面救济，但毕竟债权不具有典型的社会公开性，还应适当保护第三人的行为自由。故只有在第三人故意违背公序良俗或违反以保护该债权为目的的法律而实施侵害债权的行为时，才能认定其构成侵权。

## 一、案情与裁判

**案件名称：**李某等与孙某 1 房屋买卖合同纠纷上诉案

**案情来源：**北京市第一中级人民法院(2018)京 01 民终 2487 号民事判决

**案情简介：**

2004 年，李某(上诉人、原审被告)与孙某 1(被上诉人、原审原告)订立《房屋买卖协议书》，载明：李某将其所有的 94 号宅院里五间房屋中的 1、4、5 号房屋以 95000 元的价格出售给孙某 1。5 年后，李某向法院提起诉讼，以其出售 94 号院的行为违反了国家关于农村土地禁止转让的规定为由，要求确认其与孙某 1 之间的《房屋买卖协议书》无效。法院支持了李某的诉讼请求，并判决孙某 1 将 94 号院的房屋及院落腾出并交还李某，但孙某 1 并未主张合同无效的后果。2012 年 6 月 10 日，李某和其丈夫宋某 3(原审第三人)出具房屋分配协定，约定 1、4、5 号房屋归李某所有，2、3 号房屋分配给其儿子宋某 1(上诉人、原审第三人)所有。1 日后，案涉房屋计划被征收。李某和宋某 1 分别就案涉房屋与征收中心签订了《安置协议》，并约定被征收人应补缴的差额安置面积房款、被征收房屋重置成新价及附属物补偿价、被征收人奖励及补助费。2015 年 6 月 11 日，孙某 1 向法院提起诉讼。本案的焦点在于孙某 1 是否有权依据侵权责任法主张宋某 1 承担侵害其债权。

一审判决

北京市门头沟区人民法院经审理认为：首先，孙某1于2015年6月11日向法院请求给付补偿款，并未超过诉讼时效。其次，孙某1与李某签订的房屋买卖合同已被法院确认无效，由于买卖房屋及院落已被政府征收无法实际返还，故孙某1有权按照征收的相关标准获得折价补偿。其中，李某应就合同无效承担主要责任，孙某1负有次要责任，法院酌情确认李某的责任比例为70%。法院根据买卖合同双方的过错程度、房屋历史及新建状况、购房时间等因素酌情判定李某给付孙某1拆迁利益补偿95000元。最后，一方面，94号院被强制执行后，李某对涉案房屋进行了全部的翻建。宋某1取得的拆迁利益虽基于其修建房屋，但上述房屋系坐落于孙某1从李某处购买的宅基地上，故该部分房屋对应的征收补偿利益中亦有孙某1的利益。另一方面，共有的不动产产生的债务，在对外关系上，共有人承担连带债务。宋某1与李某虽然提交了“房屋分配协定”，但宅基地系按户进行审批，故李某应就宋某1基于拆迁取得的相应利益承担连带给付义务。

二审判决

北京市第一中级人民法院经审理认为：首先，本案孙某1在2015年5月要求分割安置利益时才知道自己的权利被侵害，故孙某1的诉讼请求未超过诉讼时效。其次，《房屋买卖协议书》被确认无效，94号院拆迁后获得了较多的拆迁利益，而孙某1无法直接获得拆迁利益。李某应当按照过错比例赔偿孙某1受到的损失。考虑到买卖双方李某与孙某1就买卖房屋事宜均有过错，而李某提起诉讼要求确认《房屋买卖协议书》无效又有违诚实守信的要求，应认定李某应按照约70%的比例赔偿孙某1的损失。经审查，李某应单独支付孙某1的费用已逾15万元，按照70%的比例赔偿孙某1的损失时，补偿数额应超过原审法院认定的95000元。但由于孙某1没有上诉，故本院对原审法院的相应判项不再纠正。最后，宋某1明知孙某1可以获得拆迁补偿利益，仍与李某签订协议并领取补偿款，侵害了孙某1的权利，宋某1对此存有过错，应当承担侵权责任；加之李某帮助宋某1侵害孙某1的权利，应当与行为人承担连带责任。前已述及，孙某1有权按照其损失的约70%主张权利，宋某1及李某的赔偿范围亦应以此为限。二审认可一审法院作出的李某应当在650000元范围内承担连带赔偿责任的判定。综上，二审驳回起诉，维持原判。

## 二、相关规定

《侵权责任法》第 6 条(《民法典》第 1165 条)："行为人因过错侵害他人民事权益，应当承担侵权责任。根据法律规定推定行为人有过错，行为人不能证明自己没有过错的，应当承担侵权责任。"

《侵权责任法》第 9 条(《民法典》第 1169 条)："教唆、帮助他人实施侵权行为的，应当与行为人承担连带责任。教唆、帮助无民事行为能力人、限制民事行为能力人实施侵权行为的，应当承担侵权责任；该无民事行为能力人、限制民事行为能力人的监护人未尽到监护责任的，应当承担相应的责任。"

《合同法》第 58 条(《民法典》第 157 条)："合同无效或者被撤销后，因该合同取得的财产，应当予以返还；不能返还或者没有必要返还的，应当折价补偿。有过错的一方应当赔偿对方因此所受到的损失，双方都有过错的，应当各自承担相应的责任。"

《民法通则》第 137 条(《民法典》第 188 条)："诉讼时效期间从知道或者应当知道权利被侵害时起计算。但是，从权利被侵害之日起超过二十年的，人民法院不予保护。有特殊情况的，人民法院可以延长诉讼时效期间。"

## 三、典型案例或做法

| 案号 | 裁判立场 |
|---|---|
| 吉林市中小企业信用担保集团有限公司诉中国长城资产管理股份有限公司吉林省分公司等公司债权人利益责任纠纷案/最高法院(2017)最高法民终 181 号民事判决 | 侵权责任法保护民事主体合法的人身权益和财产权益。依法成立并生效的债权属于债权人合法的财产权益，受法律保护，任何人不得随意侵犯。债权发生在特定的当事人之间，缺乏公示性。一般情况下，债权人应通过合同救济主张权利。认定合同当事人以外的第三人承担侵权赔偿责任，应从严把握。当债权人权利救济途径已经穷尽，债权债务关系之外的第三人，如知道或者应当知道债权债务关系存在，且违反以保护该债权为目的的法律、法规及其他规范性法律文件或违背公序良俗，造成债权人合法权益受到损害，行为人承担相应的补充赔偿责任。 |

续表

| 案号 | 裁判立场 |
| --- | --- |
| 上海家饰佳建材商场有限公司诉吴某顺、吴某旭等财产损害赔偿纠纷案/上海市第二中级人民法院(2014)沪二中民四(商)终字第688号民事判决 | 有限责任公司的股东实施损害公司利益的行为,致公司独立人格存在瑕疵的情况下,股东为免除本应承担的股东责任而实施名义上的股权转让,致公司债权人无法实现债权,并且受让人知道上述情形的,股权转让方与受让方应共同对公司债权人承担侵权赔偿责任。 |
| 中国工商银行股份有限公司青岛市分行与山东招商国际旅行社有限公司、刘某等信用卡纠纷案/山东省青岛市中级人民法院(2018)鲁02民终4839号民事裁定 | 刘某3死后,其财产属于上诉人实现债权的担保财产,被上诉人刘某2、周某与刘某1恶意串通,低价处分了刘某3的遗产,导致上诉人债权未能清偿,属于第三人侵害债权的行为。被上诉人刘某2、周某应承担损害赔偿责任,对刘某3的债务承担清偿责任。 |
| 东莞市高镇下江城经济联合社与赵某妹侵权责任纠纷案/广东省东莞市中级人民法院书(2001)东中法民终字第42号民事判决 | 债权作为一种民事权利,与其他任何权利一样具有不可侵犯的固有属性,不得排除于权利保护之外。任何第三人对债权均负有消极的不作为义务,不得通过侵权行为妨碍债权人的债权。但本案上诉人下江城经济联合社在转租合同上盖章及存在收取租金、押金的行为并不构成对被上诉人的租赁权的侵害,上诉人无需承担相应的侵权责任。至于上诉人代为收取有关租户的租金、押金,应当全额退回给被上诉人赵某妹。 |
| 黄某韬、通用磨坊贸易(上海)有限公司侵权责任纠纷案/上海市第一中级人民法院(2017)沪01民终8795号民事判决 | 债权不具有社会典型公开性,即法律意义上的公示性,这也是债权和物权等绝对权的区别。其一,通用磨坊贸易(上海)有限公司并不当然知悉涉案演艺经纪合同及其具体内容,也就不存在对上诉人侵权的主观恶意或者过错。其二,本案中无证据证明通用磨坊贸易(上海)有限公司作为合同外的第三人,存在引诱、干扰演艺经纪合同一方当事人黄某韬不履行或者不适当履行合同义务的事实,即存在法律意义上第三人侵害债权的行为。 |

## 四、法理分析

### (一)侵权责任法的保护范围是否包括债权?

对于侵权责任法的保护范围是否包括债权的问题,理论及实践一直纷争不下。《民法典》侵权责任编将侵权责任的保护范围从列举式改为概括式,弥补了各种权利层次不清的缺陷,也在解释上为承认第三人侵害债权构成侵权留下了空间。对此,有的法院基于权利的不可侵犯性径行推导出债权也不能受到第三人的侵害;但也有案例认为,债权并非绝对权,其缺乏必要的公示,不能苛责第三人受债之关系的约束,否则会给第三人造成的负担过重,甚至抹杀物权与债权之界限。

事实上,侵权责任法的目标就在于对权益保护和行为自由进行均衡的协调。在认定第三人能否侵害债权时,应当从严把握、谨慎认定:既应重视债权是相对权、不具有典型社会公开性的性质,适当保护第三人的行为自由;又必须在第三人蔑视他人债权的存在、故意侵害债权时,充分填补受害人遭受的损害。在一些专门法领域,第三人侵害债权构成侵权的理论早已有条件地获得认可,如我国《劳动合同法》第 99 条规定:“用人单位招用尚未解除劳动合同的劳动者,对原用人单位造成经济损失的,该用人单位应当依法承担连带赔偿责任。”可见,侵权责任法保护的法益范围包括债权,本案具有适用第三人侵害债权的空间。

(二)第三人侵害债权须满足何种条件才能构成侵权?

为实现第三人行为自由和受害人权益保护之平衡,第三人侵害债权的判定不仅需要符合一般侵权行为的构成要件,还须满足如下条件:

1.第三人主观上须为故意。由于债权是相对权而不具有典型社会公开性,难以为外界所知悉;且现代社会的经济联系过于紧密,不能苛责第三人承担过高的风险。故一般认为,只有第三人出于恶意或明知他人债权的存在而仍予侵害时才构成侵权。如果第三人对于债权的存在并不知悉,即使其客观上确实造成了侵害债权的结果,也不能认定该行为构成侵权。本案中,第三人宋某 1 明知孙某 1 可以获得拆迁补偿利益,而仍与李某签订房屋分配协议并领取补偿款,可以判定宋某 1 系故意侵害债权,符合明知的主观要件。此外,在“吉林市中小企业信用担保集团有限公司诉中国长城资产管理股份有限公司吉林省分公司等公司债权人利益责任纠纷案”中,最高人民法院认为,当债权人权利救济途径已经穷尽,第三人应当知道债权债务关系存在而侵害债权的行为也可以构成侵权。

2.侵害债权的行为须违背公序良俗或违反以保护该债权为目的的法律、法规等规范性文件。由于债权是相容性、平等性权利而不具有排他性效力,在先债权的存在并不影响第三人于其后取得以同一给付为内容的债权,故侵害债权的行为必须具备严重违法性才可构成侵权。这就不仅要求第三人侵害债权的手段或目的须为不法,而且以违反保护该债权为目的的法律或违背公序良俗为必要。通常而言,当第三人以不正当竞争为目的或者通过欺诈、胁迫、合谋、教唆、帮助等不正当手段妨害其他债务人清偿债务或取得对债权人的债权时,即可认定其行为构成严重违法,而这又包括侵害债权的归属和侵害债权的实现两种形态。本案中,第三人宋某1以非法取得拆迁补偿利益为目的,并在李某的帮助下与其签订权利义务尚不明确的房屋分配协议,构成对孙某1债权实现的侵害,显然违背一般社会道德观念,符合侵害债权的客观要件。

综上所述,第三人宋某1明知债权债务关系的存在,仍基于非法取得拆迁补偿利益之目的而与李某签订房屋分配协议,符合第三人侵害债权的构成要件,孙某1有权请求宋某1承担侵权责任。

# 第三人与污染者发生交通事故致污染物泄露，各方应如何担责？

石文静

列于我国《侵权责任法》免责事由一章的第28条规定："损害是因第三人造成的，第三人应当承担侵权责任。"《最高人民法院关于审理环境侵权责任纠纷案件适用法律若干问题的解释》第5条第3款却明确指出第三人过错不能成为污染者的免责事由。上述规定是否存在冲突，第三人侵权能否成为适用无过错责任的环境侵权的免责事由？

## 一、案情与裁判

**案件名称**：重庆市长寿区龙河镇盐井村1组与蒙城县利超运输有限公司等环境污染责任纠纷案

**案件来源**：《最高人民法院公报》2014年第11期

**案情简介**：

李某芳（被告）与杨某文（被告）系夫妻关系，杨某芹（被告）等人是杨某文的继承人，李某（被告）系杨某文雇佣的驾驶员。2010年7月6日，李某驾驶杨某文所有的牵引车与濮阳市汽车运输公司（原告，以下简称濮阳公司）所有的重型罐式货车尾随相撞发生交通事故，造成杨某文死亡、财产毁损，罐式货车所载的一甲胺溶液发生泄漏，产生环境污染。李某承担此次事故的全部责任，濮阳公司的驾驶员不承担责任。上述牵引车系挂靠蒙城县利超运输有限公司（以下简称利超公司）、新余市广诚汽车运输有限责任公司（以下简称广诚公司）经营。此次交通事故泄露一甲胺溶液5.34吨，对当地鱼塘、农田造成污染。后政府职能部门对被污染的鱼塘和农田损失情况进行了实地测查，确认了相关损失。重庆市长寿区龙河镇盐井村1组（以下简称盐井村1组）提起诉讼，请求判令利超公司、广诚公司、李某芳等杨某文遗属、濮阳公司连带赔偿因环境污染造成的财产损失 7500 元。

**法院判决**

重庆市长寿区人民法院经审理认为：根据《侵权责任法》第 68 条之规定，环境污染者即使因第三人的过错造成他人损失，也不能免责，故濮阳公司应当承担环境污染的损害赔偿责任，其在赔偿后有权向有过错的其他责任人进行追偿。杨某文一方在交通事故中负有全部责任，对于盐井村 1 组遭受的环境污染损害具有过错，也应承担赔偿责任。现杨某文已经死亡，该债务发生在杨某文与李某芳婚姻关系存续期间，故李某芳应当对该债务承担连带责任，杨某芹等杨某文的继承人应在继承杨某文遗产的范围内承担赔偿责任。杨某文所有的车辆，挂靠在利超公司、广诚公司名下，故该两公司应当承担补充赔偿责任。李某系杨某文雇佣的驾驶员，其在从事雇佣活动中造成他人损害的，依法应由雇主对外承担侵权责任。事故发生后，政府职能部门作出的损失情况统计表应予采纳。被告对污染行为与损害之间不存在因果关系未予举证证明，故对其辩解不予采信。一审法院于 2011 年 12 月作出判决，判令由濮阳公司、李某芳赔偿盐井村 1 组损失 7500 元；利超公司、广诚公司承担补充赔偿责任；杨某芹等继承人在继承杨某文遗产的范围内对前款债务承担清偿责任；驳回盐井村 1 组对李某的诉讼请求。

## 二、相关规定

《侵权责任法》第 28 条(《民法典》第 1175 条)："损害是因第三人造成的，第三人应当承担侵权责任。"

《侵权责任法》第 34 条第 1 款(《民法典》第 1191 条第 1 款)："用人单位的工作人员因执行工作任务造成他人损害的，由用人单位承担侵权责任。"

《侵权责任法》第 65 条(《民法典》第 1229 条)："因污染环境造成损害的，污染者应当承担侵权责任。"

《侵权责任法》第 68 条(《民法典》第 1233 条)："因第三人的过错污染环境造成损害的，被侵权人可以向污染者请求赔偿，也可以向第三人请求赔偿。污染者赔偿后，有权向第三人追偿。"

《最高人民法院关于审理环境侵权责任纠纷案件适用法律若干问题的解释》(法释〔2015〕12 号)第 1 条[《最高人民法院关于审理环境侵权责任纠纷案件

适用法律若干问题的解释》(法释〔2020〕17 号)第 1 条]:“因污染环境造成损害，不论污染者有无过错，污染者应当承担侵权责任。污染者以排污符合国家或者地方污染物排放标准为由主张不承担责任的，人民法院不予支持。污染者不承担责任或者减轻责任的情形，适用海洋环境保护法、水污染防治法、大气污染防治法等环境保护单行法的规定；相关环境保护单行法没有规定的，适用侵权责任法的规定。”

**《最高人民法院关于审理环境侵权责任纠纷案件适用法律若干问题的解释》**(法释〔2015〕12 号)第 5 条第 3 款[**《最高人民法院关于审理环境侵权责任纠纷案件适用法律若干问题的解释》**(法释〔2020〕17 号)第 5 条第 3 款修正]:“污染者以第三人的过错污染环境造成损害为由主张不承担责任或者减轻责任的，人民法院不予支持。”

**《最高人民法院关于审理道路交通事故损害赔偿案件适用法律若干问题的解释》**(法释〔2012〕19 号)第 3 条[①]:“以挂靠形式从事道路运输经营活动的机动车发生交通事故造成损害，属于该机动车一方责任，当事人请求由挂靠人和被挂靠人承担连带责任的，人民法院应予支持。”

**《海洋环境保护法》**第 89 条第 1 款:“造成海洋环境污染损害的责任者，应当排除危害，并赔偿损失；完全由于第三者的故意或者过失，造成海洋环境污染损害的，由第三者排除危害，并承担赔偿责任。”

**《海洋环境保护法》**第 91 条:“完全属于下列情形之一，经过及时采取合理措施，仍然不能避免对海洋环境造成污染损害的，造成污染损害的有关责任者免予承担责任:(一)战争；(二)不可抗拒的自然灾害；(三)负责灯塔或者其他助航设备的主管部门，在执行职责时的疏忽，或者其他过失行为。”

---

① 《最高人民法院关于审理道路交通事故损害赔偿案件适用法律若干问题的解释》(法释〔2020〕17 号)已删除该条。

## 三、典型案例或做法

| 案号 | 裁判立场 |
| --- | --- |
| 文山市鄰尤经贸有限公司诉文山英茂克林糖业有限公司环境污染损害赔偿纠纷案/云南省文山壮族苗族自治州中级人民法院(2014)文中民一初字第24号民事判决 | 根据《最高人民法院关于审理环境侵权责任纠纷案件适用法律若干问题的解释》第1条的规定可知，环境污染致害责任是无过错责任；且该司法解释第5条规定了第三人过错不能成为污染者的免责事由，在原告未起诉第三人的情况下，应认定由污染者承担侵权责任。 |
| 韩某春、中国石油天然气股份有限公司吉林油田分公司水污染责任纠纷案/最高人民法院(2018)最高法民再415号民事判决 | 再审法院认为，根据《最高人民法院关于审理环境侵权责任纠纷案件适用法律若干问题的解释》第5条第3款的规定，第三人过错不能成为污染者免责的事由，故中石油吉林分公司提出第三人破坏导致原油泄漏的主张不能成为其免于承担责任的说辞。 |
| 广东鹤顺环境综合管理有限公司(原佛山市顺德区鹤顺清洁有限公司)、张某耳水污染责任纠纷案/广东省高级人民法院(2018)粤民申5075号民事裁定 | 《最高人民法院关于审理环境侵权责任纠纷案件适用法律若干问题的解释》第1条规定："因污染环境造成损害，不论污染者有无过错，污染者应当承担侵权责任。"第5条第3款规定："污染者以第三人的过错污染环境造成损害为由主张不承担责任或者减轻责任的，人民法院不予支持。"鹤顺公司主张因存在第三人过错行为，鹤顺公司不应承担环境侵权赔偿责任于法无据，本院不予支持。 |
| 山东省临沭县金沂蒙纸业有限公司等诉谢某立等97人水污染损害赔偿纠纷案/江苏省高级人民法院(2002)苏民终字第043号民事判决 | 法院在判决主文中逐一排查侵权责任的免责事由，其中即包括对第三人过错的判断。虽然法院最终认为，两上诉人均没有足够的证据证明网箱鱼的死亡是因其他企业的排污及大官庄闸泄洪所致，故认定两上诉人免责的上诉理由不能成立；但可以看出，法院对第三人侵权构成侵权责任免责事由的观点持肯定态度。 |
| 江汉油田鹏远工贸(潜江)有限责任公司等诉合肥经济技术开发区高刘镇人民政府等公司环境污染责任纠纷案/安徽省合肥市中级人民法院(2017)皖01民终1010号民事判决 | 第三人玉柴东特公司(车辆出售方)与鹏远工贸公司(专业运输单位)对损害结果的发生作用力相当，各承担50%的责任。家园化工公司是毒害品氯化苄的所有人，但其将该化工液体交由鹏远工贸公司运输后，其不对该危化品占有、管控，同时其将该危险化工液体交由符合资质条件的鹏远工贸公司运输，本身并不存在过错。本起环境污染损害系因第三人玉柴东特公司与鹏远工贸公司的过错造成，现受害人高刘镇政府已经诉请第三人玉柴东特公司与鹏远工贸公司赔偿，则家园化工公司在本案中不再承担赔偿责任。本案一审法院判定第三人与侵权人承担按份责任；二审法院判定两个第三人承担按份责任，也即认为当第三人侵权是损害发生的全部原因时，侵权人免于承担责任。 |

## 四、法理分析

（一）何为第三人？

一般认为，侵权法上的第三人是指侵权人与被侵权人之外的人。外国法中有国家对第三人的范围作出限制，即第三人不能是与侵权人或被侵权人有关联关系的人，但我国法律中并没有此规定，故诸如雇员与雇主关系等，也可以成立第三人侵权关系。具体到环境侵权领域，污染者即侵权人，第三人与污染者构成第三人侵权关系。在本案中，濮阳公司所有的重型罐式货车泄露污染源，是污染者；负交通事故全责的另一车辆驾驶员李某系第三人。

（二）第三人侵权能否成为免责事由？

我国《民法典》第1175条规定，第三人原因系侵权责任的免责事由。在环境侵权领域，《最高人民法院关于审理环境侵权责任纠纷案件适用法律若干问题的解释》（法释〔2015〕12号）（以下简称《环境侵权司法解释》）第5条则明确否定了其免责事由的地位。《侵权责任法》第65条、第68条（《民法典》第1229条、1233条）还确立了环境侵权无过错责任的归责原则以及污染者与第三人不真正连带责任的承担方式。但《海洋环境保护法》这一单行法的第89条、91条却有条件地对“免责事由说”持肯定意见。对此，我国《环境侵权司法解释》第1条作出解释，在存在第三人免责事由的情形时，优先适用单行法的有关规定。故可以认为，我国现行规范的观点是，对于一般的环境侵权，第三人原因不构成污染者的免责事由；而在海洋环境侵权领域，第三人过错则具有免责事由的地位。

但笔者认为，上述海洋环境侵权中，第三人过错可以成为免责事由的前提是，第三人过错构成损害发生的全部原因。但当其是唯一原因时，理论上仅存在两方主体（侵权人与被侵权人），构成单独侵权，无所谓“第三人”，故“第三人”的行为也称不上是“免责事由”。而当第三人与侵权人共同造成损害结果的发生，则成立多数人侵权，适用我国数人侵权的相关规定以分配多方侵权主体间的责任，当然亦不构成免责。一言以蔽之，“免责事由说”不能成立，第三人侵权作为一类法律现象，可以构成单独侵权抑或数人侵权，对应不同的侵权责任类型。

(三)第三人应承担何种责任?

如前所述,当第三人是损害发生的全部原因,则构成单独侵权,“第三人”即为“侵权人”,承担全部责任。而构成数人侵权时,则根据具体情形对应不同类型的侵权责任。具体而言,若侵权人与第三人分别实施侵权行为,且每个人的行为均足以造成损害结果的发生,则双方承担连带责任。例外的是,为了对某些主体苛以严格的谨慎注意义务或出于政策考量,即使侵权人未实施侵权行为,却依然应当承担侵权责任,如本案所及之环境致害责任等。对此也有观点认为,在存在第三人过错的环境侵权中,第三人过错并不能切断污染者与损害结果之间的因果关系,第三人的行为并没有改变污染者的排污行为是导致损害结果发生的“近因”的事实。除此之外,若侵权人与第三人分别实施侵权行为,且两个人的行为偶然结合才导致损害结果的发生,则双方在各自的过错范围内承担按份责任。我国《侵权责任法》还创制了在存有第三人情形下的负有特殊保护义务主体的补充责任,如银行等公共场所的安全保障义务人未尽到安全保障义务时的补充责任等。

在本案中,因第三人李某的行为造成此次环境侵权,根据《侵权责任法》第65条(《民法典》第1229条)之规定,第三人李某与侵权人濮阳公司承担不真正连带责任。而本案第三人李某是雇员,根据《侵权责任法》第34条(《民法典》第1191条)之规定,应由雇主杨某文承担替代责任。因杨某文已去世,故法院作出杨某文的继承人在杨某文遗产范围内与濮阳公司承担不真正连带责任的判决并无疑问,应予认可。

# 第三人诈骗取得储户财物，银行是否需要负责?

石文静

第三人的诈骗行为诱使储户进行转账交易;在储户办理转账业务的过程中，银行未尽到合理的告知、解释义务，事后也未及时采取补救措施。银行是否应对储户的财产损失负责，其应当承担何种责任？司法实践中对此存在争议。

## 一、案情与裁判

**案件名称**:中国工商银行股份有限公司上海市山阴路支行与周某敏服务合同纠纷上诉案

**案件来源**:上海市第二中级人民法院(2008)沪二中民四(商)终字第879号民事判决

**案情简介**:

周某敏(被上诉人、原审原告)为中国工商银行股份有限公司上海市山阴路支行(上诉人、原审被告)储户。2008年2月，周某敏之子沈某翔为购买房屋准备签约并支付首付款28万元，曾与中介公司商量付款方式。其间，沈某翔收到一则短信，内容为“汇款请直接汇到工商银行×××，黄某杰”，以为是中介公司的汇款指令。后沈某翔将短信转发给周某敏，要求其去银行开具本票。周某敏收到短信即于当日上午10时11分左右，到工行山阴路支行处4号柜台，向柜员要求开一张本票，柜员答:“这里不开本票。”周某敏身旁的储户亦对周某敏说:“这里没有本票。”嗣后，柜员将一张空白的没有注明业务名称的个人业务凭证给周某敏填写，周某敏按短信内容在银行联的“储户备注”栏内填写了收款人为黄某杰，收款账号为×××，金额为28万元，并在“储户确认”栏内签名后，交给柜员。柜员对周某敏说:“汇28万?要50元手续费。”周某敏未作否定。柜员在该凭证银行联的“银行填写”

栏打印“汇款”字样及相关内容，并将28万元从周某敏账户汇入黄某杰的账户。10点31分，周某敏发现汇款出错，回工行山阴路支行处向柜员交涉，柜员称款项已汇出无法退回。11点17分，周某敏又向柜员要求冻结收款账户，未果。遂向公安机关报案。经调查发现，10点47分后28万元被分批取走，“黄某杰”账户在湖南省常德市开户。嗣后，上海市公安局虹口分局以诈骗案为由立案，并进行了侦查，发现系有人冒名开设账户用于诈骗，但未能破案，亦未能追回周某敏所汇款项。周某敏遂起诉至一审法院，认为工行山阴路支行具有过错，要求赔偿28万元。

**一审判决**

**一审法院经审理认为：**周某敏应对汇款后果承担主要责任。工行山阴路支行作为专业金融机构，在否定周某敏要求办理的本票业务后，未就周某敏是否改变业务内容主动与周某敏进行释明和确认，径行将空白的无法区分业务内容的业务凭证交由周某敏填写，有所不当。且根据业务凭证的背面文字，工行山阴路支行在“银行填写”栏打印汇款内容后，应交回周某敏签字确认。工行山阴路支行未交周某敏进行确认，违反操作程序。故工行山阴路支行应对汇款后果承担次要责任。故酌情判令工行山阴路支行按汇款数额28万元的30%承担责任，即赔偿周某敏经济损失84000元。

**二审判决**

**上海市第二中级人民法院经审理认为：**工行山阴路支行在交易过程中存在不当，其在交易过程中未能尽到告知、协助等附随义务，违反了《合同法》第60条当事人应该全面履行合同义务的规定。银行对周某敏财产损失的发生具有一定的过错，且该过错与损失之间具有因果关系，故银行应承担一定的责任，原审认定事实清楚，判决并无不当。

## 二、相关规定

《合同法》第60条(《民法典》第509条)：“当事人应当按照约定全面履行自己的义务。当事人应当遵循诚实信用原则，根据合同的性质、目的和交易习惯履行通知、协助、保密等义务。”

《消费者权益保护法》第8条第1款：“消费者享有知悉其购买、使用的商品或者接受的服务的真实情况的权利。”

## 三、典型案例或做法

| 责任承担类型 | 案号 | 裁判立场 |
|---|---|---|
| 违约责任 | 伊某军与中国工商银行股份有限公司盘锦分行银行卡纠纷案/最高人民法院(2017)最高法民再174号民事判决 | 银行作为办理金融业务的专业机构，在为自然人办理储蓄等业务时，居于明显的、支配的优势地位，而自然人则处于相对的、被支配的弱势地位，故银行工作人员在为客户办理业务时，理应严格遵守工作流程和业务操作规范，尽到最大的注意和风险提示义务。对2011年6月28日开通的网银，工行盘锦分行在对储户存款负有严格的安全保障义务下，没有尽到严格内部管理的义务，致使内部管理出现漏洞，工作人员严重违规操作，没有尽到最大的注意和风险提示义务，在储户和银行违约责任的分配比例上，银行应对此次存款损失承担99%的责任。 |
| | 宋某诉中国工商银行股份有限公司南京新门口支行借记卡纠纷案/《最高人民法院公报》2017年第12期 | 原告宋某持有被告工行新门口支行发行的借记卡，其与工行新门口支行之间依法成立储蓄存款合同关系。案涉伪卡交易能够进行，说明宋某持有的真正银行卡内数据信息可以被复制并存储到其他的伪卡内，并且伪卡输入密码后还可以进行正常的交易活动，因此工行新门口支行制发的借记卡以及交易系统在防伪技术上存在缺陷，工行新门口支行未能履行交易安全保障义务，给宋某造成了经济损失，应承担赔偿责任。在无任何证据证明持卡人自行泄露银行卡密码的情况下，不应判令持卡人承担部分损失，从而减轻银行的赔偿责任。 |
| 按份责任 | 潘某凯诉厦门农村商业银行股份有限公司厦门自贸试验区金海支行等侵权责任纠纷案/福建省高级人民法院(2017)闽民申2057号民事裁定 | 农商行金海支行受理林泉城开户申请时未依照人民币银行结算账户管理规定和规范性文件规定办理，存在过错及转账审核不严对损害后果的发生存在过错，但农商行金海支行未尽审查义务与潘某凯遭受的损失之间的因果关系参与度低。本案各行为人之间无共同过错，一二审法院认定应当由各行为人对各自行为造成的损害后果承担相应的责任正确，判决农商行金海支行、厦门农商行承担30%的责任也是合理的。 |

续表

| 责任承担类型 | 案号 | 裁判立场 |
|---|---|---|
| 按份责任 | 朱某戎、中国工商银行股份有限公司乌鲁木齐南湖广场支行侵权责任纠纷案/新疆维吾尔自治区乌鲁木齐市中级人民法院(2018)新01民终1463号民事判决 | 银行职员焦某鹏的职务行为造成储户朱某戎的财产损害,依据《侵权责任法》第34条第1款的规定,由用人单位即银行承担侵权责任。煜展贵金属公司未按规定对开户申请人的身份予以审核确认违反了交易所的规定,应在其过错范围内承担部分侵权责任;天交所作为向煜展贵金属公司提供交易的服务平台,有义务对客户身份进行审核,但天交所未向法庭提交其履行了对客户身份审核的义务,其应承担部分侵权责任。 |
| | 中国建设银行股份有限公司安阳朝阳支行、李某成侵权责任纠纷案/河南省安阳市中级人民法院(2017)豫05民终3921号民事判决 | 建行朝阳支行未能证明原告与被告易票联公司签订并开通快捷支付服务系经原告申请并同意的,亦未证明原告持有的银行卡所涉本案款项被频繁多次盗刷支付系原告泄露支付密码所致,更未证明就涉案盗刷支付款项履行了上述通知要求的银行应当履行的审查核实通知等应尽义务。故建行朝阳支行在第三方快捷支付服务开通和支付过程中存在过错,应当对原告损失承担赔偿责任。作为第三方快捷支付服务的易票联公司,既未提供原告注册第三方快捷支付的证据,也未提供原告为第三方支付向该公司提供的有效身份证件复印件或影印件的证据,更未建立健全客户身份识别机制,在未确保有效核实原告身份及其真实意愿的情况下,为原告办理第三方快捷服务,亦存在过错。二者无共同故意或共同过失,两者行为结合造成损害发生,应各自承担50%的按份责任。 |
| 就共同造成损害的部分承担连带责任 | 杨某与中国人寿保险股份有限公司南京市分公司、江苏紫金农村商业银行股份有限公司六合支行等侵权责任纠纷案/江苏省高级人民法院(2015)苏商再提字第00076号民事判决 | 诈骗人对损害结果的发生具有全部的原因力;六合信用社龙池支行未严格遵守银行业的相关规定违规操作,与被侵权人损害结果的发生具有部分原因力;二者无主观意思联络。我国《侵权责任法》并未对此情形作出规定,可以类推适用《环境侵权司法解释》第3条第3款的规定,判定六合信用社龙池支行就共同造成损失的部分与诈骗人张历承担连带责任。 |

续表

| 责任承担类型 | 案号 | 裁判立场 |
| --- | --- | --- |
| 就共同造成损害的部分承担连带责任 | 周某双与中国人寿保险股份有限公司南京市分公司、中国工商银行股份有限公司南京定淮门大街支行等侵权责任纠纷案/江苏省高级人民法院(2015)苏商再提字第00075号民事判决 | 本案属于部分叠加的分别侵权行为类型，诈骗方的侵权行为足以造成损害结果的发生，银行违规操作的行为对损害结果的发生有部分原因力，不足以造成全部损害。可以类推适用《环境侵权司法解释》第3条第3款的规定，认定工行定淮门支行在其过错范围内与诈骗方承担连带责任。 |
| 补充责任 | 吴某礼等五人诉官渡建行、五华保安公司人身损害赔偿纠纷案/《最高人民法院公报》2004年第12期 | 本案中，官渡银行虽然设置了相应的安全防范措施，但不能证明其已经安排专门值班人员值守，故此安全防范措施并未发挥安全防范作用；官渡建行虽然安排了一名保安人员值班，并且在营业厅内划出了“一米线”，但当数人进入“一米线”时，保安未禁止，丧失了及时发现和制止不法侵害的可能；在作案人逃离作案现场时，值班保安人员也未有制止犯罪行为的表示。故认定银行未尽到安全保障责任，对吴某红死亡结果存有过错，应在其过错范围内承担补充赔偿责任。 |

## 四、法理分析

首先，就合同关系而言，银行与储户之间成立相关业务的服务合同关系，维护储户的人身、财产安全是银行应尽的附随义务。在本案中，储户周某敏与银行之间成立了转账业务的服务合同关系，在储户不清晰本票与汇款业务转换的关系时，银行未向其阐释说明，未尽到告知、解释的义务；在周某敏发现汇款错误寻求银行帮助时，银行亦未采取任何补救措施，直至第三人将款项取走。故银行在交易过程中明显违反附随义务，违反了我国《合同法》第60条(《民法典》第509条)有关当事人应当全面履行合同义务的规定。银行的行为构成违约，应承担相应的违约责任。在“伊某军与中国工商银行股份有限公司盘锦分行银行卡纠纷案”“宋某诉中国工商银行股份有限公司南京新门口支行借记卡纠纷案”中，法院也都作出银行应承担部分违约责任的判决。

其次，就侵权关系而言，其一，银行具有保护存款人合法权益的义务，但本案银行并未清楚告知被侵权人周某敏本票业务与汇款义务转换的关系；且在周某敏发现转账错误请求银行协助挽回时，银行未作出任何补救措施。故银行并未尽到保护储户周某敏合法财产权益的义务。其二，虽然本案第三人黄某杰使用诈骗手段诱使被侵权人周某敏向其转账，第三人为直接侵权人；但若银行及时采取内部网络系统控制等补救措施，则不致储户周某敏最终的财产损失。故银行消极不作为的行为与储户财产损害的后果存在因果关系。其三，银行预见到自己不作为的行为可能会发生损害储户财产权益的结果，但放任这种结果的发生，主观上存在过失。综上，银行应承担侵权责任。

至于银行应承担何种侵权责任，司法实践中亦不乏争论。本文认为，银行应承担按份责任。第一，银行并非故意损害储户财产安全，且银行单独的行为也不会导致损害结果的发生，故银行并不与第三人承担连带责任。第二，需将本案与安全保障义务人应承担的补充赔偿责任相区分，银行需要对其公共场所内储户的人身、财产安全负担安全保障责任，但本案涉及的是储户转账的业务行为，并不符合补充责任的适用前提。第三，第三人的诈骗行为与银行消极不作为的行为偶然结合，才最终造成储户财产的损失，银行应在其过错范围内承担相应比例的按份责任。在“潘某凯诉厦门农村商业银行股份有限公司厦门自贸试验区金海支行等侵权责任纠纷案”“朱某戎、中国工商银行股份有限公司乌鲁木齐南湖广场支行侵权责任纠纷”等案件中，法院亦采同样依据作出判决。

最后，因当事人一方的违约行为，侵害对方人身、财产权益的，受损害方有权选择依照本法要求其承担违约责任或者依照其他法律要求其承担侵权责任。一方当事人可以依据合同关系或侵权关系请求对方承担违约责任或侵权责任。本案法院依据相关规定，认定银行未尽告知、解释、协助等附随义务，应承担一定的违约责任是合法合理的。

# 二公司先后倾倒危险废液造成环境损害的，应如何担责?

石文静

"绿水青山就是金山银山"，秉持这一原则，我国法律越发关注生态环境损害赔偿案件。对于多数人污染致害纠纷，在坚持按份责任原则的前提下，承认多样化的连带责任；确立生态修复费用、应急处置费用等多种费用承担方式等。上述举措在严厉打击破坏生态环境行为的同时，又能灵活高效改善生态环境，值得嘉许。在我国现有法律制度下，多个被告共同造成环境污染，应如何担责？兹以本则案例作出说明。

## 一、案情与裁判

**案件名称**：山东省生态环境厅诉山东金诚重油化工有限公司、山东弘聚新能源有限公司生态环境损害赔偿诉讼案

**案件来源**：济南市中级人民法院民事判决(最高人民法院发布人民法院保障生态环境损害赔偿制度改革典型案例之一)

案情简介：

2015 年 8 月，弘聚公司(被告)委托无危险废物处理资质的人员将其生产的 640 吨废酸液倾倒至济南市章丘区普集街道办上皋村的一个废弃煤井内。2015 年10 月 20 日，金诚公司(被告)采取相同手段将其生产的 23.7 吨废碱液倾倒至同一煤井内，因废酸、废碱发生剧烈化学反应，4 名涉嫌非法排放危险废物人员当场中毒身亡。经监测，废液对井壁、井底土壤及地下水造成污染。事件发生后，原章丘市人民政府进行了应急处置，并开展生态环境修复工作。山东省人民政府指定山东省生态环境厅为具体工作部门，开展生态环境损害赔偿索赔工作。山东省生态环境厅(原告)与金诚公司、弘聚公司磋商未能达成一致，遂根据山东省环

境保护科学研究设计院出具的《环境损害评估报告》向济南市中级人民法院提起诉讼，请求判令被告承担应急处置费用、生态环境服务功能损失、生态环境损害赔偿费用等共计2.3亿余元，两被告对上述各项费用承担连带责任，并请求判令两被告在省级以上媒体公开赔礼道歉。

**法院判决**

济南市中级人民法院经审理认为：弘聚公司生产过程中产生的废酸液和金诚公司生产过程中产生的废碱液导致案涉场地生态环境损害，应依法承担生态环境损害赔偿责任。就山东省生态环境厅请求的赔偿金额，山东省生态环境厅提交了《环境损害评估报告》，参与制作的相关评估及审核人员出庭接受了当事人的质询，环境保护部环境规划院的专家也出庭对此给出说明，金诚公司、弘聚公司未提供充分证据推翻该《环境损害评估报告》，故对鉴定评估意见依法予以采信。山东省生态环境厅主张的生态环境服务功能损失和帷幕注浆范围内受污染的土壤、地下水修复费及鉴定费和律师代理费，均是因弘聚公司的废酸液和金诚公司的废碱液造成生态环境损害引起的，故应由该两公司承担。因废酸液和废碱液属不同种类危险废液，二者在案涉场地的排放量不同，对两种危险废液的污染范围、污染程度、损害后果及其与损害后果之间的因果关系、污染修复成本等，山东省生态环境厅、弘聚公司、金诚公司、专家辅助人、咨询专家之间意见不一，《环境损害评估报告》对此也未明确区分。综合专家辅助人和咨询专家的意见，酌定弘聚公司承担80%的赔偿责任，金诚公司承担20%的赔偿责任，并据此确定二被告应予赔偿的各项费用。弘聚公司、金诚公司生产过程中产生的危险废液造成环境污染，严重损害了国家利益和社会公共利益，为警示和教育环境污染者，增强公众环境保护意识，依法支持山东省生态环境厅要求弘聚公司、金诚公司在省级以上媒体公开赔礼道歉的诉讼请求。

## 二、相关规定

《最高人民法院关于审理生态环境损害赔偿案件的若干规定（试行）》（法释〔2019〕8号）第1条[《最高人民法院关于审理生态环境损害赔偿案件的若干规定（试行）》（法释〔2020〕17号）第1条]："具有下列情形之一，省级、市地级人民政府及其指定的相关部门、机构，或者受国务院委托行使全民所有自然资源资产所有权的部门，因与造成生态环境损害的自然人、法人或者其他组织经磋商未达成一致或者无法进行磋商的，可以作为原告提起生态环境损害赔偿诉讼：（一）发生较大、重大、特别重大突发环境事件的；(二)在国家和省级主体功能区规划中划定的重点生态功能区、禁止开发区发生环境污染、生态破坏事件的；(三)发生其他严重影响生态环境后果的。前款规定的市地级人民政府包括设区的市，自治州、盟、地区，不设区的地级市，直辖市的区、县人民政府。”

《侵权责任法》第 65 条(《民法典》第 1229 条)：“因污染环境造成损害的，污染者应当承担侵权责任。”

《侵权责任法》第 12 条(《民法典》第 1172 条)：“二人以上分别实施侵权行为造成同一损害，能够确定责任大小的，各自承担相应的责任；难以确定责任大小的，平均承担赔偿责任。”

《最高人民法院关于审理环境侵权责任纠纷案件适用法律若干问题的解释》(法释〔2015〕12 号)第 3 条第 2 款[《最高人民法院关于审理环境侵权责任纠纷案件适用法律若干问题的解释》(法释〔2020〕17 号)第 3 条第 2 款]：“两个以上污染者分别实施污染行为造成同一损害，每一个污染者的污染行为都不足以造成全部损害，被侵权人根据侵权责任法第十二条规定请求污染者承担责任的，人民法院应予支持。”

《最高人民法院关于审理环境侵权责任纠纷案件适用法律若干问题的解释》(法释〔2015〕12 号)第 4 条[《最高人民法院关于审理环境侵权责任纠纷案件适用法律若干问题的解释》(法释〔2020〕17 号)第 4 条]：“两个以上污染者污染环境，对污染者承担责任的大小，人民法院应当根据污染物的种类、排放量、危害性以及有无排污许可证、是否超过污染物排放标准、是否超过重点污染物排放总量控制指标等因素确定。”

《侵权责任法》第 67 条(《民法典》第 1231 条)：“两个以上污染者污染环境，污染者承担责任的大小，根据污染物的种类、排放量等因素确定。”

《最高人民法院关于审理生态环境损害赔偿案件的若干规定(试行)》(法释〔2019〕8 号)第 10 条[《最高人民法院关于审理生态环境损害赔偿案件的若干规定(试行)》(法释〔2020〕17 号)第 10 条]：“当事人在诉前委托具备环境司法鉴定资质的鉴定机构出具的鉴定意见，以及委托国务院环境资源保护监督管理相关主管部门推荐的机构出具的检验报告、检测报告、评估报告、监测数据等，经当事人质证并符合证据标准的，可以作为认定案件事实的根据。”

《侵权责任法》第 15 条(《民法典》第 179 条)：“承担侵权责任的方式主要有：(一)停止侵害；(二)排除妨碍；(三)消除危险；(四)返还财产；(五)恢复原状；

(六)赔偿损失;(七)赔礼道歉;(八)消除影响、恢复名誉。以上承担侵权责任的方式,可以单独适用,也可以合并适用。”

**《最高人民法院关于审理环境民事公益诉讼案件适用法律若干问题的解释》(法释〔2015〕1号)第18条[《最高人民法院关于审理环境民事公益诉讼案件适用法律若干问题的解释》(法释〔2020〕20号)第18条]**:“对污染环境、破坏生态,已经损害社会公共利益或者具有损害社会公共利益重大风险的行为,原告可以请求被告承担停止侵害、排除妨碍、消除危险、恢复原状、赔偿损失、赔礼道歉等民事责任。”

**《最高人民法院关于审理环境民事公益诉讼案件适用法律若干问题的解释》(法释〔2015〕1号)第21条[《最高人民法院关于审理环境民事公益诉讼案件适用法律若干问题的解释》(法释〔2020〕20号)第21条]**:“原告请求被告赔偿生态环境受到损害至恢复原状期间服务功能损失的,人民法院可以依法予以支持。”

**《最高人民法院关于审理环境民事公益诉讼案件适用法律若干问题的解释》(法释〔2015〕1号)第22条[《最高人民法院关于审理环境民事公益诉讼案件适用法律若干问题的解释》(法释〔2020〕20号)第22条]**:“原告请求被告承担检验、鉴定费用,合理的律师费以及为诉讼支出的其他合理费用的,人民法院可以依法予以支持。”

**《最高人民法院关于审理环境民事公益诉讼案件适用法律若干问题的解释》(法释〔2015〕1号)第23条[《最高人民法院关于审理环境民事公益诉讼案件适用法律若干问题的解释》(法释〔2020〕20号)第23条]**:“生态环境修复费用难以确定或者确定具体数额所需鉴定费用明显过高的,人民法院可以结合污染环境、破坏生态的范围和程度、生态环境的稀缺性、生态环境恢复的难易程度、防治污染设备的运行成本、被告因侵害行为所获得的利益以及过错程度等因素,并可以参考负有环境保护监督管理职责的部门的意见、专家意见等,予以合理确定。”

**《最高人民法院关于审理生态环境损害赔偿案件的若干规定(试行)》(法释〔2019〕8号)第11条[《最高人民法院关于审理生态环境损害赔偿案件的若干规定(试行)》(法释〔2020〕17号)第11条]**:“被告违反法律法规污染环境、破坏生态的,人民法院应当根据原告的诉讼请求以及具体案情,合理判决被告承担修复生态环境、赔偿损失、停止侵害、排除妨碍、消除危险、赔礼道歉等民事责任。”

**《最高人民法院关于审理生态环境损害赔偿案件的若干规定(试行)》(法释〔2019〕8号)第12条[《最高人民法院关于审理生态环境损害赔偿案件的若干规定**

(试行)》(法释〔2020〕17号)第12条]:“受损生态环境能够修复的,人民法院应当依法判决被告承担修复责任,并同时确定被告不履行修复义务时应承担的生态环境修复费用。生态环境修复费用包括制定、实施修复方案的费用,修复期间的监测、监管费用,以及修复完成后的验收费用、修复效果后评估费用等。原告请求被告赔偿生态环境受到损害至修复完成期间服务功能损失的,人民法院根据具体案情予以判决。”

《最高人民法院关于审理生态环境损害赔偿案件的若干规定(试行)》(法释〔2019〕8号)第14条[《最高人民法院关于审理生态环境损害赔偿案件的若干规定(试行)》(法释〔2020〕17号)第14条]:“原告请求被告承担下列费用的,人民法院根据具体案情予以判决:(一)实施应急方案以及为防止生态环境损害的发生和扩大采取合理预防、处置措施发生的应急处置费用;(二)为生态环境损害赔偿磋商和诉讼支出的调查、检验、鉴定、评估等费用;(三)合理的律师费以及其他为诉讼支出的合理费用。”

## 三、典型案例或做法

| 案号 | 裁判立场 |
| --- | --- |
| 重庆市人民政府、重庆两江志愿服务发展中心诉重庆藏金阁物业管理有限公司、重庆首旭环保科技有限公司生态环境损害赔偿诉讼案/最高人民法院发布人民法院保障生态环境损害赔偿制度改革典型案例之二 | 首旭公司通过与藏金阁公司签订《委托运行协议》,成为负责废水处理站日常运行维护工作的主体。人民法院依据排污主体的法定责任、行为的违法性、客观上的相互配合等因素进行综合判断,判定藏金阁公司与首旭公司之间具有共同故意,应当对造成的生态环境损害承担连带赔偿责任。 |
| 贵州省人民政府、息烽诚诚劳务有限公司、贵阳开磷化肥有限公司生态环境损害赔偿协议司法确认案/最高人民法院发布人民法院保障生态环境损害赔偿制度改革典型案例之三 | 贵州省人民政府与环境侵权方签订《生态环境损害赔偿协议》后,向法院申请对该协议进行司法确认。法院首先将该协议以及修复方案等在网上进行公告,公告期满后,对该协议进行审查并裁定有效;并赋予了赔偿协议强制执行的效力。 |

续表

| 案号 | 裁判立场 |
|---|---|
| 绍兴市环境保护局、浙江上峰建材有限公司、诸暨市次坞镇人民政府生态环境损害赔偿协议司法确认案/最高人民法院发布人民法院保障生态环境损害赔偿制度改革典型案例之四 | 虽然污染物已通过周边大气生态环境稀释自净,无须实施现场修复,但是大气经过扩散等途径仍会污染其他地区的生态环境,不能因此免除污染者应承担的生态环境损害赔偿责任。人民法院对案涉赔偿协议予以司法确认,明确由上峰建材公司以替代方式承担生态环境损害赔偿责任。 |
| 贵阳市生态环境局诉贵州省六盘水双元铝业有限责任公司、阮正华、田锦芳生态环境损害赔偿诉讼案/最高人民法院发布人民法院保障生态环境损害赔偿制度改革典型案例之五 | 人民法院在审理过程中严格遵循以生态环境修复为中心的损害救济制度,多次主持调解,力促各方当事人在充分考虑受损生态环境修复的基础上达成调解,并在调解书中明确了被污染地块修复的牵头单位、启动时限等,确保生态环境修复工作得以有效开展。同时,人民法院考虑到生态环境修复的长期性,在调解书中明确将后期修复工作的实际情况纳入法院的监管范围,要求三被告及时向法院报送相关履行单据,最大限度保障生态修复目标的实现。 |

## 四、法理分析

### (一)二公司承担侵权责任的请求权基础

《最高人民法院关于审理生态环境损害赔偿案件的若干规定(试行)》(法释〔2019〕8号)(以下简称《生态环境损害赔偿司法解释(试行)》)于2019年6月5日正式实施,虽然本案审结时该司法解释还未施行,但其对于生态环境损害赔偿纠纷的若干事宜规定的详尽得当,故从事后对该案进行分析的角度而言,此规范值得参照。根据其第1条规定,对于重大环境事件,省级政府部门可以作为原告提起生态环境损害赔偿诉讼,故本案山东省生态环境厅这一主体适格。根据《民法典》第1229条,污染环境造成损害的,污染者应当承担侵权责任。弘聚公司排放的危险废酸液和金诚公司排放的危险废碱液发生化学反应,造成生态环境损害。虽然两家公司各自排放的危险废液不会造成本案的严重后果,且两家公司并非通谋实施污染环境的行为,但其分别排放废液的行为偶然结合造成同一损害,本质上成立无意思联络的数人侵权。根据《侵权责任法》第12条(《民法典》第1172条)以及《最高人民法院关于审理民事公益诉讼案件适用法律若干问题的解释》(法释

〔2015〕1号)第3条,二公司应当对损害结果承担按份责任。

(二)二公司应如何承担侵权责任?

应如何确定二公司责任承担的比例?根据我国《侵权责任法》第67条(《民法典》第1231条)以及《最高人民法院关于审理民事公益诉讼案件适用法律若干问题的解释》(法释〔2015〕1号)第4条,两个以上污染者污染环境,污染者承担责任的大小,根据污染物的种类、排放量等因素确定。《生态环境损害赔偿司法解释(试行)》(法释〔2019〕8号)第10条还规定了具有相应资质的机构出具的评估报告等经过质证并符合证据标准的,可以作为认定事实的依据。本案山东省生态环境厅即出具了《环境损害评估报告》,并经过质证成为证据;但可惜的是,该项报告未对二公司污染范围、污染程度等作出清晰界定,进而无法对二公司的侵权责任承担份额作出具体划分。最终法院综合专家辅助人和咨询专家的意见,根据二公司的经营状况、主观过错等因素,作出80%和20%的责任分担比例。

二公司应对哪些具体的损失负责?《生态环境损害赔偿司法解释(试行)》(法释〔2019〕8号)以及《最高人民法院关于审理民事公益诉讼案件适用法律若干问题的解释》(法释〔2015〕1号)规定了生态修复费用、应急处置费用、磋商以及诉讼造成的调查、检验、鉴定、评估等费用,形式多样且新颖,是我国生态环境侵权损害赔偿的一大特色。另外,本案系因重大突发环境事件导致的生态环境损害赔偿案件。污染事件发生后,受到社会广泛关注。本案支持了山东省生态环境厅要求二公司赔礼道歉的诉讼请求,在一定程度上能起到警示众人、提高公众环境保护意识的作用,可资赞同。

# 贷款银行与债务企业共同骗取他人的过桥资金将债权不能清偿的风险进行转移构成共同侵权

瞿灵敏*

作为融资市场上惯用的操作方式，过桥贷款越来越成为企业，特别是小微企业资金融通的常见方式，由此也催生了一个非常庞大的过桥贷款市场。在过桥贷款中，债权人与债务人通过虚构事实、隐瞒真相的方式，将债权人债权不能获得清偿的风险转移给提供过桥资金的第三人，造成过桥方财产损失的，如何认定其中的法律责任承担主体及责任承担方式？以下结合一则案例说明之。

## 一、案情与裁判

**案件名称**：中国工商银行股份有限公司大连二七广场支行、大连明珠国际经济技术合作有限公司财产损害赔偿纠纷案

**案件来源**：最高人民法院(2017)最高法民申 3656 号民事裁定

**案情简介**：

中国工商银行大连市二七广场支行(以下简称二七支行)(再审申请人、一审被告、二审被上诉人)曾于 2013 年 12 月 3 日为大连光德粮食贸易公司(二审被上诉人、一审被告，以下简称光德公司)发放贷款 2900 万元，并约定贷款期限为 6 个月，光德公司将 35000 吨玉米质押给了二七支行为借款进行担保。借款到期后光德公司无力清偿借款，为收回光德公司的借款，2014 年 5 月 15 日，二七支行主管信贷业务的副行长林芸找到大连明珠国际经济技术合作有限公司(再审被申请人、一审原告、二审上诉人，以下简称明珠公司)请明珠公司为光德公司做过桥业务。为此，林芸向明珠公司的公司人员表示：光德公司为二七支

* 瞿灵敏，中国海洋大学法学院副教授，法学博士，浙江新台州律师事务所疑案研究中心研究员。

行的优质客户，二七支行和总行以1:1的比例为光德公司发放5亿元的贷款，目前已经发放4000万元，后续还将继续发放；而且，明珠公司为光德公司提供的此项过桥资金的周期仅两个周，光德公司有35000吨（价值7000万元）的玉米提供质押担保。当日下午，明珠公司与光德公司签订借款合同，明珠公司将2900万元出借给光德公司，并通过网上银行将2900万元转入光德公司的账户，当日明珠公司收取光德公司的借款利息108万元。随后，光德公司将从明珠公司处所借来的2900万元全部用于了清偿二七支行的欠款。过桥资金借款到期后，光德公司未能依约向明珠公司履行还款义务，经明珠公司催促，二七支行将存放在“中外运”的光德公司质押的35000吨玉米的质押手续连同中外运出具的附有二七支行行长卢彦签名的《提货通知书》交付给了明珠公司。2014年6月10日明珠公司光德质押的35000吨玉米的提货单提货时得知该货物不存在。明珠公司认为，二七支行与光德公司恶意串通，以虚构事实、隐瞒真相、骗取明珠公司向光德公司提供过桥资金的方式用于清偿光德公司对自己的债务，从而将贷款不能获得清偿的风险转嫁给明珠公司。二七支行与光德公司的行为造成了明珠公司2900万元借款资金及利息无法获得清偿的损失，属于双方恶意串通实施的共同侵权行为。明珠公司于2016年6月16日向大连市中级人民法院提起共同侵权之诉，要求二七支行与光德公司共同返还2900万资金并赔偿348万元的利息损失。

**一审判决**

**大连市中级人民法院经审理认为：**2015年5月15日，明珠公司与光德公司签订一份《借款合同》，该《借款合同》内容没有违反法律及法规规定，应是合法有效的。根据该《借款合同》，原告将2900万元支付到光德公司的账户内，明珠公司履行了《借款合同》的内容，光德公司同日向明珠公司支付了108万元的利息，双方之间为借贷法律关系。明珠公司与光德公司之间系因借款产生的纠纷，应当认定为借款合同纠纷。明珠公司出借的款项未能得到偿还，应当向光德公司主张还款义务。明珠公司提供的证据不足以证明二七支行与光德公司之间恶意串通故意侵害了其财产权益，对其主张二七支行与光德公司共同构成侵权，赔偿其财产损失的诉求，一审法院不予支持。

明珠公司不服一审判决，以一审判决事实认定和法律适用错误为由，向辽宁省高级人民法院提出上诉，要求撤销一审判决，支持其一审诉讼请求。

二审判决

辽宁省高级人民法院经审理认为：林芸是二七支行主管信贷的副行长，二七支行对林芸参与光德公司与明珠公司该笔借款业务并不否认，故林芸的行为是职务行为。光德公司在与明珠公司借款时其企业的经营状况并不足以偿还所借的二七支行的贷款，而且其向二七支行借款所提供的质押物35000吨粮食已经不存在。明珠公司与光德公司从无往来，互不熟悉，如果林芸如实介绍光德公司当时的状况，明珠公司是不可能将款项出借给光德公司的。根据本案的相关证据和客观事实，二七支行虚构事实对明珠公司进行了欺诈，与光德公司恶意串通，将自己不能收回贷款的风险转嫁给明珠公司，故明珠公司与光德公司签订的借款合同无效，光德公司与二七支行构成共同侵权，应当对明珠公司的损失进行赔偿。辽宁省高级人民法院据此撤销一审判决，支持明珠公司一审提出的诉讼请求。

二七支行不服辽宁省高级人民法院的终审判决，向最高人民法院申请再审。二七支行再审申请称：

1.二审判决没有适用实体法律进行裁判属适用法律错误。(1)光德公司与明珠公司签订了《借款合同》，在光德公司未按期还款的情况下，明珠公司应当向其主张继续履行的合同责任。即便明珠公司认为光德公司构成欺诈，仍应依据《合同法》中“欺诈、撤销合同、损害赔偿”的法律制度主张自己的权利。其跨越与光德公司订立合同的基本事实，直接适用《侵权责任法》要求工行二七支行承担侵权责任，没有法律依据。二审判决以侵权责任对本案进行裁判亦不符合我国现行法律规范。(2)本案不适用《合同法》“恶意串通损害第三人利益的合同无效”的法律规定，二审判决以工行二七支行与光德公司构成“恶意串通”而认定光德公司与明珠公司之间的合同无效，适用法律错误。

2.二审判决认为林芸构成欺诈没有证据证明，原审证据和新证据可以推翻这一事实认定。林芸的陈述是其基于对当时认知的表达，不构成欺诈。工行二七支行也是受光德公司欺诈的对象，自始至终对35000吨玉米不存在不知情。林芸对光德公司经营情况的陈述未构成欺诈。首先，明珠公司相信林芸对光德公司的陈述，则林芸的身份应是光德公司的代理人，其行为与工行二七支行无关。其次，李某某的证词是其单方陈述，没有相应证据予以佐证。即便按其证词，林芸向明珠公司介绍光德公司的情况符合实际，其表述不构成欺诈。林芸关于光德公司可以续贷是对未来的预测，不构成欺诈，且明珠公司法定代表人陈美明原在工行二七支行工作并担任领导职务，对此应当了解。二审判决认为林芸虚构35000吨玉米质押物和光德公司当时的经营状况，没有任何证据证明，属认定错误。

3.按照明珠公司主张，林芸的行为更类似于第三人缔约过失责任。第三人缔约过失责任需以第三人的行为足以形成某种形式的"担保"为前提。林芸没有作出任何保证性的承诺，更无权代表工行二七支行作出任何保证性承诺，明珠公司应当自行承担其商业风险。

**再审裁定**

最高人民法院经审查认为：林芸系以工行二七支行主管信贷副行长的身份主动联系案涉借款业务，且案涉借款用于偿还了光德公司在工行二七支行的贷款，工行二七支行属于受益人，原审判决认定林芸系职务行为并无不当。林芸在向明珠公司介绍案涉借款业务时，不仅没有如实说明光德公司的实际经营状况，还作出了工行二七支行会在短期内对光德公司的案涉贷款进行续贷以及案涉贷款有35000吨玉米质押物的陈述。根据原审查明的事实，光德公司当时的经营状况并不足以偿还所借银行贷款，而且在以案涉借款偿还贷款后，工行二七支行并未对光德公司进行续贷，明珠公司在持有工行二七支行向其交付的提货手续提取质押物时，被告知质押物并不存在。在本院审查期间，工行二七支行表示其没有审批贷款的权限，此项业务须经分行批准，但工行二七支行在原审及向本院申请再审期间均没有提供证据能够证明其曾为光德公司的案涉贷款申报或办理过续贷业务。另外，根据中国人民银行《贷款通则》第27条、第31条，中国银行业监督管理委员会《流动资金贷款管理暂行办法》第13条、第30条的规定，工行二七支行在为光德公司办理案涉贷款发放业务及贷后检查工作过程中，对光德公司的经营状况以及质押物状态负有审查义务，其应该知晓质押物的实际状况，且工行二七支行向本院提供的新证据《确认函》载明的在工行二七支行贷款并有质押物在中外运公司处进行监管的公司中并没有光德公司。据此，二审判决认定工行二七支行与光德公司恶意串通对明珠公司进行了欺诈，有事实依据。

明珠公司以工行二七支行为避免自身贷款损失，转嫁风险，与光德公司构成共同侵权，应承担侵权责任为由提起本案诉讼。经二审查明，工行二七支行与光德公司恶意串通，共同对明珠公司实施了欺诈行为，使贷款不能收回的风险转嫁给明珠公司，造成了明珠公司财产损失。二审判决据此认定案涉《借款合同》无效，判令工行二七支行和光德公司共同给付明珠公司2900万元本金及自2014年5月29日案涉借款到期日起按照中国人民银行同期贷款利率赔偿明珠公司案涉借款的利息损失，适用法律并无不当。工行二七支行主张原审判决适用法律错误的再审事由不成立，应予驳回。

## 二、相关规定或做法

《合同法》第52条："有下列情形之一的，合同无效：(一)一方以欺诈、胁迫的手段订立合同，损害国家利益；(二)恶意串通，损害国家、集体或者第三人利益；(三)以合法形式掩盖非法目的；(四)损害社会公共利益；(五)违反法律、行政法规的强制性规定。"

《民法典》第154条："行为人与相对人恶意串通，损害他人合法权益的民事法律行为无效。"

《侵权责任法》第8条(《民法典》第1168条)："二人以上共同实施侵权行为，造成他人损害的，应当承担连带责任。"

中国人民银行《贷款通则》第27条："贷款调查：贷款人受理借款人申请后，应当对借款人的信用等级以及借款的合法性、安全性、盈利性等情况进行调查，核实抵押物、质物、保证人情况，测定贷款的风险度。"

中国人民银行《贷款通则》第31条："贷后检查：贷款发放后，贷款人应当对借款人执行借款合同情况及借款人的经营情况进行追踪调查和检查。"

《流动资金贷款管理暂行办法》(中国银行监督管理委员会令2010年第1号)第13条："贷款人应采取现场与非现场相结合的形式履行尽职调查，形成书面报告，并对其内容的真实性、完整性和有效性负责。尽职调查包括但不限于以下内容：(一)借款人的组织架构、公司治理、内部控制及法定代表人和经营管理团队的资信等情况；(二)借款人的经营范围、核心主业、生产经营、贷款期内经营规划和重大投资计划等情况；(三)借款人所在行业状况；(四)借款人的应收账款、应付账款、存货等真实财务状况；(五)借款人营运资金总需求和现有融资性负债情况；(六)借款人关联方及关联交易等情况；(七)贷款具体用途及与贷款用途相关的交易对手资金占用等情况；(八)还款来源情况，包括生产经营产生的现金流、综合收益及其他合法收入等；(九)对有担保的流动资金贷款，还需调查抵(质)押物的权属、价值和变现难易程度，或保证人的保证资格和能力等情况。"

《流动资金贷款管理暂行办法》(中国银行监督管理委员会令 2010 年第 1 号)第 30 条:"贷款人应加强贷款资金发放后的管理,针对借款人所属行业及经营特点,通过定期与不定期现场检查与非现场监测,分析借款人经营、财务、信用、支付、担保及融资数量和渠道变化等状况,掌握各种影响借款人偿债能力的风险因素。"

## 三、法理分析

结合一审、二审和再审法院的审理和双方当事人的诉辩情形来看,本案双方当事人及法院审理的焦点在于本案到底是应该确定为借款合同纠纷还是共同侵权纠纷,这对于案件的裁判思路、法律适用甚至是裁判结果和最终的责任承担均有着重要的影响。

如果定位为借款合同纠纷,则无论是当事人的诉辩还是法院的审理,均应围绕着过桥贷款合同的效力本身进行。工行二七支行并不是过桥贷款合同的当事人,根据合同相对性的原理,如果走借款合同纠纷的裁判路径,明珠公司只能向借款人光德公司主张权利,而很难直接将工行二七支行作为责任主体拉入本案之中。而且,即便走贷款合同纠纷的路径,在贷款合同效力的认定上,也很难直接依据《合同法》第 52 条关于"恶意串通损害国家、集体、第三人合法权利的合同无效"的规定来主张合同无效。这是因为,《合同法》第 52 条第(2)项"恶意串通损害第三人合法利益的合同无效"的规定是指合同当事人之间恶意串通损害合同当事人之外的第三人的合法利益,而本案中即便工行二七支行与光德公司恶意串通损害了明珠公司的合法权利,但由于工行二七支行并非过桥资金借款合同的一方当事人,因此无法根据《合同法》第 52 条第(2)项来宣告借款合同无效。退一步讲,即便能够认定合同无效,根据无效合同的后果,明珠公司也只能依据不当得利向光德公司要求返还借款,在光德公司清偿能力不足时,其贷款资金仍有不能收回的风险。

相反,如果选择共同侵权进行诉讼,只要能够认定工行二七支行与光德公司实施了共同侵权行为并导致了明珠公司财产权利的损害,明珠公司就可以不受合同相对性的制约,将二七支行作为责任主体拉进本案的诉讼之中,进而要求二七支行与光德公司对明珠公司的损失承担连带侵权责任。

本案中,明珠公司以共同侵权为由要求工行二七支行与光德公司对其过桥资金及其利息损失承担连带责任而非以借款合同为依据提起诉讼,可以说是一个十分明智的诉讼策略。但这同时也意味着,明珠公司必须证明工行二七支行与光德公司的行为符合共同侵权的构成要件。就本案而言,要成立共同侵权,关键在于证明以下两点事实的成立:其一,工行二七支行与光德公司存在共同的过错;其二,光德公司与明珠公司之间不存在有效的借贷关系,这是因为如果二者之间的借款合同有效,则不存在侵权行为(合同有效就排除了违法性),也就不可能成立侵权。就前者而言,二审、再审均认定光德公司与工行二七支行之间存在恶意串通,共同对明珠公司进行了欺诈,因而存在共同的故意;就后者而言,二审和再审法院认为,光德公司与明珠公司之间的借款合同属于工行二七支行与光德公司之间恶意串通损害第三人合法利益的合同,根据《合同法》第52条第(2)项的规定属于无效合同。但正如上文所分析的,《合同法》第52条第(2)项的恶意串通是指合同当事人之间的恶意串通,工行二七支行并非该合同的当事人,因此不能据此认定合同无效。但这并不意味着该借款合同就有效,笔者认为光德公司与工行二七支行之间恶意串通,共同对明珠公司进行欺诈,属于《民法总则》第149条规定的对方知道第三人实施欺诈,使一方在违背真实意思的情况下实施的民事法律行为,明珠公司可以撤销该合同。因此,即便无法依据《合同法》第52条第(2)项以"恶意串通损害第三人合法利益的合同无效"来认定光德公司与明珠公司的合同无效,该合同亦可因欺诈而撤销,从而排除工行二七支行主张不构成侵权行为的抗辩。

## 四、警示意义

本案是贷款银行为债务企业介绍过桥业务利用过桥资金回收自身贷款引发的共同侵权案件,该案从中院一直打到最高院。作为融资市场上惯用的操作方式,过桥贷款是指企业在银行的贷款已经到期,但暂时无力按期偿还,通过第三方提供短期"过桥资金"帮助企业还清贷款的业务,过桥贷款的前提是贷款银行必须承诺旧的贷款还清后给予新的贷款,即"还旧贷新",新贷款到位后立即偿还"过桥资金"。如果操作规范,过桥业务对于贷款银行、债务企业和提供过桥资金的第三方(通常是担保公司)可以实现三赢的局面:对于贷款银行而言,过桥业务不仅可以帮助其留住优质的客户,还可以收回到期贷款,减少不能收回贷款的风险;对于债务企业而言,其可以通过过桥资金偿还银行到期贷款,从而维持良好的信用记录,进而获得续贷;对于过桥方而言,其可以在短期内获取较高的利息。但是,如果操作不当,过桥业务也容易引发风险,导致提供过桥资金的一方无法回收借款。一般而言，过桥业务的风险主要集中在债务企业和银行一方，考虑到债务企业大多已经将资产抵押/质押给了银行，而且提供过桥资金的一方通常是由银行出面介绍，其对于债务企业的情况并不十分清楚，因此银行在过桥业务中往往起着关键作用，过桥业务的风险最终主要集中在贷款银行一方能否对债务企业续贷。实践中，部分银行为了帮助债务企业获得过桥资金用以清偿对自己的债务，极有可能对债务企业自身的情况作出不实陈述，在债务企业取得过桥资金并偿还自己的贷款后，又以种种理由拒不向债务企业继续发放贷款，从而将无法收回贷款的风险转嫁给提供过桥资金的一方。本案中，工行二七支行正是通过此种方式将不能回收贷款的风险转嫁给了提供过桥资金的明珠公司，本案经一审、二审、再审，最终作出不实陈述和未尽合理审查义务的贷款银行与债务企业构成共同侵权的判决。本案给予我们的警示意义在于，过桥业务中，贷款银行切不可为了急于收回贷款，就虚构事实、隐瞒真相，与债务企业恶意串通，以欺诈方式获取第三方的过桥资金，从而转嫁自身的风险，否则银行的行为将极有可能会被认定为共同侵权，从而与过桥贷款中的借款企业一起对提供过桥资金的第三方承担连带赔偿责任。对于提供过桥资金的担保方而言，切不可轻信银行单方面的陈述，必须同时对银行和客户进行尽职调查，做好风险评估，万不可贪图短期的贷款利息而使贷款资金陷入无法回收的境地。

# 劝阻过程中他人猝死的，是否要担责?

任亚平*

目前，“死者为大”“死了就占理”，是客观存在着的某种社会现象，以往办案机关在人命关天的重重压力之下也往往秉持着以死者为大的传统裁判理念作出判决。那么，当事人出于好意的善心义举，结果导致另一方当事人死亡的，行为人对此需要承担侵权责任吗？当事人善心义举行为的合法性在法律层面上又该如何评价？以下结合一则案例说明之。

## 一、案情与裁判

**案件名称**：刘某莲、郭某丽、郭某双诉孙某、河南兰庭物业管理有限公司信阳分公司生命权纠纷案

**案情来源**：河南省信阳市平桥区人民法院(2019)豫1503民初8878号民事判决

**案情简介**：

2019年9月23日19时40分左右，郭某林骑着一辆折叠自行车在博士名城小区南广场与一五岁儿童罗某相撞，造成罗某右颌受伤出血，倒在地上。带自己孩子在此玩耍的孙某(被告)见此情况后，将罗某扶起，并通过微信语音通话功能与罗某母亲联系，但无人接听。孙某便让身旁的邻居去通知罗某母亲，并让郭某林等待罗某家长前来处理。郭某林称是罗某撞了自己，自己还有事，需要离开。因此，郭某林与孙某发生言语争执。孙某站在自行车前阻拦郭某林，不让郭某林离开。

2019年9月23日19时46分，孙某拨打“110”报警电话。郭某林将自行车

* 任亚平，烟台大学法学院硕士研究生，浙江新台州律师事务所疑案研究中心研究员。

停好，坐在旁边的一石墩上，不到两分钟即倒在地上。

2019年9月23日19时48分，孙某拨打“120”急救电话。随后，孙某将自己孩子送回家，然后返回现场。医护人员赶到现场即对郭某林实施抢救。郭某林经抢救无效，因心脏骤停死亡。

原告刘某莲、郭某丽、郭某双认为被告孙某、河南兰庭物业管理有限公司信阳分公司（以下简称兰庭物业公司）侵犯了郭某林的生命权，遂向法院提起诉讼。

**一审判决**

河南省信阳市平桥区人民法院经审理认为：郭某林骑自行车与年幼的罗某相撞之后，罗某右颌受伤出血并倒在地上。郭某林作为事故一方，没有积极理性处理此事，执意离开。对不利于儿童健康、侵犯儿童合法权益的行为，任何组织和个人有权予以阻止或者向有关部门控告。罗某作为未成年人，自我保护能力相对较弱，需要成年人对其予以特别保护。孙某见到郭某林与罗某相撞后，为保护罗某的利益，让郭某林等待罗某的母亲前来处理相撞事宜，其行为符合常理。孙某的劝阻行为是合法行为，且没有超过合理限度，不具有违法性，应予以肯定与支持。孙某的阻拦行为与郭某林死亡的后果之间并不存在法律上的因果关系。在郭某林倒地后，孙某拨打“120”急救电话予以救助。由此可见，孙某对郭某林的死亡无法预见，其对郭某林的死亡后果发生没有过错。

郭某林与罗某在南门广场相撞，并非是南门广场正常通行受阻的结果，而是郭某林与罗某分别在此通行、玩耍时发生的事故。在郭某林与孙某争执过程中，兰庭物业公司保安人员前去相劝，履行了相应的管理职责。而且，郭某林因心脏骤停而死亡，与兰庭物业公司对南门广场的管理职责履行情况没有法律上的因果关系。

## 二、相关规定

《民法总则》第110条第1款（《民法典》第110条第1款）：“自然人享有生命权、身体权、健康权、姓名权、肖像权、名誉权、荣誉权、隐私权、婚姻自主权等权利。”

《侵权责任法》第6条第1款（《民法典》第1165条第1款修正）：“行为人因过错侵害他人民事权益，应当承担侵权责任。”

《侵权责任法》第24条（《民法典》第1186条修正）：“受害人和行为人对损害的发生都没有过错的，可以根据实际情况，由双方分担损失。”

《物权法》第 82 条(《民法典》第 285 条第 1 款):“物业服务企业或者其他管理人根据业主的委托管理建筑区划内的建筑物及其附属设施,并接受业主的监督。”

## 三、典型案例或做法

| 案号 | 裁判立场 |
| --- | --- |
| 田某菊与杨某生命权、健康权、身体权纠纷案/河南省郑州市中级人民法院(2017)豫 01 民终 14848 号民事判决 | 本案中杨某劝阻段某立吸烟行为未超出必要限度,属于正当劝阻行为。在劝阻段某立吸烟的过程中,杨某保持理性,平和劝阻,双方之间也没有发生肢体冲突和拉扯行为,本案中也没有证据证明杨某对段某立进行过呵斥或有其他不当行为。杨某劝阻段某立吸烟行为本身不会造成段某立死亡的结果。段某立在未能控制自身情绪的情况下不幸身亡。虽然从时间上看,杨某劝阻段某立吸烟行为与段某立死亡的后果是先后发生的,但两者之间并不存在法律上的因果关系。杨某没有侵害段某立生命权的故意或过失。杨某此前不认识段某立,也不知道段某立有心脏病史并做过心脏搭桥手术,其劝阻段某立吸烟是履行公民应尽的社会责任,不存在加害段某立的故意,而且杨某在事发时及时发挥专业技能对段某立积极施救。杨某对段某立的死亡无法预见,也不存在疏忽或懈怠,没有过错。综上,杨某对段某立在电梯间吸烟予以劝阻的行为与段某立死亡结果不存在法律上的因果关系,杨某不存在过错,不应承担侵权责任。 |
| 张某福等诉朱某彪生命权纠纷案/河北省滦南县人民法院(2017)冀 0224 民初 3480 号民事判决 | 本案审查的重点问题是被告朱某彪的行为是否具有违法性;被告朱某彪对张某焕的死亡是否具有过错;被告朱某彪的行为与张某焕的死亡结果之间是否具备法律上的因果关系。首先,案涉道路交通事故发生后张雨来受伤倒地昏迷,张某焕驾驶摩托车逃离。被告朱某彪作为现场目击人,及时向公安机关电话报警,并驱车、徒步追赶张某焕,敦促其投案,其行为本身不具有违法性。同时,根据《道路交通安全法》第 70 条规定,交通肇事发生后,车辆驾驶人应当立即停车、保护现场、抢救伤者,张某焕肇事逃逸的行为构成违法。被告朱某彪作为普通公民,挺身而出,制止正在发生的违法犯罪行为,属于见义勇为,应予以支持和鼓励。其次,从被告朱某彪的行为过程看,其并没有侵害张某焕生命权的故意和过失。根据被告朱某彪的手机视频和机车行驶影像记录,双方始终未发生身体接触。在张某焕持刀声称自杀意图阻止他人追赶的情况下,朱某彪拿起木凳、木棍属于自我保护的行为。在张某焕声称撞车自杀,意图阻止他人追赶的情况下,朱某彪和路政人员进行了劝阻并提醒来往车辆。考虑到交通事故事发突然,当时张雨来处于倒地昏迷状态,在此情况下被告朱某彪未能准确判断张雨来伤情,在追赶过程中有时喊话传递的信息不准确或语言不文明,但不构成民事侵权责任过错,也不影响追赶行为的性质。在张某焕为逃避追赶,跨越铁路围栏、进入火车运行区间之后,被告朱某彪及时予以高声劝阻提醒,同时挥衣向火车司机示警,仍未能阻止张某焕死亡结果的发生。故该结果与朱某彪的追赶行为之间不具有法律上的因果关系。 |

续表

| 案号 | 裁判立场 |
| --- | --- |
| 陈某容、陈某荣、陈某1诉陈某2、吴建平、李跃国、周富勇生命权纠纷案/重庆市第一中级人民法院（2018）渝01民终2518号民事判决 | 本案从已查明的事实来看，被上诉人陈某2等人的行为并没有违反法律规定。陈某2所有行为的目的是让多年未履行还款义务又难觅踪影的债务人陈某3履行还款义务，其间也未与陈某3发生过肢体冲突。并没有侵害陈某3合法权益的目的和动机。在整个事件过程中，被上诉人陈某2等人的行为并不存在过错，既无故意也无过失。陈某2一方的目的是明确的，为实现其合法债权，在债务人多年未履行法定义务，债权一直无法得以实现的情况下，陈某2一方采取了避免债务人再次隐匿的措施，属于保护自身合法权益的正当行为，并未超出法定的限度，并无过错。被上诉人陈某2等人的行为既不具有违法性，又不存在过错，与陈某3的死亡结果也并无因果关系。陈某3作为一名成年人，对跳窗可能带来的损害后果应有足够的认知，而且，正如前面分析所言，就算是其人身安全真的受到威胁，完全可以寻求正当保护，并对自己人身安全可能受到的威胁所致的损害与跳窗可能带来的损害之间亦应有所比较和判断。被上诉人的前述行为并不必然导致陈某3跳窗死亡，本案陈某3的死亡结果与被上诉人的行为之间并不存在因果关系。 |

## 四、法理分析

生命权是指自然人享有的以生命安全、生命维持为内容的人格权。生命权侵权需满足四个构成要件：有受害人生命丧失的事实、行为人行为违法、违法行为与损害后果之间有因果关系、行为人主观上有过错。具体到本案来说，双方发生争执后或争执中，一方猝死的情况，属于生命权纠纷。此时，对于行为人是否要承担责任，主要是看其主观是否存在过错，其行为是否超过必要限度，且该行为与死亡之间有无直接因果关系，据此判断劝阻人孙某和兰庭物业公司是否要对被劝阻者郭某林的死亡承担侵权责任。

首先，孙某并未对郭某林实施任何的侵权行为。本案中，郭某林骑自行车与五岁儿童罗某相撞，致使罗某右颌受伤出血并倒在地上。郭某林作为事故一方，无论是出于道义或是法律责任都应该第一时间积极理性处理此事，而不应在撞了人致对方受伤的情况下还执意离开。案发现场见证该事故发生的被告人孙某出于对未成年人特别保护的善意，为保护年幼的罗某的利益，劝说郭某林等待罗某的母亲前来处理相撞事宜，在阻拦过程中，虽然孙某与郭某林发生言语争执，但劝阻期间孙某并无任何过激的言语。为阻止肇事者郭某林的离开，孙某也只是将手放在郭某林的自行车车把上，双方没有发生任何的肢体冲突。可见，孙某对撞人肇事者的阻拦方式和内容均在正常限度之内，其在对肇事者郭某林的劝阻过程中始终保持理性、平和，没有辱骂和肢体冲突，行为符合常理，不仅不具有违法性，还具有正当性，应予以肯定与支持。

其次，孙某阻拦肇事者郭某林离开的行为与郭某林死亡的结果之间不存在因果关系。肇事者郭某林事发当月曾在医院就医，在事故发生不久之前才刚出院，其本身就患有脑梗、高血压、心脏病、糖尿病等多种疾病，虽然孙某阻拦行为与郭某林死亡的后果在时间上先后发生，但孙某合乎情理且合法的阻拦行为本身并不会造成郭某林死亡的结果，郭某林实际死亡原因为其自身身患各种高危病症在事发时突然心脏骤停，与孙某的劝阻行为无关。因此，孙某的劝阻行为与郭某林的死亡之间不存在法律上的因果关系。

再者，孙某对郭某林的疾病毫不知情，其主观上没有过错。事故发生时，孙某极力劝阻肇事者郭某林离开，其阻拦行为虽然可能是郭某林情绪激动的诱因。但是站在理性的第三人的立场考虑，事发前孙某与郭某林并不认识，其不知道也不可能知道郭某林身患多种危险疾病。孙某之所以阻拦郭某林离开，是因为当时事故发生造成了儿童受伤的结果，罗某作为年仅五岁的未成年人，其自我保护能力较弱，在当时父母不在身边的情况下很难维护自己的合法权益不受侵犯。孙某出于道义上的情感对肇事者郭某林肇事后意图离开现场的行为以合理的方式予以制止，其主观目的在于保护儿童利益，并不存在侵害郭某林的故意或过失。在郭某林倒地后，孙某也是第一时间拨打 120 急救电话予以救助。由此可见，孙某对郭某林的死亡无法预见，其对郭某林的死亡后果发生没有过错。

最后，兰庭物业在事故发生后积极维护现场秩序，履行了相应的管理职责。本案中，郭某林与罗某相撞的地点位于博士名城小区的南门广场，南门广场的功能主要是供居住在博士名城小区的人员在此休闲娱乐，行人及非机动车虽然也可以从南门广场通行，但南门广场并非行人及非机动车专用通道。罗某及其他人员在南门广场进行休闲娱乐并未超过一定限度，也没有影响正常通行和公共秩序。郭某林与罗某在南门广场相撞，并非是南门广场正常通行受阻的结果，而是郭某林与罗某分别在此通行、玩耍时发生的事故。在郭某林与孙某争执过程中，兰庭物业公司保安人员前去相劝，履行了相应的管理职责。而且，郭某林因心脏骤停而死亡，与兰庭物业公司对南门广场的管理职责履行情况不存在法律上的因果关系。因此，兰庭物业公司也无需对此承担侵权责任。

在《民法典》侵权责任编中，将原来的《侵权责任法》第24条规定的“公平责任”修改为“受害人和行为人对损害的发生都没有过错的，依照法律的规定由双方分担损失”。《民法典》将原来的“根据实际情况”改为现在的“依照法律的规定”，具有一定的进步性。再有类似的案件发生时，法官不再有自由裁量权，只有法律明确规定需要无过错方承担一定损失的，法官才能作出相应判决，法无明文规定的，无过错方将不再需要承担责任。也就是说在《民法典》施行后，公平原则的适用要求将更高，这样的一种修改，在很大程度上避免了法官在判案时，为了息事宁人，或者避免受损一方的缠闹，滥用公平责任原则一味作出和稀泥式判决。司法的职责是明断是非，让有责者担责，也应保护无责者不受法律追究，才能保障社会的公平正义。本案审理法院在分清是非的基础上，对于“死者为大”传统思想支配下的裁判理念予以否定，明白无误地表明了司法的态度，对劝阻人的善行和义举给予肯定和鼓励，对正确适用法律、弘扬社会主义核心价值观作出了生动诠释。随着此次指导案例的发布，对涉案行为背后是否涉及保护他人及社会利益的正义行为是否承担责任及承担责任的比例将产生影响。

# 公用下水道堵塞返水财产纠纷

刘　涵*

随着我国城市化的推进，小区业主已成为许多人的另一个身份，几乎每一个住在城市小区里的人都会面临和同一建筑其他住户共用排水管道的问题。若是小区异物堵塞溢水导致财产损害，又不能确定是哪一住户使用不当，所受财产损失该如何救济呢？以下结合一则案例说明之。

## 一、案情与裁判

**案件名称**：纪某诉封某刚等楼上住户致公用下水管道堵塞溢水财产损害赔偿纠纷案

**案情来源**：江苏省灌南县人民法院(2012)南民初字第1507号民事判决

**案情简介**：

纪某(原告)是灌南县德汇花园小区6幢1单元101室业主，封某刚(被告)、孙某敏(被告)、张某东(被告)分别是该单元601室、201室、301室业主。2011年10月，原告纪某将家中房屋装修完毕，但一直没有人住。2012年9月5日17时14分许，原告纪某发现其房屋内大量浸水并泡坏室内地板、家具等财物，原告纪某随即报警并报该小区物业公司疏通。物业公司及公安民警赶到现场后发现污水井并未堵塞，而是1楼下到污水井上方分支管堵塞，进行清掏后发现有塑料纸、大米、豆芽、矿泉水外包装袋等杂物。2012年9月28日，原告纪某家中被损圣象牌木地板等财产受损价值经灌南县价格认证中心鉴定为35410元。另查明，灌南县德汇花园小区6幢1单元101室、201室、301室、401室、501室、601室共用一个下水管道。被告封某刚家人于2012年9月1日入住601室，该小区物

---

* 刘涵，烟台大学法学院硕士研究生，浙江新台州律师事务所疑案研究中心研究员。

业公司也于该日为被告封某刚家人居住的601室提供水电；被告孙某敏亲属于2012年5月1日前后入住201室。此外，在2012年9月5日之前，被告张某东家也已办理301房屋的入住手续，并且装修完毕、正常使用。该单元401室、501室无人居住。现无法查明堵塞下水道中的杂物是具体哪家业主所为。庭审中被告封某刚提供德汇家园小区物业公司证明一份，证明其于2012年9月1日入住601室，该房屋是由封某跃带小孩陪读，封某跃早晚在德汇生活，中午在公路站老家就餐，对此原告辩称物业公司对业主在何处就餐及生活不具有证明资格。

一审判决

江苏省灌南县人民法院经审理认为：公民的合法财产受法律保护。二人以上实施危及他人人身、财产安全的行为，其中一人或者数人的行为造成他人损害，能够确定具体侵权人的，由侵权人承担责任；不能确定具体侵权人的，行为人承担连带责任。本案中原告和三被告系上下楼邻居，原告与三被告居住的房屋也共用一根下水管道，三被告已使用下水管道正常排水，大量杂物堵塞下水管道，导致住在一楼的原告家浸水并泡坏室内地板、家具等财产，因不能确定具体的侵权人，故应该由三被告对原告的财产损失承担连带赔偿责任；被告封某刚另提供物业公司证明封某跃早晚在该小区生活、中午在公路站就餐，法院认为物业公司仅能就业主入住及接受物业管理的时间出具证明，对是否在该小区生活及就餐情况不能证明，故对被告封某刚提供的该项证明不予采信。对于被告孙某敏辩称其是正常用水、不应承担赔偿责任的意见，因其不能证明，法院不予采信。本案原告对其所有的房屋未尽到合理的管理义务，室内浸水未及时发现清除，造成损失扩大，其自身也有过错，并因其自身亦在堵点上游，故应减轻三被告的赔偿责任。对于被告辩称下水道被堵不能排除原告自家使用不当造成堵塞或开发商安装的下水管道不合格及物业公司未能及时定期疏通管道的可能，因被告未提供证据证明有其他责任人，故法院不予采信。综上，原告纪某因室内浸水致家具、地板损坏所产生的损失合计为35410元，三被告应连带赔偿24787元(35410元×70%)，对内三被告各承担8262.33元的赔偿责任。

被告封某刚不服一审判决，向连云港市中级人民法院提起上诉，二审期间，封某刚撤回上诉。该案一审判决发生法律效力。

## 二、相关规定

《侵权责任法》第10条(《民法典》第1170条)："二人以上实施危及他人人

身、财产安全的行为，其中一人或者数人的行为造成他人损害，能够确定具体侵权人的，由侵权人承担责任；不能确定具体侵权人的，行为人承担连带责任。”

**《侵权责任法》第 14 条（《民法典》第 178 条第 2 款修正）**：“连带责任人的责任份额根据各自责任大小确定；难以确定责任大小的，平均承担责任。实际承担责任超过自己责任份额的连带责任人，有权向其他连带责任人追偿。”

**《侵权责任法》第 19 条（《民法典》第 1184 条修正）**：“侵害他人财产的，财产损失按照损失发生时的市场价格或者其他方式计算。”

**《侵权责任法》第 26 条（《民法典》第 1173 条修正）**：“被侵权人对损害的发生也有过错的，可以减轻侵权人的责任。”

**《最高人民法院关于民事诉讼证据的若干规定》（2008 调整）第 4 条第 7 款**[①]：“因共同危险行为致人损害的侵权诉讼，由实施危险行为的人就其行为与损害结果之间不存在因果关系承担举证责任。”

## 三、典型案例或做法

| 案号 | 裁判立场 |
|---|---|
| 庄某、胡某华与陈某友、王某来等财产损害赔偿纠纷上诉案/江苏省淮安市中级人民法院（2016）苏 08 民终 607 号民事判决 | 由于上诉人陈某友、王某来、秦某峰、孙某俊、李某忠与被上诉人庄某、胡某华系上楼下楼邻居，共用一根排污管道，现该排污管道因故堵塞，造成庄某、胡某华财产损害，由于难以确定具体的侵权人，上诉人陈某友、王某来、秦某峰、孙某俊、李某忠也均不能证明自己不是侵权人，作为可能加害的建筑物使用人，应给予庄某、胡某华相应补偿。由于不能确定具体侵权人，上诉人陈某友、王某来、秦某峰、孙某俊、李某忠亦应承担连带责任。因此，原审判决结果并无不当。 |
| 陈某勋诉何某琴等相邻关系纠纷案/安徽省南陵县人民法院（2017）皖 0223 民初 1679 号民事判决 | 原告陈某勋、被告何某琴等分别是南陵县家发镇滨玉新村 A1 栋 2 单元 102 室、202 室、302 室、402 室、502 室住宅的占有使用人，系相邻不动产权利人，共用同一个下水管道，每个人在利用下水管道排放生活废水时应当尽量避免对相邻的不动产权利人造成损害。但本案中无法确定下水管道堵塞具体是哪位被告排水造成的。因此，被告何某琴、邹某香、朱某红、黄某萍对原告的损失承担连带赔偿责任；由于各被告责任大小难以确定，故依法平均承担。原告长期不居住在家，平时不派人看管房屋，也不将有效联系方式留给永生物业公司，导致没有及时发现下水管道堵塞并及时疏通，造成积水过多、浸泡时间过长、损失过重的后果，对此原告自身应承担相应的责任。 |

① 《最高人民法院关于民事诉讼证据的若干规定》（2019 修正）（法释〔2019〕19 号）已删除该条。

续表

| 案号 | 裁判立场 |
|---|---|
| 安徽柏庄物业服务有限公司芜湖分公司诉崔某庭等财产损害赔偿纠纷案/安徽省芜湖市中级人民法院（2014）芜中民一终字第00824号民事判决 | 柏庄春暖花开小区17号楼2单元201室楼上501、601、801、1001、1101室业主均未入住，故可以排除该五户业主的相关责任，入住的301、401、701、901室业主，不能排除上下水管堵塞导致污水回流与其使用相关。因崔某庭、缪某芬表示放弃对上下楼其他业主的赔偿请求，故该四户业主应承担的民事责任应当免除，该部分损失应由崔某庭、缪某芬自行承担。崔某庭、缪某芬作为该房屋业主，亦具有合理使用及维护义务，对本案因上下水管堵塞导致污水回流造成的损失亦应承担相应责任。根据物业管理服务协议，柏庄物业芜湖分公司对上下水管负有疏通维护职责，其未能尽到有针对性的、必要的疏通维护职责，造成崔某庭、缪某芬财产受损，应当承担相应的违约责任。崔某庭、缪某芬诉请柏庄置业公司连带赔偿，因无证据证明损害与其有因果关系，故对崔某庭、缪某芬该项请求不予支持。柏庄物业芜湖分公司酌情应承担50%的赔偿责任，崔某庭、缪某芬及301、401、701、901室业主酌情应共同承担50%责任。 |

## 四、法理分析

共同危险行为在理论上也称为准共同侵权行为，是指两个或两个以上的民事主体共同实施了有侵害他人合法权益的危险性行为，并造成了损害后果，但不能判明损害后果是由何人造成的。在司法实践中，公用排水管道堵塞引起的财产损失，由于无法确定具体侵权人，为了保护无辜受害人的合法权益，法院通常都会认为各业主均有实施危险行为的可能，所以将这种情形定性为共同危险行为就成了司法实践中常用的一种解决办法。

首先，共同危险行为的成立需具备侵权行为的构成要件——须具有损害，违法行为，过错，因果关系。通常情况下，依一般原则由原告对其主张侵权的构成负举证责任。但本案根据《最高人民法院关于民事诉讼证据的若干规定》第4条第7款规定可知，因共同危险行为致人损害的侵权诉讼，由被告就其行为与损害结果之间不存在因果关系承担举证责任。本案中由于601室、201室、301室业主均不能证明自身使用下水道的行为与下水道被堵没有因果关系，故这几位业主均有实施不法行为的可能，所以几位业主成立共同危险行为。另外，因同一单元楼的401室、501室住户在原告财物受损之时均尚未入住，不具有实施侵权行为的可能,故不构成侵权。

其次,实施共同危险行为的各侵权人应承担连带责任。根据《民法典》第1170条:"二人以上实施危及他人人身、财产安全的行为,其中一人或者数人的行为造成他人损害,能够确定具体侵权人的,由侵权人承担责任;不能确定具体侵权人的,行为人承担连带责任。"本案中,601室、201室、301室的几个住户均有使用下水管道的行为,由于不能辨别具体是谁实施了侵害原告权利的行为,所以几个被告的行为均有侵害权利的可能性,由几位住户对原告损失承担连带责任。三位业主内部由于难以确定责任大小,则依据《民法典》第178条第2款的规定:"连带责任人的责任份额根据各自责任大小确定;难以确定责任大小的,平均承担责任。实际承担责任超过自己责任份额的连带责任人,有权向其他连带责任人追偿。"由几位业主在应承担的损失范围内平摊。

根据物业合同的约定,物业公司对水管有维护义务的,也应承担相应的违约责任。如案例三中柏庄物业芜湖分公司按物业合同约定对上下水管负有疏通维护职责,由于其未能尽到必要的疏通维护职责,造成崔某庭、缪某芬财产受损,法院判处物业公司承担相应的违约责任。

最后,受害人有过错的,依据过失相抵原则承担相应责任。依据《民法典》第1173条:"被侵权人对同一损害的发生或者扩大有过错的,可以减轻侵权人的责任。"由于本案受害人对其所有的房屋未尽到合理的管理义务,室内浸水未及时发现清除,造成损失扩大,其自身也有过错,并因其自身亦在堵点上游,故应减轻三被告的赔偿责任,几位侵权人可以在被害人过失范围内减轻责任。

因下水管道堵塞返水引发的财产纠纷尤为多见,在司法实践中,除了适用共同危险来解决之外,还有多种裁判思路,如案例二、案例三中法官是通过是相邻关系,即认为同一单元楼住户构成相邻不动产权利人,共用同一个下水管道,每个人在利用下水管道排放生活废水时应当尽量避免对相邻的不动产权利人造成损害,从而认定各权利人承担连带赔偿责任。

# 电动车超标导致交通事故，应向谁追责？

刘　涵

近年来，随着人们生活水平的提高，机动车或者是电动车已经成为许多家庭的标配，但是随之而来的交通事故也呈现上升趋势，据公安交通管理部门的相关数据，近年来的交通事故中，由机动车或者电动车缺陷与其他原因结合发生交通事故的情形逐年增多。那么，在实践中，因机动车缺陷导致发生交通事故，除了肇事方，还能否向机动车的生产者或销售者追责？以下结合一则案例说明之。

## 一、案情与裁判

**案件名称：**方某仁、无锡蓝豹车业有限公司侵权责任纠纷案

**案情来源：**安徽省高级人民法院(2019)皖民申608号民事判决

**案情简介：**

2011年9月19日，杨某在原宁国市宏明车行购买了一部都市佳人电动车，登记牌照为皖P×××××。后杨某通过以旧换新的形式，在原宁国市宏明车行重新购买了电动车，原宁国市宏明车行员工在收回该皖P×××××号都市佳人电动车后，将原编号为×××的电机号更换为×××号电机。2014年10月9日，魏某龙（一审被告、二审被上诉人）姐夫曾某松在该车行购得该电动车并将该车送给魏某龙。2015年2月22日19时许，魏某龙驾驶该电动车与行人即方某仁（被申请人、一审原告、二审上诉人）发生刮擦，造成方某仁受伤的交通事故。该事故经交警部门认定：魏某龙驾驶非机动车在道路上行驶时，观察疏忽，遇情况措施不当，其行为违反《道路交通安全法》第38条："车辆、行人应当按照交通信号通行……在没有交通信号的道路上，应当在确保安全、畅通的原则下通行"之规定，是发生事故的直接原因。魏某龙承担事故的全部责任，方某仁

不承担责任。2016 年 6 月 7 日，经宁国市公安局交通管理大队的委托，安徽全诚司法鉴定中心作出[2016]车鉴字第 1372 号鉴定意见书，鉴定意见为：委托鉴定的皖 P×××××号二轮电动车符合机动车类轻便二轮摩托车的范畴。

另查明，宁国市宏明车行成立于 2005 年 3 月 17 日，并于 2016 年 11 月 7 日被注销。该车行的实际经营者为赵某（一审被告、二审被上诉人）。在本案审理过程中，依法将诉讼主体由宁国市宏明车行变更为赵某。

一审判决

安徽省宁国市人民法院经审理认为：本案中，魏某龙驾驶的电动车经鉴定为属机动车范畴，根据《电动自行车通用技术条件》（GB17761－1999）第 3 条："电动自行车是指以蓄电池作为辅助能源，具有两个车轮，能实现人力骑行、电动或电助动功能的特种自行车。"被鉴定的皖 P×××××号二轮电动车无人力脚踏骑行装置，不能实现人力骑行功能，不属电动自行车范畴。经鉴定，该车属于轻便二轮摩托车，在重量、速度上均已超过非机动车的标准，但生产商、销售商均未在售出该车时对消费者进行告知，亦未在说明书进行明确说明和警示，导致消费者在使用过程中潜在的危险性增加。根据交警部门的调查，原告称在事故发生时车速在 30 公里每小时左右，该速度已远超过电动车的限速 20 公里每小时，故可认定蓝豹车业公司（再审申请人、一审被告、二审上诉人）生产的该电动车存在的缺陷与本起事故的发生具有一定的因果关系。原宁国市宏明车行在将该车辆再次出售时，更换了电机，加大了电机功率，增加了该电动车上路行驶的危险性。本案系多因一果造成的损害，应根据各被告对损害结果的原因力大小来确定赔偿责任，本案交通事故的发生主要原因是被告魏某龙未按交通规则行驶引起的，但蓝豹车业公司生产的该车辆存在缺陷，原宁国市宏明车行更换电机的行为加大了这种缺陷，导致该车上路行驶的危险性增加，本院综合各被告的行为与本起事故发生的原因力，酌定由被告魏某龙承担原告损失 80%的赔偿责任，被告蓝豹车业公司、原宁国市宏明车行各承担原告损失的 10%。因原宁国市宏明车行已经注销，其应承担的 10%的赔偿责任应由该车行的经营者赵某承担。

一审判决后，方某仁、蓝豹车业公司不服，提起上诉。

二审判决

安徽省宣城市中级人民法院经审理认为：皖 P×××××号车辆登记的规

格型号为TDR108Z，车辆类型为电动自行车，该规格型号车辆产品参数中电机额定功率为250W，但经鉴定该车辆额定功率为500W，且无人力脚踏骑行装置，不符合电动自行车的国家标准，实为“轻便二轮摩托车”，应当认定为产品存在缺陷，该产品缺陷与本案事故的发生具有一定的因果关系，故蓝豹车业公司应对方某仁的损失承担赔偿责任。

魏某龙应对案涉车辆的车速、电机功率等情况熟悉，其违法驾驶行为直接导致案涉事故的发生，对本案事故的发生应当承担主要责任。一审法院综合考虑各侵权人的行为对本案事故发生的原因力，酌定魏某龙承担80%的赔偿责任，蓝豹车业公司、赵某各承担10%的赔偿责任，并无不当。

二审判决后，无锡蓝豹车业有限公司不服，提起再审。

**再审判决**

**安徽省高级人民法院经审理认为：**原审认定案涉车辆系蓝豹车业公司生产，且产品存在缺陷，证据充分。该产品缺陷又与事故发生具有一定的因果关系，故蓝豹车业公司应对方某仁的损失应当承担赔偿责任。无锡蓝豹车业有限公司的再审申请主张依据不足，不能成立。无锡蓝豹车业有限公司的再审申请不符合《民事诉讼法》第200条第(2)、(4)项规定的应当再审的情形，依法予以驳回。

## 二、相关规定

**《侵权责任法》第12条(《民法典》第1172条)：**“二人以上分别实施侵权行为造成同一损害，能够确定责任大小的，各自承担相应的责任；难以确定责任大小的，平均承担赔偿责任。”

**《侵权责任法》第41条(《民法典》第1202条)：**“因产品存在缺陷造成他人损害的，生产者应当承担侵权责任。”

**《侵权责任法》第43条(《民法典》第1203条)：**“因产品存在缺陷造成损害的，被侵权人可以向产品的生产者请求赔偿，也可以向产品的销售者请求赔偿。产品缺陷由生产者造成的，销售者赔偿后，有权向生产者追偿。因销售者的过错使产品存在缺陷的，生产者赔偿后，有权向销售者追偿。”

**《侵权责任法》第46条(《民法典》第1206条)：**“产品投入流通后发现存在缺陷的，生产者、销售者应当及时采取警示、召回等补救措施。未及时采取补救措施或者补救措施不力造成损害的，应当承担侵权责任。”

《侵权责任法》第47条(《民法典》第1207条):“明知产品存在缺陷仍然生产、销售,造成他人死亡或者健康严重损害的,被侵权人有权请求相应的惩罚性赔偿。”

《产品质量法》第42条:“由于销售者的过错使产品存在缺陷,造成人身、他人财产损害的,销售者应当承担赔偿责任。销售者不能指明缺陷产品的生产者也不能指明缺陷产品的供货者的,销售者应当承担赔偿责任。”

《产品质量法》第43条:“因产品存在缺陷造成人身、他人财产损害的,受害人可以向产品的生产者要求赔偿,也可以向产品的销售者要求赔偿。属于产品的生产者的责任,产品的销售者赔偿的,产品的销售者有权向产品的生产者追偿。属于产品的销售者的责任,产品的生产者赔偿的,产品的生产者有权向产品的销售者追偿。”

《最高人民法院关于审理道路交通事故损害赔偿案件适用法律若干问题的解释》(法释〔2012〕19号)第12条[《最高人民法院关于审理道路交通事故损害赔偿案件适用法律若干问题的解释》(法释〔2020〕17号)第9条]:“机动车存在产品缺陷导致交通事故造成损害,当事人请求生产者或者销售者依照侵权责任法第五章的规定承担赔偿责任的,人民法院应予支持。”

## 三、典型案例或做法

| 案号 | 裁判立场 |
| --- | --- |
| 卢某某诉临海市某某特某某车辆制造有限公司等产品质量纠纷案/宁波市北仑区人民法院(2013)甬仑柴民初字第5号民事判决 | 被告生产的“可人”牌豪华型电动车产品必须符合电动自行车相应的国家标准,经检测,最高车速和整车重量均远远高于电动自行车最高车速应不大于20km/h和整车重量不大于40kg的电动自行车国家标准,被公安机关认定为机动车,显然作为电动自行车存在严重的质量缺陷。被告没有为消费者提供合格、安全的产品,设计超速、超重,与事故的发生及原告责任的承担有一定的因果关系,应就其产品存在缺陷造成原告的损害承担相应的民事责任。原告未取得机动车驾驶证驾驶机动车,对前方某某情况注意不足,没有按照操作规范安全驾驶、文明驾驶、谨慎驾驶,是造成事故的发生的主要原因,且在事故后驾车逃逸,更加重了责任的负担,对损害的发生有重大过错,可以减轻被告的民事责任。 |

续表

| 案号 | 裁判立场 |
| --- | --- |
| 周某凤、周某霞生命权、健康权、身体权纠纷二审案/浙江省衢州市中级人民法院(2019)浙 08 民终 1316 号民事判决 | 浙江杭派公司生产、杭州杭派公司监制并出具合格证的产品以及对产品的警示说明均存在重大缺陷,已构成产品缺陷。其中警示说明的缺陷极可能误导使用者对车辆性质和危险性作出错误判断,致使被告傅某军在未取得机动车驾驶证的情况下驾驶案涉电动车,增加了使用过程中不合理的危险。可以认为上述产品缺陷与本案事故发生之间具有一定的因果关系。浙江杭派、杭州杭派公司案涉电动车的产品缺陷与被告傅某军未确保安全驾驶的行为结合,造成了童某卿受伤后死亡的后果,属无意思联络的数人侵权,浙江杭派、杭州杭派公司应与被告傅某军对原告的损失承担相应的赔偿责任,故现三原告要求三被告在本案中承担赔偿责任,予以支持。 |
| 长安福特马自达汽车有限公司诉韩某梅等产品质量损害赔偿纠纷案/浙江省嘉兴市中级人民法院(2011)浙嘉民终字第 481 号民事判决 | 气囊不能正常引爆,其后果应是不能或无法帮助降低危险,这是一种消极的因果关系,即它(气囊不能正常引爆)是一种“防果原因”,而不是“起果原因”。本案造成死者死亡的起果原因应是交通肇事,而气囊未引爆则是其防果原因。因此,气囊不能正常引爆与损害之间存在因果关系,但不是唯一的因果关系。比较交通肇事与前安全气囊未能正常引爆这两个原因力的大小,本院酌定由长安公司承担 50%的责任,即长安公司应赔偿两被上诉人 282917.50 元。至于车辆销售者——原审被告浙江福通,由于产品缺陷非其责任,根据我国《产品质量法》的有关规定,在判决长安公司承担责任的情况下,其无需再承担赔偿责任。 |

## 四、法理分析

首先,缺陷机动车导致事故,受害者可以直接向生产者或销售者主张侵权责任。在发生交通事故后,受害者通常并不清楚发生交通事故的机动车是否存在缺陷,故其索赔的对象一般只是交通事故涉事车辆的驾驶人、使用人或者所有人。但是依据《民法典》第 1203 条第 1 款规定:“因产品存在缺陷造成他人损害的,被侵权人可以向产品的生产者请求赔偿,也可以向产品的销售者请求赔偿。”机动车也是一种产品,机动车存在产品缺陷导致交通事故造成损害的,属于产品责任范畴,被侵权人当然也有权向生产者、销售者主张侵权责任。

其次,机动车的生产者或销售者承担侵权责任的前提是要满足侵权法构成要件。生产者、销售者承担责任必须满足如下要件：一是机动车存在缺陷，缺陷是指产品存在危及人身、他人财产安全的不合理的危险；产品有保障人体健康和人身、财产安全的国家标准、行业标准的，是指不符合该标准。具体到机动车，通常是指其不符合国家标准和行业标准。比如在本案中，根据事故发生时的电动车时速标准为20km/h(新国标25km/h)，魏某龙所驾驶的“电动车”事故发生时车速为30km/h，远超国家标准，并且其本身在重量、速度上均已超过电动车的标准，可知该“电动车”存在缺陷。二是存在交通事故并造成了损害后果。三是机动车缺陷与交通事故的损害结果之间有因果关系，也就是说交通事故所造成的损害后果部分或者全部是由机动车缺陷引起的。比如本案中生产商、销售商均未在售出该车时对消费者进行告知，亦未在说明书进行明确说明和警示，对产品的警示说明存在重大缺陷，这将导致消费者对产品的使用过程产生错误理解，并将导致消费者在未取得机动车驾驶证的情况下驾驶机动车，从而增加了消费者在使用过程中的潜在的危险性，本案的销售者更换了电车的电机加大了功率，又进一步增强了电动车在行驶过程中的危险性，所以损害后果的发生与生产者和销售者之间均存在部分因果关系。

最后，责任人承担了超过自身责任份额的可以行使追偿权。

一是机动车车主或使用人的追偿权。缺陷机动车导致发生交通事故，则该车的使用人或所有人与其生产者、销售者之间构成无意思联络的数人侵权，故应根据《民法典》第1172条的规定，能够确定责任大小的，各自承担相应的责任；难以确定责任大小的，平均承担责任，由机动车的生产者、销售者承担对事故发生造成的损失与其过错相应的赔偿责任。若缺陷机动车的使用人或所有人依法承担的责任超出了自己应承担的份额，则可以依据《民法典》第1203条第1款规定：“因产品存在缺陷造成他人损害的，被侵权人可以向产品的生产者请求赔偿，也可以向产品的销售者请求赔偿。”向存在过错的缺陷机动车的生产者、销售者行使追偿权。

二是保险公司的追偿权。发生交通事故后，对受害者的人身或财产损失通常都是由保险公司在交强险和第三者险范围内先行支付，对于保险公司是否可以向缺陷车辆的生产者或销售者追偿，我国法律尚无具体规定，不过依据《保险法》第60条规定：“因第三者对保险标的的损害而造成保险事故的，保险人自向被保险人赔偿保险金之日起，在赔偿金额范围内代位行使被保险人对第三者请求赔偿的权利。”可知，在存在其他责任人时，保险公司是可以行使代位求偿权的，故保险公司在赔付金额超过其责任范围的部分，可以向生产者、销售者行使追偿权。

三是生产者或销售者之间的追偿权。根据《民法典》第 1203 条第 2 款规定："产品缺陷由生产者造成的，销售者赔偿后，有权向生产者追偿。因销售者的过错使产品存在缺陷的，生产者赔偿后，有权向销售者追偿。"生产者行使追偿权的，生产者承担责任之后，生产者需要证明产品缺陷在进入市场时尚不存在，缺陷的产生是由于销售者的过错。销售者行使追偿权的，需要证明产品在进入市场流通之前就已经存在设计、制造、警示缺陷。

# 外卖小哥撞伤人，谁来负责？

刘　涵

互联网外卖平台作为新兴的“餐饮＋互联网”商业模式，获得了极大成功。就外卖配送服务而言，其包含线下商家自行雇佣、外卖平台统一招录、众包配送等多种模式，不同模式牵涉不同的法律关系和法律后果。对于众包骑手来说，若其送餐途中发生交通事故，受害方能向外卖平台或者是与平台合作的第三方公司主张侵权赔偿吗？以下结合一则案例说明之。

## 一、案情与裁判

**案件名称**：邵某与A人力资源有限公司、刘某等生命权、健康权、身体权纠纷案

**案情来源**：上海市宝山区人民法院(2020)沪0113民初2539号民事判决

**案情简介**：

2019年5月某日下午，刚送完一单准备返回接取下一单的外卖小哥刘某(被告)，途中驾驶电动车在宝山区某路上撞伤同样驾驶电动车正常骑行的邵某(原告)。事发后经上海市公安局宝山分局交警支队出具事故认定书，刘某负事故全责。邵某被撞伤后送往医院就诊花费医疗费4万余元，刘某垫付医疗费1.6万余元。邵某认为，事故发生时，刘某身穿某外卖平台骑手的制服并驾驶该外卖平台车辆，应该是在工作期间，相应责任应由该外卖平台合作的A人力资源公司(被告)承担。为维护自身合法权益，邵某将外卖小哥刘某与A公司诉至宝山法院，请求赔偿相应损失。

庭审中，被告刘某辩称，对于事故发生及责任认定无异议，其是某外卖平台的众包送餐员，与被告A公司属于劳务关系，事故发生在送餐过程中，是履行职务行为，应当由雇主被告A公司承担赔偿责任。对事发时垫付的医疗费1.6万

余元，请求在本案中一并处理。对于相关赔偿项目和赔偿金额，请求法院依法判决。

被告A公司辩称，对事故发生及责任认定无异议，但被告刘某与A公司只是合作关系，并非雇佣关系。A公司表示，两被告之间签订的是网约配送员协议，该外卖平台众包骑手可以自行决定工作时间、地点、是否接单、接单量，骑手的交通工具是其自行准备，公司不作安排，也不发放报酬。骑手每完成一单，从消费者处获取配送费，暂存在众包账户内，次日可提现。骑手松散度较高，可同时在多个外卖平台接单，存在与多家公司主体存在法律关系的可能，故双方之间不是普通的劳务关系。假设法院据网约配送员协议认定双方存在劳务关系，也应当严格认定劳务关系的存续时间，只有骑手开始接单至送餐结束这段时间内才存在相应法律关系。本案事发时骑手不在接送单过程中，被告A公司不承担法律责任。其他费用意见与被告刘某相同。

经法院查明，被告刘某与被告A公司共同签署《网约配送员协议》，并使用某知名外卖众包平台提供服务。2019年4月至事发时，被告刘某持续从该外卖平台从事送餐工作。2019年5月，被告刘某购买了该外卖众包平台的骑手意外险平安财险3元版，并在该外卖众包平台进行接送单服务。事发当日，被告刘某共计处理37单外卖服务，被告刘某最后1笔抢单时间为15时5分，送达时间为15时22分。

一审判决

上海市宝山区人民法院经审理认为：根据相关法律法规规定以及上海市高级人民法院于2020年3月发布的《涉互联网平台劳动争议、侵权案件相关法律适用意见》精神，结合《网约配送员协议》中关于配送员的工作分配、奖惩、报酬发放等约定，事故发生时间，被告刘某事发当天运单的完成情况，以及被告刘某与被告A公司之间持续的工作状况，每日工作时长等情况，应当依法认定两被告之间存在劳务关系，事发时被告刘某在为被告A公司送餐。用人单位的工作人员因执行工作任务造成他人损害的，由用人单位承担侵权责任。

综上，上海宝山法院依法判决由被告A公司赔偿原告的相应损失；原告应返还被告刘某的垫付费用。

## 二、相关规定

《侵权责任法》第6条第1款(《民法典》第1165条第1款)："行为人因过错

侵害他人民事权益,应当承担侵权责任。”

《侵权责任法》第 16 条(《民法典》第 1179 条修正):“侵害他人造成人身损害的,应当赔偿医疗费、护理费、交通费等为治疗和康复支出的合理费用,以及因误工减少的收入。造成残疾的,还应当赔偿残疾生活辅助具费和残疾赔偿金。造成死亡的,还应当赔偿丧葬费和死亡赔偿金。”

《侵权责任法》第 34 条第 1 款(《民法典》第 1191 条第 1 款修正):“用人单位的工作人员因执行工作任务造成他人损害的,由用人单位承担侵权责任。”

## 三、典型案例或做法

| 案号 | 裁判立场 |
|---|---|
| 周某与上海派琦企业管理咨询有限公司、上海拉扎斯信息科技有限公司等生命权、健康权、身体权纠纷案/上海市浦东新区人民法院(2020)沪 0115 民初 14644 号民事判决 | 行为人因过错侵害他人民事权益,应当承担民事责任。用人单位的工作人员因执行工作任务造成他人损害的,由用人单位承担侵权责任。涉案道路交通事故认定书记载的事故时间为 2019 年 4 月 12 日 11 时 05 分,被告张某帅外卖送达时间为当日 10 时 44 分,故被告派琦公司、拉扎斯公司对被告张某帅事故发生时是否在执行工作任务有异议。原告和被告张某帅解释发生事故后双方协商先让被告张某帅完成送餐任务后再处理事故。本院认为,原告和被告张某帅的解释有其合理性,退而言之,即使事故认定书上记载的时间是真实的事故发生时间,该时间距上一单送餐结束仅 21 分钟,也应认定被告张某帅是在准备接下一单过程中发生了事故,故也应认定被告张某帅是在执行被告派琦公司的工作任务中造成原告损伤,被告派琦公司依法应承担侵权责任。 |
| 黎某辉诉广东农粤科技有限公司提供劳务者受害责任案/广东省汕尾市中级人民法院(2018)粤 15 民终 285 号民事判决 | 广东省汕尾市海丰县人民法院经审理认为:黎某辉接受农粤公司“饿了么”外卖平台订单指令后进行送餐服务,农粤公司按照黎某辉完成订单数量及成效向黎某辉支付报酬,有农粤公司制作的佣金发放表和黎某辉银行流水单为证。黎某辉在提供劳务过程中身着农粤公司统一制服,对外代表公司,其上、下班时间虽不受农粤公司直接管理,但在接受订单指令后需遵守农粤公司规章制度,双方形成的关系应属于雇佣关系,农粤公司应对黎某辉的损失承担赔偿责任。黎某辉因逆行造成交通事故,自身有一定过错,结合本案实际情况,双方责任比例酌定为 4∶6,即 40%由黎某辉自己承担,农粤公司承担 60%的赔偿责任。农粤公司赔偿黎某辉 234193.32 元。 |

续表

| 案号 | 裁判立场 |
| --- | --- |
| 武汉天驭灵动生活网络技术有限公司、杨某容机动车交通事故责任纠纷案/湖北省武汉市中级人民法院(2020)鄂01民终1772号民事判决 | 王某争与杨某容发生交通事故,致使杨某容受伤,王某争承担事故全部责任,其作为实际侵权人,应对杨某容承担赔偿责任。法院认为,外卖骑手的配送行为实质上是在现有技术条件下通过自身劳务实现商品或者服务在一定时空范围内的位移,其配送行为亦未引发配送商品或者服务的性质改变或价值变化,其交付的仅仅是配送劳务本身而非工作成果。无论武汉天驭灵动公司与王某争签订何种名义的书面合同,均无法掩盖其与王某争本质上系雇佣关系的事实。根据《侵权责任法》第34条"用人单位的工作人员因执行工作任务造成他人损害的,由用人单位承担侵权责任"的规定,王某争在配送过程中发生交通事故、致使杨某容受伤,其应承担的侵权责任依法应由武汉天驭灵动公司承担。 |
| 江苏来得吉网络科技有限公司与李某、侯某等生命权、健康权、身体权纠纷案/江苏省南京市中级人民法院(2020)苏01民终1513号民事判决 | 本案中,侯某虽未与来得吉公司签订用工协议,但从内部管理来看,侯某每天需要到来得吉公司龙江站报到,其违反考勤规定将受到来得吉公司的罚款处罚。据此可以证明侯某在提供劳务时受来得吉公司管理。在工资发放上,侯某的报酬不管是由安徽伯渡公司和安徽易达来公司发放,还是通过薪启程APP发放,其中都备注了来得吉公司。从外部表征来看,来得吉公司向拉扎斯公司报备的登记信息显示侯某系其员工,发生事故时侯某亦是持"饿了么"平台标志派送外卖,受害者作为第三方有理由相信侯某系为来得吉公司工作时导致其受伤。据此,一审认定侯某系来得吉公司的雇员妥当。<br>本案中侯某在履行工作职责时发生交通事故致李某受伤,来得吉公司作为用人单位应当对李某的损失承担赔偿责任。侯某虽然与李某发生交通事故导致李某受伤,交警部门认定侯某负事故全部责任,但侯某是在超越李某车辆时发生事故,其行为属于注意义务不够,并非严重违反交通规则而导致交通事故发生,且其已经自费购买了雇主责任险,其中第三者责任赔偿限额为40万元。根据侯某的交通违法行为的性质、过错程度及其他因素综合考量,侯某尚不构成重大过失,一审认定侯某不承担赔偿责任并无不当。 |

## 四、法理分析

在外卖平台注册的骑手有着"众包骑手""平台骑手"的不同身份,在专送模式中,平台与骑手形成劳动关系,外卖平台作为用人单位自然应对员工工作期间的交通事故承担赔偿责任;但是在众包模式中,很多外卖骑手往往不与平台直接签约，而是通过一些 APP 与第三方公司签约，在此种模式下，由于平台与骑手之间不存在正式的用工关系，骑手只需要在 APP 系统注册，就可以在 APP 系统中抢单配送。相对于专送模式中清楚的劳动关系，众包模式中骑手的身份界定在现有的劳动法律体系中还比较模糊。本文主要以众包骑手为例，简要分析其法律关系。

首先，本案刘某与 A 公司之间为雇佣关系。本案中刘某作为众包骑手，虽然 A 公司对众包骑手的用工时间、订单量和工作地点均未作强制性规定，但 A 公司对刘某的配送活动还是存在一定程度的控制，刘某在众包软件上注册为众包骑手之后，其配送服务便要受到公司的配送时间、奖惩机制等相关制度的约束，并且刘某的报酬是从众包账户中提取的，不是直接到刘某账户中，所以实际上其报酬是由 A 公司发放的。综上可知，刘某在与 A 公司之间的关系中是居于从属地位的，所以二者之间并非合作关系，在刘某接受配送任务后便与平台建立了雇佣关系。

其次，A 公司需对被告刘某配送中的侵权行为承担赔偿责任。根据《民法典》第 1191 条第 1 款规定："用人单位的工作人员因执行工作任务造成他人损害的，由用人单位承担侵权责任。用人单位承担侵权责任后，可以向有故意或者重大过失的工作人员追偿。"由于刘某与 A 公司之间属于雇佣关系，所以，只要刘某能证明其是在送餐过程中发生的交通事故，那么作为雇主的 A 公司就应当承担侵权责任。雇主若能证明骑手对该侵权行为存在故意或重大过失，还可以在承担责任之后向其追偿。

最后，本案中的外卖平台不承担赔偿责任。本案的中的外卖平台实际上是一个居间服务者，外卖平台与 A 公司之间系合作关系，骑手在外卖平台上接单，虽然本案刘某是以外卖平台的名义从事配送工作，但其实际上是与 A 公司签订的合同，并且外卖平台的众包骑手是由 A 公司招募，A 公司负责奖惩、发放报酬，所以虽然刘某从外卖平台接单，但是外卖平台并非骑手的雇主，平台对骑手的配送工作也没有进行控制的权力，当然也不应该向平台主张赔偿责任。

但是并非所有众包骑手配送时发生交通事故的情形，外卖平台都无需承担责任，在某些情形下，由于第三方公司与骑手之间关系较为松散，在与第三方签订合同之后，骑手的配送活动都是由平台在配送时间、配送质量等方面进行全方位的控制，并且，在外卖员注册为众包骑手时有可能会被直接要求与第三方签订协议否则无法注册为骑手，这在形式上使平台得以作为中立的技术服务提供者的身份免除责任,但外卖平台充当的却是雇主的角色。再者说,外卖平台对骑手交通事故的风险也存在一定的控制作用。骑手一般根据外卖平台的实时配送系统所规划路线以及限定时间进行配送,但是由于AI智能和其强大的深度学习系统,或许会导致外卖员越勤奋,系统所给的配送时间越短,这时,为保证餐饮准时送达,被平台系统不断挤压送餐时间的外卖骑手将不得不通过超速、逆行、闯红灯等方法来缩短配送时间,以避免因为延误而被罚款。在这种情况下应将外卖平台视为与众包骑手成立劳务关系的对象,由外卖平台对骑手在配送过程中的侵权行为承担赔偿责任。

# 在游轮上摔倒能否要求游轮公司承担侵权责任?

于　惠*

根据《侵权责任法》第 37 条,公共经营场所的负责人负有安全保障义务。根据《最高人民法院关于审理人身损害赔偿案件适用法律若干问题的解释》第 6 条,公共经营场所的负责人承担安全保障义务应在合理限度范围内。司法实践中如何把握这一合理限度,下面结合审判实践进行探究。

## 一、案情与裁判

**案件名称**:赵某诉皇家加勒比游轮船务(中国)有限公司等海上人身损害赔偿责任纠纷案

**案情来源**:上海市高级人民法院(2019)沪民终 225 号民事判决

**案情简介**:

2017 年 5 月,原告赵某(男,82 岁)(被上诉人、原审原告)与其亲属一同乘坐被告皇家加勒比 RCL 游轮有限公司(上诉人、原审被告,以下简称 RCL 游轮公司)经营游轮出游。登轮后,赵某与其女一同进入游轮上的游乐设施碰碰车场地,在赵某迈入该场地的时候,被该场地外围门槛绊倒并摔倒在地。经船上医师检查,确认赵某股骨颈骨折,建议赵某立即下船到指定医院治疗。游轮方工作人员安排赵某进入上海某医院治疗,赵某的妻子及女儿两人陪同。经医院检查,赵某左股骨颈骨折。赵某在上海治疗一段时间后返回北京继续治疗,其向 RCL 邮轮公司主张因涉案事故产生的各种费用共计人民币 320760.95 元。因各方当事人就赵某主张的费用承担问题协商不成,赵某向法院起诉。

* 于惠,山东大学法学院硕士研究生,浙江新台州律师事务所疑案研究中心研究员。

一审判决

上海海事法院经审理认为：碰碰车场地门槛附近并无相应的文字警示标识，围栏侧面以及附属装置上也并未贴有警示标识，提升了游客摔倒受伤的风险。因此 RCL 游轮公司在警示标识设置上具有一定过错，应承担部分损害赔偿责任。此外，赵某年龄较大，也应根据自身身体条件谨慎进入该场地，对于陌生环境尤其应提升注意义务，对其迈入门槛过程中被绊倒也具有一定的疏忽过失，应自行承担部分责任。根据本案事实情况，酌情判定赵某与 RCL 游轮公司应就涉案损失各承担 50%的责任。

二审判决

上海市高级人民法院经审理认为：RCL 游轮公司仅在部分门槛贴有警示贴纸，对其金属附属装置并未贴有警示贴纸，且现场亦未摆放明显的文字警示标识，上述疏忽将增加游客因跨幅估计错误而跌倒的风险，故 RCL 游轮公司对赵某的人身损害负有一定的责任。而赵某在跨越门槛时并未注意脚下障碍物，其子女明知赵某年事已高，亦未对其尽到足够的看护照料义务，也是造成涉案事故发生的部分原因。综合以上因素，双方的责任分担以被告 RCL 游轮公司 20%，原告赵某 80%为宜。

## 二、相关规定

《侵权责任法》第 26 条（《民法典》第 1173 条）：“被侵权人对损害的发生也有过错的，可以减轻侵权人的责任。”

《侵权责任法》第 37 条（《民法典》第 1198 条）：“宾馆、商场、银行、车站、娱乐场所等公共场所的管理人或者群众性活动的组织者，未尽到安全保障义务，造成他人损害的，应当承担侵权责任。因第三人的行为造成他人损害的，由第三人承担侵权责任；管理人或者组织者未尽到安全保障义务的，承担相应的补充责任。”

《最高人民法院关于审理人身损害赔偿案件适用法律若干问题的解释》（法释〔2003〕20 号）第 6 条[①]：“从事住宿、餐饮、娱乐等经营活动或者其他社会活动的自然人、法人、其他组织，未尽合理限度范围内的安全保障义务致使他人遭受人身损害，赔偿权利人请求其承担相应赔偿责任的，人民法院应予支持。因第

① 《最高人民法院关于审理人身损害赔偿案件适用法律若干问题的解释》（法释〔2020〕17 号）已删除该条。

三人侵权导致损害结果发生的，由实施侵权行为的第三人承担赔偿责任。安全保障义务人有过错的，应当在其能够防止或者制止损害的范围内承担相应的补充赔偿责任。安全保障义务人承担责任后，可以向第三人追偿。赔偿权利人起诉安全保障义务人的，应当将第三人作为共同被告，但第三人不能确定的除外。”

### 三、典型案例或做法

| 案号 | 裁判立场 |
|---|---|
| 羊某某与英国嘉年华邮轮有限公司等海上人身损害责任纠纷案/上海海事法院(2016)沪72民初2336号民事判决 | 法院经审理认为，首先，被告邮轮在对游客的服务、安全保障方面既未自觉参照中国法律，也没有依据英国有关组织的规定或者建议配备救生员或者监管人员，存在明显的过错。其次，被告邮轮现场工作人员针对未穿戴任何救生设施的儿童、无大人看管的儿童进入泳池，无任何询问或者劝阻等有效的管理措施，存在明显的管理失职。原告作为未成年人跟随母亲上船，原告母亲作为法定监护人对原告的人身安全亦负有保护义务。原告未穿戴任何救生设备玩水，其间原告母亲未出现在现场看护，对事故的发生亦负有责任。根据《侵权责任法》的有关规定，原告和被告对本次事故的发生均有过错，原告承担20%的责任，被告承担80%的责任。 |
| 武汉地铁运营有限公司、卢某英运输合同纠纷案/湖北省武汉市中级人民法院(2020)鄂01民终4661号民事判决 | 法院经审理认为，武汉地铁运营有限公司作为地铁站台公共场所的实际控制、管理人，在出入口台阶处未提供安全标识及相应的安保措施，未尽到安全保障义务，致卢某英不慎摔倒，应承担60%的赔偿责任。卢某英作为一名完全民事行为能力人，明知出口处灯光昏暗未谨慎行走，对自身安全未尽到必要的注意义务，其自身存在过错，应自行承担40%的责任。 |
| 巢湖市园林管理处、梁某庆生命权、健康权、身体权纠纷案/安徽省合肥市中级人民法院(2019)皖01民终751号民事判决 | 法院经审理查明，公园通向池塘观景灯的电线裸露在外，并直接连入水中，在观景灯的周边无任何的安全防护装置，亦没有设置明显的提示牌进行警示提醒，存在较大的安全隐患，罗某建在洗耳池公园内被电击致死，对公园内电气设备、灯光设施、照明系统等设施负有管理和维护义务的巢湖市园林管理处对此应承担相应的赔偿责任。罗某建作为一名具有完全民事行为能力的成年人，在清晨人迹稀少的时分，独自进入公园内具有一定危险性的景观区域内捕捉鱼虾，导致被电击致死，其对损害的发生具有一定的过错，本院根据双方的过错程度及损害发生的原因，酌定由巢湖市园林管理处承担70%的赔偿责任，罗某建自负30%的责任。 |

## 四、法理分析

首先，经营场所、公共场所的经营者、管理者负有安全保障义务。宾馆、商场、银行、车站、娱乐场所等经营场所、公共场所的经营者、管理者，未尽到安全保障义务，造成他人损害的，应当承担侵权责任。安全保障义务是一种法定义务，包括人身安全和财产安全两个方面的内容。本案中，RCL 游轮公司作为游轮的管理者，对旅客的人身安全负有安全保障义务，对于旅客赵某在邮轮上所受的人身伤害有一定的过错，因此应当承担侵权责任。

其次，经营场所、公共场所的经营者、管理者承担安全保障义务应在合理限度范围内。《最高人民法院关于审理人事损害赔偿案件适用法律若干问题的解释》（法释〔2003〕20 号）对经营者安全保障义务的范围提供了一个价值指引，即应在“合理限度范围”内承担安全保障义务，这需要在具体案件中进行价值补充。“合理限度范围”的判断标准，应当根据与经营者的经营性质和规模相适应地提供安全保障的必要性和可能性，结合案件具体事实予以认定。本案中，判断 RCL 游轮公司是否已经尽到安全保障义务，应当综合游轮的场所性质、碰碰车场地门槛的高度、已有的警示情况和受害人自身的情况进行判断。

最后，司法实践中把握承担安全保障义务的合理限度有原则可循。一是行业或者生活经验普遍认知原则，本案中的游轮作为人员密集的营利性场所，游轮公司作为经营者理应负有较高程度的注意义务，应及时发现并消除安全隐患。二是一般安全保障原则，按照游轮公司的经营能力，虽然在未能提供充分警示方面存在过错，但不能要求其工作人员提供超出一般需要的特别提醒或服务来避免赵某摔倒。三是风险自我防范原则，本案中赵某年事已高，本人未能清晰预判进入场地的风险，随行看护人员也未能充分提醒和予以搀扶，也是事故发生的部分原因。综合上述因素，法院对于游轮公司承担安全保障义务的范围进行了判断，并作出仅由其承担 20％的责任的判决。

《民法典》承继了《侵权责任法》有关安全保障义务的规定，对于公共场所的列举更为全面，在表述上也更为规范，增加了“经营者、管理者或者组织者承担补充责任后可以向第三人追偿”的规定。但是仍未明确承担安全保障义务的范围，实践中仍应结合具体事实认定是否属于“合理限度范围”。

# 帮工人致第三人损害的责任承担问题

董媛媛*

义务帮工作为一种社会关系，在现实生活中普遍存在。因帮工人造成他人损害时，被帮工人应否承担赔偿责任？若其承担赔偿责任，又该如何承担赔偿责任？本文将结合具体案例作出简要说明。

## 一、案情与裁判

**案件名称：**任某康与尚某杰等健康权纠纷上诉案

**案情来源：**甘肃省庆阳市中级人民法院（2013）庆中民终字第585号民事判决

**案情简介：**

尚某杰（原审原告）与董某宁（原审原告）均是民间乐手，常在一起为他人提供礼乐服务。2013年1月21日，任某康（原审被告）为其子任某涛（原审被告）举行婚礼。董某宁与任某康协商，由董某宁组织同行共9人，为任某康家提供礼乐服务。尚某杰依据自己的分工，在大门口吹奏唢呐时，帮工人在距门口10米左右的位置点燃花炮，一枚花炮飞溅致尚某杰右眼受伤出血。尚某杰当即被送往庆阳市人民医院救治，该院做简单处理后让其转上级医院治疗，后被连夜送往甘肃省人民医院。尚某杰于1月22日入住甘肃省人民医院进行了右眼前房冲洗术、右眼白内障超声乳化术。2013年2月1日出院，住院10天。医嘱继续用药、一周后门诊复查。同年2月25日尚某杰在该院复查后又入住该院治疗，进行了人工晶体二期置入手术。2月28日出院，住院3天。医嘱继续用药、一周后门诊复查。同年4月8日尚某杰在该院复查因人工晶体移位、原发

---

* 董媛媛，烟台大学法学院硕士研究生，浙江新台州律师事务所疑案研究中心研究员。

性开角型青光眼又入住该院,进行了人工晶体复位术。4 月 19 日出院,住院 11 天。人工晶体移位治愈,原发性开角型青光眼好转后医嘱一周一次查前房及人工晶体位置。在治疗期间医疗费、门诊费用共支出 30589.24 元。诉讼中,尚某杰申请伤残等级鉴定,甘肃立明司法鉴定所对其右眼伤情鉴定意见为七级伤残。在治疗过程中,双方协商赔偿事宜未果,遂提起诉讼。

一审判决

宁县人民法院经审理认为:本案争议焦点是:(1)原告主张赔偿责任的确定;(2)被告董某宁是否应承担赔偿责任。首先,董某宁与任某康协商,由尚某杰为任某康家提供婚庆服务,双方之间存在服务合同关系。尚某杰在履行合同过程中,身体受伤,主要原因是帮工人在燃放花炮时燃放地点远低于安全距离,花炮飞溅致尚某杰受伤,任某康、任某涛作为被帮工人,应对帮工人造成的损害结果承担赔偿责任。尚某杰系成年人,在提供服务的过程中对自身的人身安全疏于防范,其对损害结果也应承担一定责任。其次,董某宁在该次服务活动中只起到了联络作用,除电话费外并无其他获利,与尚某杰系临时性、松散的合作关系,且尚某杰自带工具、独立完成工作,与尚某杰之间不存在雇佣关系。故任某康、任某涛对损害结果负连带赔偿责任。尚某杰请求的各项损失赔偿对其合理部分予以支持,要求董某宁承担赔偿责任的请求不予支持。

一审判决后,被告任某康、任某涛不服提起上诉。

二审判决

甘肃省庆阳市中级人民法院经审理认为:本案争议的焦点问题是:(1)一审判决是否遗漏案件当事人,即是否应追加婚礼乐队的其他七名成员及任某康、任某涛的帮工人参加诉讼;(2)一审法院对尚某杰的残疾赔偿金依照城镇标准判处是否正确;(3)一审判决对本案赔偿责任的确定及赔偿比例的划分是否适当。

关于焦点问题(1),根据本案当事人于婚礼事前约定及劳动报酬分配情况,一审法院认定尚某杰等人之间系董某宁负责牵头形成的松散型合作关系准确。合伙人以外的第三人侵害为造成尚某杰损害的根本原因,且上诉人无证据证实其他合伙人存在故意或重大过失。根据《最高人民法院关于审理人身损害赔偿案件适用法律若干问题的解释》(法释〔2003〕20 号)第 13 条的规定,赔偿责任应由被帮工人承担,即使帮工人存在故意或者重大过失,也只能基于赔偿权利人尚某杰的请求追加帮工人参加诉讼,且本案中其并未针对帮工人提起诉讼。

关于焦点问题(2),事故发生时尚某杰为农村户口,其经常居住地和主要消费地均为农村,根据《最高人民法院关于审理人身损害赔偿案件适用法律若干问题的解释》第 25 条,相应其残疾赔偿金亦应按农村居民人均纯收入标准计算。

关于焦点问题(3),任某康、任某涛的帮工人在从事帮工活动中致尚某杰受伤,其二人作为共同的被帮工人应承担赔偿责任,对外互负连带责任。根据《中华人民共和国侵权责任法》第 26 条,尚某杰在提供服务的过程中对自身的人身安全疏于防范,对损害结果亦应自负一定责任。

综上,原审判决并未遗漏当事人,认定事实清楚,但适用法律不当,应纠正对尚某杰的残疾赔偿金的判处。且其认定本案赔偿责任正确,综合考量划分赔偿比例适当,应予维持。

## 二、相关规定

《侵权责任法》第 13 条:"法律规定承担连带责任的,被侵权人有权请求部分或者全部连带责任人承担责任。"

《侵权责任法》第 26 条(《民法典》第 1173 条):"被侵权人对损害的发生也有过错的,可以减轻侵权人的责任。"

**《最高人民法院关于审理人身损害赔偿案件适用法律若干问题的解释》(法释〔2003〕20 号)第 13 条[《最高人民法院关于审理人身损害赔偿案件适用法律若干问题的解释》(法释〔2020〕17 号)第 4 条]**:"为他人无偿提供劳务的帮工人,在从事帮工活动中致人损害的,被帮工人应当承担赔偿责任。被帮工人明确拒绝帮工的,不承担赔偿责任。帮工人存在故意或者重大过失,赔偿权利人请求帮工人和被帮工人承担连带责任的,人民法院应予支持。"

**《最高人民法院关于审理人身损害赔偿案件适用法律若干问题的解释》(法释〔2003〕20 号)第 14 条[《最高人民法院关于审理人身损害赔偿案件适用法律若干问题的解释》(法释〔2020〕17 号)第 5 条]**:"帮工人因帮工活动遭受人身损害的,被帮工人应当承担赔偿责任。被帮工人明确拒绝帮工的,不承担赔偿责任;但可以在受益范围内予以适当补偿。帮工人因第三人侵权遭受人身损害的,由第三人承担赔偿责任。第三人不能确定或者没有赔偿能力的,可以由被帮工人予以适当补偿。"

**《最高人民法院关于审理人身损害赔偿案件适用法律若干问题的解释》(法**

释〔2003〕20号）第25条[《最高人民法院关于审理人身损害赔偿案件适用法律若干问题的解释》（法释〔2020〕17号）第12条第1款]："残疾赔偿金根据受害人丧失劳动能力程度或者伤残等级，按照受诉法院所在地上一年度城镇居民人均可支配收入或者农村居民人均纯收入标准，自定残之日起按二十年计算。"

## 三、典型案例或做法

| 案号 | 裁判立场 |
|---|---|
| 胡某荣诉徐某金、黄某红、陈某军雇佣合同案/湖北省枝江市人民法院（2006）枝民初字第1261号民事判决 | 雇员在从事雇佣合同中遭受损失，雇主应当承担赔偿责任。雇佣关系以外第三人造成雇员损害的，赔偿权利人可以请求第三人承担赔偿责任，也可以请求雇主承担赔偿责任。本案原告胡某荣受雇于被告徐某金，在从事雇佣活动中受伤。故徐某金应承担赔偿责任。原告在施工过程中未尽注意安全的义务而存在过错，应减轻被告的赔偿责任。陈某军按徐某金的要求进行帮工，因此徐某金应承担赔偿责任。但陈某军明知安全设施不到位，应预见其危险性而未停止施工，对造成损害存在重大过失，故徐某金、陈某军承担连带赔偿责任。原告系农村户口，应按农村户口的标准进行计算误工费，按照受诉法院所在的农村人均纯收入的标准计算、赔偿伤残赔偿金。 |
| 叶某友诉李某生、李某香义务帮工人受害责任纠纷案/广东省云浮市中级人民法院（2017）粤53民终第568号民事判决 | 李某生与李某香约定其用摩托车搭李某香找石材，李某香支付报酬，双方形成劳务关系。根据《侵权责任法》第26、35条规定，被侵权人李某生在被告知翻开石板可能会造成损害后仍扶住石板，故也存在过错，可以减轻叶某友的责任。李某香明知翻开石板可能造成损害仍要翻开多块石板查验，应承担部分过错责任，李某生根据其过错应自行承担部分责任。陈某英、李某生一起翻开石板认定为叶某友帮工人。根据《最高法关于审理人身损害赔偿案件适用法律若干问题的解释》（法释〔2003〕20号）第13、14条规定，叶某友应对李某生的损失承担赔偿责任，陈某英无过错不承担责任。 |
| 戴某香等诉杨某德等提供劳务者受害责任纠纷案/湖南省汉寿县人民法院（2015）汉民初字第1427号民事判决 | 本案认定被告杨某德五兄妹系雇主兼被帮工人，明知雇员1燃放和遗撒鞭炮，帮工1驾驶运输鞭炮、搭载燃放鞭炮人员的车辆，雇员2在该车内沿路扔纸钱的行为皆存在较高危险，对原告戴某香之子雇员2死亡存在过错。故雇员1的赔偿责任由雇主承担，且因其重大过错应对该部分赔偿责任承担连带赔偿责任。帮工1的赔偿责任由被帮工人承担。雇员2明知其行为危险性仍进行，存在过错应自负部分责任。雇员2智力、认知能力、行为控制、规避危险能力较常人低且从事有较高危险的劳务，因而认定明知该情况的原告未尽监护职责，被告兼介绍人李某佗存在过错，分别承担相应的赔偿责任。 |

## 四、法理分析

帮工是指帮工人自愿且未被被帮工人明确拒绝或应被帮工人之邀，无偿给被帮工人提供劳务，并按被帮工人的意思，在一定时间内完成某项工作的行为。

首先，一审判决并未遗漏案件当事人。尚某杰等人之间系董某宁负责牵头形成的松散型合作关系，不存在雇佣关系。欲判断雇佣关系是否存在，形式上看双方是否有书面或口头雇佣合同，劳动力与报酬是否成为交易对价；实质上看双方的权利义务是否为一方提供劳务，另一方支付报酬，雇员与雇主是否存在隶属关系。本案中董某宁仅牵头联络，除电话费外无其他获利，且尚某杰自带工具、独立完成工作因而与其不存在雇佣关系。再者，合伙人以外的第三人即帮工人侵害为造成尚某杰损害的根本原因，且上诉人无证据证实其他合伙人存在故意或重大过失。故应根据《最高人民法院关于审理人身损害赔偿案件适用法律若干问题的解释》（法释〔2013〕20 号）第 13 条的规定，由被帮工人和帮工人承担连带责任。且《侵权责任法》第 13 条规定："法律规定承担连带责任的，被侵权人有权请求部分或者全部连带责任人承担责任。"本案中尚某杰作为被侵权人并未对帮工人提起诉讼，帮工人在本案中并非必要共同诉讼人，因而不应追加其参加诉讼，应由二上诉人承担责任。

其次，根据过失相抵原则可减轻侵权人责任。在本案中二上诉人的帮工人在从事帮工活动中致尚某杰受伤，根据尚某杰的诉讼请求只起诉被帮工人，故被帮工人任某康、任某涛应承担赔偿责任，作为共同的被帮工人，其二人对外互负连带责任。根据《侵权责任法》第 26 条"被侵权人对损害的发生也有过错的，可以减轻侵权人的责任"的规定，尚某杰作为成年人，在提供服务的过程中对自身的人身安全疏于防范，其对损害结果亦应自负一定责任。鉴于帮工人在燃放花炮时燃放地点远远低于安全距离，故在本案中存在重大过失，被帮工人在承担赔偿责任后有权向帮工人追偿。

最后，本案应依据农村居民人均纯收入标准计算残疾赔偿金。根据《最高人民法院关于审理人身损害赔偿案件适用法律若干问题的解释》第 25 条的规定，本案事故发生时尚某杰为农村户口，其经常居住地和主要消费地均为农村，相应残疾赔偿金亦应按农村居民人均纯收入标准计算。关于尚某杰答辩引用的"《甘肃省道路交通安全条例》第 70 条中对因交通事故造成残疾赔偿金按本省城镇居民上年度人均可支配收入标准计算”以及“甘肃省高法、省公安厅印发的甘公(交)发〔2013〕7号文件指出的各级人民法院审理其他人身损害赔偿案件时可以参照《甘肃省2013年道路交通事故人身损害赔偿标准》执行”应作以下理解:(1)该条例仅适用于道路交通事故引起的人身损害赔偿按照城镇居民人均可支配收入标准计算。本案属于帮工人侵害引起的损害赔偿,因而不适用该条例。(2)省法院和省公安厅文件中所指的“参照此标准执行”,该“标准”针对的是“数据标准”,即该年农村居民人均纯收入为4506.7元/年,按照此数据计算赔偿金,并非为上述条例第70条的适用补充说明。故尚某杰的残疾赔偿金不应按照城镇标准,应按该年甘肃省农村居民人均纯收入(4506.7元/年)为计算标准。

2019年5月《中共中央、国务院关于建立健全城乡融合发展体制机制和政策体系的意见》中明确提出“改革人身损害制度,统一城乡居民赔偿标准”的要求。同年9月2日,最高人民法院《关于授权开展人身损害赔偿标准城乡统一试点的通知》(法明传〔2019〕521号)授权各省、自治区、直辖市高级人民法院及新疆维吾尔自治区生产建设兵团分院,根据各省具体情况年内启动在辖区内开展人身损害赔偿纠纷案件统一城乡居民赔偿标准试点工作。由此我国城镇居民与农村居民在人身损害赔偿纠纷案件的赔偿标准不再区分,统一按城镇居民标准。

# 温岭槽罐车爆炸事故的责任承担问题

董媛媛

浙江温岭高速公路油罐车爆炸事件已导致数十人死亡,数百人受伤,爆炸波及周围房屋和车辆,财产损失仍在不断增加,此次惨痛事件的背后是众多无辜的受难者,查清事故原因、及时赔偿和救助是对其最大的安慰,也能够使为爆炸事故揪心的群众得到宽慰。在本次事故中,相关的人身伤亡和财产损失应如何赔偿? 是否涉及行政责任和刑事责任? 以下将逐一进行分析。

## 一、案情简介

2020 年 6 月 13 日 16 时 46 分,一辆牵引车牌号为浙 CM9535 的液化石油气槽罐车,行驶至 G15 沈海高速公路往温州方向温岭西出口下匝道中段发生爆炸,炸飞的槽罐车砸塌路侧的一间厂房并发生了二次爆炸。经初步调查,发生爆炸的槽罐车未与任何车辆接触,罐体残骸上存在不明原因裂口。事故发生后两名司机已遇难,具体事故原因还在进一步调查中。截至 6 月 15 日 7 时,事故已造成 20 人死亡、175 人受伤。该爆炸车辆隶属于瑞安市瑞阳危险品运输有限公司(以下简称瑞阳公司)。相关行政处罚显示,2016～2018 年,该公司曾被地方道路运输管理局处罚 10 次,原因包括违反特种设备安全管理规定、未按照规定周期和频次进行车辆综合性能检测和技术等级评定、聘用无法定从业资格的人员等。

## 二、法理分析

### (一)刑事责任

根据《刑法》第 136 条的规定:“违反爆炸性、易燃性、放射性、毒害性、腐蚀性物品的管理规定,在生产、储存、运输、使用中发生重大事故,造成严重后果的,处三年以下有期徒刑或者拘役;后果特别严重的,处三年以上七年以下有期徒刑。"对本罪的犯罪构成要件进行分析:(1)本罪侵犯的客体是公共安全。(2)在客观方面表现为生产、储存、运输、使用危险物品的过程中,违反危险物品管理规定,发生重大事故,造成严重后果的行为。(3)犯罪主体为一般主体,主要为从事生产、储存、运输、使用危险物品的工作人员,也包括负有监督管理责任的人员。(4)主观方面表现为行为人疏忽大意或者过于自信的过失。

首先,应判断是否满足客观方面的构成要件。违反危险物品管理规定和造成重大伤亡事故或其他严重后果,是构成本罪的两个前提条件,缺一不可。同时,违反危险物品管理规定的行为与严重后果之间需存在因果关系。应根据最高检、公安部《关于公安机关管辖的刑事案件立案追诉标准的规定(一)》第12条对危险物品肇事罪的严重后果情形予以明确,即"涉嫌下列情形之一的,应予立案追诉:(一)造成死亡一人以上,或者重伤三人以上;(二)造成直接经济损失五十万元以上的;(三)其他造成严重后果的情形"。目前,爆炸事故已造成20人死亡、172人受伤的特别严重后果,侵犯了不特定多数人的生命、健康和重大公私财产的安全。而违反危险物品管理规定的行为可以具体表现为:驾驶员超载超限,或违反危险货物运输速度方面的规定,危险品运输公司未按规定确立安全管理制度等。若由于前述违规行为而发生重大事故造成严重后果的,即满足客观方面的要件。

其次,应判断是否满足主观方面的构成要件。若事故调查结果表明驾驶员、押运员和瑞阳公司监管人员对造成的危害结果具有过失,例如驾驶人员操作不当或者超速行驶等可表明其存在疏忽大意或过于自信的过失。至于行为人对违反危险物品管理规定的态度既可能出于过失,也可能出于故意。对监督、管理过失可表现为对直接责任人员负有监督义务而疏于履行,或者未确立有效的安全管理体制、配备必要的安全设施,或者对人员的选任不当的过失。

最后,构成本罪的主体可包括单位和其主管人员。虽然《刑法》第136条并无处罚单位主体的规定,在其罪状中也未明示单位能否构成本罪,但在许多附属刑法及相关法规中,均承认单位可构成本罪的主体。例如《铁路法》第60条规定:"违反本法规定……依照现行刑法第136条的规定追究刑事责任。企业事业单位、国家机关、社会团体犯本款罪的,处以罚金,对其主管人员和直接责任人员依法追究刑事责任。"如果不承认单位可构成本罪,单位实施此类犯罪的严重社会危害性便与罪责刑相适应原则不符,也无法遏制单位再犯,无法实现刑罚目的，故单位应可以成为本罪主体。据目前调查结果，车上二人确已遇难。驾驶员和押运员死亡则无法追究其刑事责任。瑞阳公司中负有监管义务的责任人员若存在过失则构成本罪主体，该公司亦可构成本罪主体。

另外，关于刑罚裁量方面，根据《刑法》第136条的规定，结合危险物品肇事罪相关判例，本次运输中发生的爆炸事故应属后果特别严重的情况，刑罚裁量幅度应在3年以上7年以下有期徒刑。若事故调查结果表明仅存在违反保证交通运输正常进行和交通运输安全的规章制度而未违反危险物品管理规定的情况，则可能构成交通肇事罪，不以危险物品肇事罪定罪处罚。

（二）行政责任

从瑞阳公司以往所受行政处罚来看，该企业可能存在监督和管理漏洞，包括聘用无法定从业资格的人员、未按照规定进行车辆综合性能检测和技术等级评定等。关于事故调查方面应包括以下内容，尚未构成犯罪的按照相关规定进行行政处罚：

首先，企业、运输人员、管理人员资格调查。根据《危险化学品安全管理条例》第44条的规定，危险化学品道路运输企业、驾驶人员、押运人员应当具备从业资格，如若违反前述规定应当根据该条例第86条第1款第（1）（2）项的规定，由交通运输主管部门责令改正，处5万元以上10万元以下的罚款；拒不改正的，责令停产停业整顿。根据该条例第91条第（1）项的规定，若该企业未配备专职安全管理人员的，由交通运输主管部门责令改正，并可以根据具体情形决定是否处1万元以下的罚款；拒不改正的，处1万元以上5万元以下的罚款。

其次，运输车辆安全性调查。根据《危险化学品安全管理条例》第45条的规定，必须按照危险化学品的危险特性采取相应的安全防护措施、配备必要的防护用品和应急救援器材。如若该车辆未采取防护措施或未配备防护用品和救援器材，则根据该条例第86条第1款第（2）项由交通运输主管部门责令其改正，处5万元以上10万元以下的罚款；拒不改正的，责令停产停业整顿。根据《危险货物道路运输安全管理办法》第70条第1款第（1）项的规定，运输车辆应当安装、悬挂符合《道路运输危险货物车辆标志》要求的警示标志，若运输化学品的车辆未按照要求安装、悬挂警示标志的，由公安机关责令改正并处1万元以上5万元以下的罚款。

最后，车辆事前检查和载重情况调查。根据《危险货物道路运输安全管理办法》第25条、第60条的规定，危险货物承运人在运输前，应当对运输车辆、罐式车辆罐体、可移动罐柜、罐式集装箱及相关设备的技术状况，以及卫星定位装置进行检查并做好记录，对驾驶人、押运人员进行运输安全告知。违反前述规定的由交通运输主管部门责令改正并处 2000 元以上 5000 元以下的罚款。根据《危险化学品安全管理条例》第 47 条第 1 款规定，需对车辆实际载重情况予以调查。根据该条例第 88 条第 1 款第(1)项规定，超过运输车辆的核定载质量装载危险化学品的，由公安机关责令改正并处 5 万元以上 10 万元以下的罚款；构成违反治安管理行为的，依法给予治安管理处罚。

（三）民事责任

首先，应区分高度危险物致害责任和机动车交通事故责任。根据《侵权责任法》第 72 条规定，占有或者使用易燃、易爆、剧毒、放射性等高度危险物造成他人损害的，占有人或者使用人应当承担侵权责任。高度危险物致害责任规定的“占有”和“使用”包括生产、储存、运输高度危险品等行为，但并非只要涉及危险物品就应认定为高度危险物责任。该责任的基础在于物品或活动本身所固有的高度危险性，占有人和使用人必须采取可靠的安全措施，避免高度危险物造成他人损害。在已经采取措施且尽到最大注意义务也无法消除危险物对周围环境的潜在威胁并阻止危险转化为实际损害，同时损害后果是由于危险物固有的危险所致而非人为因素导致的，则认定为高度危险物致害责任而适用无过错责任原则。《道路交通安全法》第 119 条明确了“交通事故”的含义为车辆在道路上因过错或者意外造成的人身伤亡或者财产损失的事件。故车辆在道路上虽未发生碰撞却造成人身伤亡或财产损失的事件仍属于交通事故范畴。交通事故认定中，若本次事故当事人不存在过错则属于交通意外事件而被认定为无责任，若存在过错则属单方发生交通事故而被认定为全责。因此，此次事件可能存在同时违反两种责任的规定而导致请求权竞合的情形，下面作详细分析：

按照事故调查结果可分为三种情况：一是若调查表明无人为过错，仅由于物品或运输活动本身所固有的高度危险性导致损害，例如高温天气使车内气体压力剧增导致罐体出现裂缝或其他自然原因导致槽罐车自裂进而发生爆炸。此时存在高度危险物致害责任和机动车交通事故责任竞合的情形，受害人可择一行使请求权。如果选择前者，驾驶员是占有辅助人而不属于占有人，故应由瑞阳公司承担赔偿责任。若选择后者则可以由保险公司在承保范围内承担部分赔偿责任，受害人在更大程度上能获得完全赔偿。但根据保监会（现为银保监会)《关于调整交强险责任限额和费率浮动系数的公告》的规定,交通事故中认定为无责任的,该被保险车辆的赔偿限额为:死亡伤残赔偿限额 11000 元;医疗费用赔偿限额 1000 元;财产损失赔偿限额 100 元,远少于交通事故认定为有责任时的赔偿限额。二是若非由于液化石油气自身不可避免的易燃易爆特性所致,而是存在驾驶员操作不当等本可以通过更加谨慎小心的态度予以避免的人为原因,事故责任认定属单方发生交通事故而负全责,则适用机动车交通事故责任,受害人可以同时请求保险公司和驾驶员承担赔偿责任,保险公司按照有责任时的交强险赔偿限额进行赔偿,即死亡伤残赔偿限额、医疗费用赔偿限额、财产损失赔偿限额分别为 110000 元、10000 元、2000 元。此情况下受害人的完全赔偿率更高。三是危险物固有危险和行为人违反规定存在过错结合导致损害后果,与情况一类似,公司作为占有人仍应承担高度危险物致害责任,同时要对驾驶员在处理危险时的过错行为按照机动车交通事故适用过错责任,亦可由保险公司按照有责任时的交强险赔偿限额先行赔偿。

其次,瑞阳公司作为用人单位承担替代责任。《民法典》第 1191 条规定:“用人单位的工作人员因执行工作任务造成他人损害的,由用人单位承担侵权责任。用人单位承担侵权责任后,可以向有故意或者重大过失的工作人员追偿。”因《民法典》尚未生效,应根据《侵权责任法》第 34 条第 1 款的规定,对于因工作人员实施侵权行为造成他人损害,用人单位应承担无过错责任,但用人单位承担责任的前提为其工作人员的行为构成侵权。按照前述三种情况分析,在驾驶员存在过错时构成侵权责任,作为用人单位的瑞阳公司应当对其雇员导致的损害承担赔偿责任。又据《最高人民法院关于审理人身损害赔偿案件适用法律若干问题的解释》(法释〔2003〕20 号)第 9 条第 1 款的规定:“雇员在从事雇佣活动中致人损害的,雇主应当承担赔偿责任;雇员因故意或者重大过失致人损害的,应当与雇主承担连带赔偿责任。雇主承担连带赔偿责任的,可以向雇员追偿。”因此,驾驶员存在重大过失时与瑞阳公司承担连带赔偿责任,该公司赔偿后可以进行追偿,但司机已遇难,故无法承担赔偿责任。

再次,保险事故范围内保险公司承担赔偿责任。从侵权人对受害人赔偿的角度,包括交强险和危险货物承运人第三者责任险。根据《机动车交通事故强制保险条例》第 2 条的规定,在道路上行驶的机动车的所有人或者管理人应当投保机动车交强险。根据《道路运输条例》第 35 条关于危险货物运输经营者应当投保危险货物承运人责任险的规定,危险货物承运人第三者责任险系法定强制保险，与一般商业保险不同。又据《最高人民法院关于审理道路交通事故损害赔偿案件适用法律若干问题的解释》(法释〔2012〕19号)第16条的规定，同时投保交强险和第三者责任商业保险的机动车发生交通事故造成损害，如果瑞阳公司和相关保险公司被同时起诉的，先由承保交强险的保险公司在责任限额范围内予以赔偿；不足部分，由承保商业三者险的保险公司根据保险合同予以赔偿；仍有不足的，由瑞阳公司予以赔偿。同时受害人或者其近亲属有权请求承保交强险的保险公司优先赔偿精神损害。由于本次事故造成的损失重大、人员伤亡严重，保险金及时赔付和相关抢救费用及时垫付尤为重要。根据《机动车交通事故强制保险条例》第24条、第31条的规定，如果是因抢救受伤人员需要支付或者垫付抢救费用的，保险公司和国家设立的道路交通事故社会救助基金管理机构在接到交通管理部门通知后，经核对应当及时向医疗机构支付或者垫付抢救费用，先行垫付的有权向事故责任人追偿。

从受害人角度，周围因爆炸事故导致的人身伤亡和财产损失可以依据人身保险合同和财产保险合同要求保险人按照合同规定给予赔偿。例如，受害人可以依据车辆损失险要求保险人对受损车辆本身损失给予赔偿。关于死亡赔偿金和残疾赔偿金等人身损害赔偿应按照《台州市中级人民法院关于人身损害赔偿纠纷案件统一城乡居民标准等问题的意见》(台中法〔2019〕230号)的规定，即按照统计部门公布的浙江省上一年度全体居民人均可支配收入、人均消费支出的统计数据，计算相应赔偿金额。若受害人能够证明其住所地或经常居住地的相应统计数据高于受诉法院所在地标准的，可以按照其住所地或经常居住地的有关标准计算。

最后，若存在环境污染应由瑞阳公司承担赔偿责任。根据《侵权责任法》第65条规定，因污染环境造成损害的，污染者应当承担侵权责任，即污染者承担无过错责任。目前环保部门在事故现场周围空气、水体的初步监测结果中暂未发现明显污染现象。但因环境污染的损害具有不确定性、持续性和潜伏性，若此后该爆炸导致环境污染给他人造成了人身或财产损失，因污染者属于瑞阳公司的雇员且在执行运输任务期间因过失造成污染的，则由瑞阳公司承担替代责任。受害人应就其人身和财产损害进行证明，可请求赔偿的财产损失应当包括直接损失，例如河流污染导致鱼苗死亡，以及间接损失，例如为清除污染而支出的费用。

相较于《侵权责任法》的规定，《民法典》侵权责任编第七章中增加了生态破坏责任和环境修复责任，其规定包括有具体受害人的环境污染损害和无具体受害人的生态环境损害责任，为破坏生态环境的公益诉讼提供实体法依据。参照《民法典》的规定，如果此次事故造成生态环境破坏的，《环境保护法》第58条和《最高人民法院关于审理环境民事公益诉讼案件适用法律若干问题的解释》（法释〔2015〕1号）规定的机关或者组织有权请求瑞阳公司承担修复和赔偿责任。

（四）政府与社会救助

首先，政府救助的法理及资金来源。生存权与社会保障权属于基本人权，对于突发事件而言，主要体现为通过国家和社会的救助使生存条件获得基本保障的权利。突发事件发生后，侵权人缺位或赔付能力不足时，政府先行垫付，垫付款转为责任人对国家的债务，由政府在破产程序中追偿。对不能追偿的部分，转化为政府对受害人的救助，符合基本人权保障要求且有利于维护社会稳定。但这并非侵权人无法赔偿情况下填补损失的唯一的手段，也不应该成为主要的手段。根据《突发事件应对法》第61条，受突发事件影响地区的人民政府应当根据本地区遭受损失的情况，制定救助、补偿、抚慰、抚恤、安置等善后工作计划并组织实施，妥善解决因处置突发事件引发的矛盾和纠纷。又据《预算法》的规定，地方应按照本级一般公共预算支出额的1%～3%设置预备费，用于当年预算执行中的自然灾害等突发事件处理增加的支出。该支出纳入预算先行支付的范围，即该预算草案在本级人代会批准前可以进行拨付。《浙江省公共突发事件财政应急保障专项预案》中规定，处置突发公共事件需财政负担的经费，按照现行事权、财权划分原则，分级负担。对受突发公共事件影响较大和财政困难的地区，省财政适当给予帮助和支持。对受突发公共事件影响较大的企业、单位、个人的损失，没有直接责任人或责任人无力承担的，政府可根据情况给予适当救助和支持。《台州市临时救助办法》中明确临时救助资金来源为：上级补助资金、本级财政预算资金、当年福利彩票公益金地方分成的部分、上年度结余资金和社会捐助资金。

其次，政府救助工作的事项和标准。根据《社会救助暂行办法》第47条、第49条的规定，国家对因火灾、交通事故等意外事件，致基本生活暂时出现严重困难的家庭，给予临时救助。临时救助的具体事项、标准，由县级以上地方人民政府确定、公布。《浙江省临时救助办法》规定临时救助适用于本省户籍人口，持有《浙江省居住证》人口和困难发生在本省的流动人口，包括家庭对象与个人对象。该办法第14条是关于临时救助标准的规定，即遭遇交通事故导致人身意外伤害，在获得各种赔偿、保险和其他救助后，基本生活仍然特别困难的家庭或个人，一次性给予每人当地月最低生活保障标准6倍以下的基本生活救助；特别困难的，可以适当增加，最高不得超过当地月最低生活保障标准的12倍。因火灾等情形，家庭对象和个人对象住房毁损无处居住的，根据需要给予临时安置，并参照自然灾害救助标准给予住房修建补助。而自然灾害救助标准由省财政厅、省民政厅结合浙江省社会经济发展水平和救灾工作实际需求确定。《台州市临时救助办法》与其上位法规定的标准一致并相应地对救助申请和审批进行了细化。

在以往重大事故责任方无力赔偿巨额损失时，政府针对人身损害、房屋、机动车和室内财产损失问题出台赔偿标准并给予及时救助。具体表现为：

1.关于死亡和伤残赔偿金。2010年上海"11·15"火灾事故中责任方提出的赔偿方案主要依据《最高人民法院关于审理人身损害赔偿案件适用法律若干问题的解释》（法释〔2003〕20号）中规定的误工费、护理费、残疾赔偿金、丧葬费、被扶养人生活费、死亡赔偿金的具体计算方式。除此之外，政府分别按照遇难者、不同伤残鉴定等级的伤残人员和一般受灾人员的类别发放不同标准的综合帮扶金，即遇难者每位发放10万元，对经鉴定伤残等级为1～5级、6～10级、受伤住院治愈而不构成伤残的人员，分别按照每位3万元、2万元、1.2万元的标准发放，一般受灾人员按照每位1万元的标准发放。伤残赔偿方面，天津港爆炸事故中对轻伤未致残人员免去医疗费并给予误工费、交通费等生活费用。经鉴定达到伤残等级的，包括五项补助：住院治疗医疗费、伤残救助金、抚养对象的生活费、综合帮扶救助金（包括误工费、护理费等生活补助）、一次性伤残抚慰金。

2.关于房屋损失，响水"3·21"爆炸事故《告居民书》中明确市县两级政府派出维修队伍上门修缮，自行修缮的，根据政府补助标准进行补助，无法修复的，可以选择货币安置或搬至新型社区，不适宜居住的房屋将给予三个月过渡期房租补贴；天津港爆炸事故按照住宅事故前市场评估价同居民购房合同价相比的高值乘以1.3确定收购价格，其中"0.3"倍是由区政府指定的房屋管理局和开发区管委会先行代偿的一次性综合赔偿费；上海"11·15"火灾事故中赔偿方式为房屋修复赔偿、货币赔偿等，货币赔偿方式按照每户房屋货币赔偿总价＝每户原房屋市场评估价×（货币赔偿均价÷事故地住宅房屋市场评估均价）计算。房屋修复赔偿方式为另给予原房价值30％的赔偿额鼓励回迁，也是一种"评价损”赔偿。

3.关于家庭动产损失，上海“11·15”火灾事故室内财产的评估范围包括室内装修、家具、家电及洁具、衣服及其他生活用品等，按照受害者自选的资产评估公司评估结果赔偿。天津港爆炸事故对经评估后的室内财产给予货币补偿，赔偿价格原则上参照当地工程造价信息、购置发票、装修协议、市场价格等进行综合确定。对非运营机动车未投保不计免赔条款的，车主需提供证明材料后由该区金融服务局委托代偿。对未投保商业车损险的，由该区金融服务局委托人保公司代为查勘定损，按照商业车损险的责任范围定损，并到指定4S店免费修理。

最后，本级政府以外的力量参与救助。其一，可由上一级或其他地区人民政府支持恢复重建工作。根据《突发事件应对法》第60条规定：“受突发事件影响地区的人民政府开展恢复重建工作需要上一级人民政府支持的，可以向上一级人民政府提出请求。上一级人民政府应当根据受影响地区遭受的损失和实际情况，提供资金、物资支持和技术指导，组织其他地区提供资金、物资和人力支援。”因突发事件可能会造成重大损失，仅依靠受突发事件影响地区的人民政府自身的资金、物资和技术能力，可能无法独立完成事后的恢复重建工作。此时，上一级政府根据下一级政府的请求提供相关支持，还可以组织其他地区为该地区开展恢复重建工作提供帮助，例如在施救中调遣省地两级专家参与救治，充分发挥社会主义制度优越性。其二，《社会救助暂行办法》第7条规定：“国家鼓励、支持社会力量参与社会救助。”根据《浙江省社会救助条例》第43条：“政府鼓励依法设立的公益慈善类社会组织按照其章程参与社会救助。鼓励单位和个人通过设立、主办、承办、协办、冠名帮扶项目，或者捐赠、创办服务机构、提供志愿服务等方式，参与社会救助。社会力量参与社会救助，按照国家和省有关规定享受财政补贴、税收优惠、费用减免等政策。”在上海“11·15”火灾事故中，以社会捐助方式对受害者进行爱心帮扶：对遇难者每位帮扶20万元，伤残1～5级、6～10级、受伤已治愈的人员，每位分别帮扶7、4、2万元。天津港爆炸事故中，当地十几家房地产企业组成社会责任联盟，对居民愿意出售的房屋进行购买。当地区政府按照住宅事故前市场评估价同居民购房合同价相比的高值确定收购价格。各银行机构对因事故影响暂不能按时偿还各类贷款的单位和个人，暂不催收、罚息、作不良记录，允许贷款合理展期等。

# 河边散步溺亡，死者家属能否要求管理人承担安全保障义务责任？

董媛媛

行为人于河边冰面散步不慎溺亡，是否均能适用《侵权责任法》第37条之规定，由管理机关承担未尽安全保障义务的责任？如何界定溺亡地点是否属于该条规定的“公共场所”？以下结合审判实践说明之。

## 一、案情与裁判

**案件名称**：支某等与北京市丰台区永定河管理所等生命权、健康权、身体权纠纷上诉案

**案情来源**：北京市第二中级人民法院(2019)京02民终4755号民事判决

**案情简介**：

支某3系支某2(上诉人、原审原告)、马某(上诉人、原审原告)之子，支某3与李某系夫妻，支某1(上诉人、原审原告)系二人之女。2017年1月16日，支某3被发现于永定河拦河闸附近死亡。4日后，北京市公安局丰台分局(以下简称丰台分局)出具的鉴定结论书中表明该局对支某3的尸体进行了法医学尸表鉴定，鉴定结论是符合溺死。同日，丰台分局出具的支某3死亡调查结论内容为：经过现场勘察、法医鉴定、走访群众等工作，根据所获证据，得出如下结论：(1)该人系符合溺亡死亡；(2)该人死亡不属于刑事案件。一审中，卢沟桥派出所出具工作说明：2017年1月16日21时25分，该所接李某报警称怀疑支某3掉在冰里了。接警后该所民警赶到现场，于当晚在永定河拦河闸南侧消力池内发现一男子死亡，经家属李某确认为支某3。发现死者时该消力池内池水表面结冰，冰面高度与消力池池壁边缘基本持平，消力池外河道无水。后经刑侦部门现场勘察排除刑事嫌疑，认定溺亡，家属无异议。另查，由1988年5月31日

北京市政府办公厅公文批复通知可知,溺亡现场系属永定河管理处管理范围。由北京市水务局印发的京水务计〔2010〕21号通知可知,溺亡现场所涉工程建成后由永定河管理处负责水资源统一配置与调度及循环管线运行、维护、管理。

一审判决

北京市丰台区人民法院经审理认为:争议焦点为支某3溺亡事故发生地点的查实、相应管理机关的确定及其应否承担侵权责任。首先,公安机关经鉴定认定支某3死因系因溺水导致,遗体发现地点为永定河拦河闸前消力池。其次,现已查明永定河管理处为永定河拦河闸的管理机关,丰台水务局提交证据证明消力池属于拦河闸的一部分,永定河管理处予以认可并确认属于其管辖范围,故永定河管理处系支某3溺亡地点的管理责任方。永定河管理处系依法成立的事业单位,可独立承担民事责任,故其他三主体均非本案的适格被告。再次,安全保障义务系经营性公共场所管理人的法定义务,而案涉消力池性质上属于水利设施,并非对外开放的冰场;其位于拦河闸下方的永定河河道的中间处;抵达正常路径需要从永定河的沿河河堤下楼梯到达河道,再从河道步行至拦河闸下方。因此,难以认定消力池属于公共场所,故永定河管理处对此不负有安全保障义务。最后,原告应就侵权责任构成要件承担举证责任。永定河道并非正常的活动、通行场所,依据一般常识即可知进入河道或进入冰面的行为均具人身危险性。支某3明知进入河道、冰面行走存在风险,仍进入该区域致自身溺亡,主观上符合过于自信的过失、属于侵权责任法中自甘风险行为,应自行承担损害后果。综上,判决驳回原告的全部诉讼请求。

一审判决后,支某2、马某、支某1及其法定代理人李某均不服,提出上诉。

二审判决

北京市第二中级人民法院经审理认为:争议焦点为四被上诉人对支某3的死亡是否应承担赔偿责任。根据《侵权责任法》第37条第1款规定,安全保障义务所保护的人与义务人之间常常存在较为紧密的关系,包括缔约磋商关系、合同法律关系等。案涉拦河闸和消力池均不是具有经营性质的公共场所,永定河管理处也非群众性活动的组织者,故对上诉人主张其未尽安全保障义务不予支持。根据《民事诉讼法》第64条第1款和《最高人民法院关于民事诉讼证据的若干规定》第2条的规定,当事人就其主张有责任提供证据。无证据或者证据不足的,应承担不利后果。上诉人虽主张四被上诉人在通往支某3落水的道路上未设置安全警示标志,事发河道无人监管,但未提交有力证据予以证明,且溺亡地点并非行人正常通行路面。一审综合认定永定河管理处不负有安全保障义务并无不当，亦无证据证明四被上诉人负有连带责任，故驳回上诉，维持原判。

## 二、相关规定

《侵权责任法》第37条第1款（《民法典》第1198条第1款）："宾馆、商场、银行、车站、娱乐场所等公共场所的管理人或者群众性活动的组织者，未尽到安全保障义务，造成他人损害的，应当承担侵权责任。"

《民事诉讼法》第64条第1款："当事人对自己提出的主张，有责任提供证据。"

《最高人民法院关于民事诉讼证据的若干规定》（2008调整）第2条[①]："当事人对自己提出的诉讼请求所依据的事实或者反驳对方诉讼请求所依据的事实有责任提供证据加以证明。没有证据或者证据不足以证明当事人的事实主张的，由负有举证责任的当事人承担不利后果。"

## 三、典型案例

| 案号 | 裁判立场 |
|---|---|
| 北京密境和风科技有限公司与何某飞网络侵权责任纠纷上诉案/北京市第四中级人民法院(2019)京04民终139号民事判决 | 本案的争议焦点是：(1)网络服务提供者是否需要对网络用户承担安全保障义务；(2)北京密境公司是否构成侵权。<br>1.《侵权责任法》第36条第1款中"侵犯他人"是指侵犯网络用户、网络服务提供者之外的人。吴某非属"他人"。第37条规定的是公共场所管理人或者群众性活动组织者的安全保障义务。在适用过错责任原则能够归责时，不必扩大解释该条。<br>2.高空建筑物的攀爬活动对大众有不良影响，非为社会公德所鼓励和允许。根据《民法总则》第8、10条，从事民事活动，不得违背公序良俗。处理民事纠纷亦然。《互联网文化管理暂行规定》第16条规定了不得提供载有危害社会公德或者民族优秀文化传统的文化产品。故该公司有义务对吴某的视频进行管理。而该公司不仅已知上传的视频内容，还借助吴某的知名度进行直播平台推广并支付报酬。前述行为对吴某持续进行该危险活动起到了诱导和鼓励作用，故其对吴某的坠亡存在过错，此行为与吴某的死亡结果之间存在因果关系。一审认定该公司构成侵权正确，本院予以确认。 |

① 《最高人民法院关于民事诉讼证据的若干规定》（2019修正）（法释〔2019〕19号）已删除该条。

续表

| 案号 | 裁判立场 |
|---|---|
| 蔡某等与古雷开发区水库管理处生命权纠纷上诉案/福建省漳州市中级人民法院(2016)闽06民终1127号民事判决 | 本案的焦点问题是:水库管理者对擅入钓鱼者是否承担法定安全保障义务。<br>1.案涉水库作为漳州古雷石化基地和群众的生产生活用水的重要水源,不属于对公众开放的公共场所。<br>2.根据《侵权责任法》第37条的规定,对经营者设置安全保障义务的法理依据主要来源于危险控制理论、收益与风险相一致和经济分析同与比较结论的要求。案涉水库并非经营场所,也未开展营利性经营活动,无法定的安全保障义务。且被告作为管理方,在管理期间已通过电台宣传和设置安全告示牌等措施向不特定人告知不得在该水库钓鱼、游泳等危险行为,并建立安全巡查制度,已尽到合理的安全警示义务。原告之子作为成年人应当清楚到水库钓鱼的危险性,其因违反禁令擅入水库钓鱼、游泳致溺亡,应对其行为负责。故被告并不存在过错责任。 |
| 赵某1等与于某1侵权责任纠纷上诉案/北京市第三中级人民法院(2020)京03民终3989号民事判决 | 本案中发生损害事故的地沟系董某1的汽车维修作业场所,并非公共营业场所,非作业人员不应进入。董某1系汽修店经营者,系通过修理车辆收取相应的报酬,具有营利性质,且事发地点位于其经营、管理和控制范围之内。而操作间具有一定专业性和危险性。其明知或应知汽修店的定位间有地沟属于危险场所,却未禁止非工作人员入内、未设置警示标识,存在一定的过错,对于于某1掉入地沟致伤的后果应承担相应的赔偿责任;于某1非为该汽修店的工作人员,未经允许擅自进入,对自身安全疏忽大意,存在较大过错。综合双方的责任大小及事故发生地的特殊性,认定于某1对自身损害承担主要责任,董某1承担次要责任。 |

## 四、法理分析

首先,本案不适用安全保障义务条款。根据《侵权责任法》第37条,安全保障义务主要是指宾馆、商场、银行、娱乐场所等经营场所、公共场所的经营者、管理者或者群众性活动的组织者等安全保障义务主体,在合理限度范围内应尽的使他人免受人身及财产损害的义务。案涉消力池系永定河拦河闸的一部分,性质上属于水利设施的范畴,并非对外开放的公共场所;位置上处于拦河闸下方的永定河河道中间处;正常到达路径上,需从沿河河堤下楼梯到达河道,再从河道步行至拦河闸下方,并非行人正常通行路面。因此,从消力池的性质、所处位置及抵达路径来看，消力池非属具有经营性质的公共场所。四被上诉人均不属于公共场所管理人，更不属于群众性活动组织者。故本案不应适用安全保障义务条款，应按照一般侵权责任构成要件进行归责。

其次，本案适格被告仅为永定河管理处。上诉人主张，永定河管理处提交的警示标识的照片无法证明系在事故发生前就已存在，且对该地区没有进行封闭，相关管理部门未尽安全保障义务，应承担连带赔偿责任。由公安机关调查结果可知，支某3系溺亡，死亡地点为永定河拦河闸南侧消力池。由北京市水务局印发的京水务计〔2010〕21号规定可知，该消力池的管理机关为永定河管理处。丰台水务局提交证明案涉消力池系拦河闸的一部分，永定河管理处亦予以认可，并确认消力池属于其管辖范围。故认定永定河管理处系溺亡地点的管理责任方。永定河管理处作为依法成立的事业单位，能够独立承担民事责任。因此，北京市水务局、丰台水务局、永定河管理所均非本案的适格被告。上诉人要求该三方承担连带赔偿责任的主张并无事实及法律依据，不予支持。

最后，永定河管理处不应承担赔偿责任。根据《最高人民法院关于民事诉讼证据的若干规定》（法释〔2001〕33号）第2条规定可知，当事人对其诉讼请求或反驳对方诉讼请求所依据的事实有责任提供证据证明。没有证据或者证据不足以证明其主张的，由负有举证责任的当事人承担不利后果。一方主张承担侵权责任，应就另一方的行为符合侵权责任构成要件承担举证责任。本案上诉人虽主张四被上诉人在通往支某3落水的道路上未设置安全警示标志，事发河道无人监管，但未提交有力证据予以证明，故法院不予支持该主张。依据一般常识，进入河道或冰面的行为均易引发人身危险，而对此类危险后果的预见并不需要管理机关事先警告或告知。成年人应系自身安危的第一责任人，户外活动应趋利避害，不随意进入非群众活动场所系公民应自觉遵守的行为规范。支某3明知进入河道、冰面行走存在风险，仍进入该区域并导致自身溺亡，主观上属过于自信的过失。永定河管理处并不存在违法行为，对其溺亡亦不存在过错，故其不应承担赔偿责任，应由支某3自行承担相应损害后果。

《民法典》第1198条对《侵权责任法》第37条进行了修改，主要体现在两方面：一是在第1款中增加列举机场、体育场馆这两类公共场所。将“公共场所的管理人”调整为“经营场所、公共场所的经营者、管理者”。解决了“公共场所管理人”是否包含“公共场所经营者”的争议，避免实践中部分公共场所经营者逃逸于安全保障义务约束之外。二是在第2款增加了安全保障义务主体承担相应的补充责任后，有权向实施直接侵权行为的第三人追偿。对该款应作如下理解：第一是对直接责任人的补充。未尽安全保障义务的行为只是损害发生的间接原因。法律规定由安全保障义务主体承担责任，是为受害人获得充分赔偿提供另一种保障途径。第二是次级顺序。应先由直接侵权的第三人承担责任，在无法找到第三人或者第三人无能力全部赔偿时，才由安全保障义务主体承担侵权责任。第三，限定词“相应的”。“相应的”补充责任是指对于第三人没有承担的侵权责任，安全保障义务主体并非完全承担，而是在与其安全保障能力和过错程度范围内承担相匹配的补充赔偿责任。

# “以新换旧”时应否扣除更换新材料带来的升值利益?

时　诚

以更换新材料的方式而为物之损害赔偿时,常为被毁损之物带来升值利益。此种利益的增加并非源自受害人的意思而系强迫得利。只有受害人确实因“以新换旧”而获得额外利益时,才应予扣除。

## 一、案情与裁判

**案件名称:**北京政泉控股有限公司等诉贾某超物权保护纠纷案

**案情来源:**北京市第三中级人民法院(2016)京03民终7948号民事判决

**案情简介:**

贾某超(被上诉人、原审原告)系105号房屋所有权人,其将该房屋出租给文某卿(原审第三人)用于经营宠物店。楼上205号房屋由政泉公司(上诉人、原审被告)控制使用,后因205号房屋厨房内暖气阀门下管道破裂跑水,渗漏至105号房屋,造成105号房屋室内装修和物品受损。另查明,贾某超作为105号房屋的出租人,主要通过出租房屋获取租金收益。

**一审判决**

北京市朝阳区人民法院经审理认为:一审法院认为,侵害物权,造成权利人损害的,权利人可以请求损害赔偿。政泉公司建设并管控的205号房屋内发生漏水导致贾某超所有的105号房屋受损,政泉公司应当就此给贾某超造成的相关损失承担赔偿责任。对于贾某超要求政泉公司赔偿装修损失64720元的诉讼请求,综合照片、视频等在案证据,可以认定本次漏水确对105号房屋室内装修造成了较大损害,现政泉公司、贾某超对损害范围和赔偿标准存在异议,但双方均未提交有效证据推翻鉴定结论,故对装修损失赔偿数额法院依据鉴定结论认定为2.32万元。

政泉公司不服提出上诉，一审法院仅凭鉴定结论认定漏水导致的财产损失，没有考虑宠物店长期经营使用、内部装修已严重破损的事实，属于认定事实不清。本案上诉争议焦点之一是，计算贾某超房屋装修损失时是否应当扣除以新换旧的升值利益。

二审判决

北京市第三中级人民法院经审理认为：依据诚实信用原则，受害人因损害原因事实获得了利益，在确定损害赔偿数额时应予以扣除，此为损益相抵的规则。在以新换旧情形下，只有受害人实际能从"以新换旧"中获利才符合损益相抵之构成，受害人是否获利可依据损害发生的原因、损害的部位、损害之物可否替代购买、受害人使用该物的目的等因素综合判断。

就本案而言，105号房屋室内装修因漏水事故遭受破坏而进行的维修并不会明显提升贾某超的租金收益，"以新换旧"后装修价值的提升不会直接导致贾某超之财产利益的增加；物受损害后，受害人有权要求恢复原状，而房屋装修部位被浸泡后，只能通过更换新材料的方式来恢复原状，因为任何人均无法在市场上找到同等程度的旧材料予以更换，因此更换新材料的费用系必须支出的费用。如果未发生本次漏水事故，105号房屋内的装修可继续使用，贾某超无需支付相关装修费用，政泉公司要求扣除部分装修损失无异于要求贾某超分担因政泉公司的侵权行为所导致的损失。因此，本案不构成损益相抵，政泉公司要求按照折旧价值赔偿装修损失缺乏事实及法律依据，本院不予支持。

## 二、相关规定

《物权法》第36条(《民法典》第237条)："造成不动产或者动产毁损的，权利人可以请求修理、重作、更换或者恢复原状。"

《侵权责任法》第15条(《民法典》第179条)："承担侵权责任的方式主要有：(一)停止侵害；(二)排除妨碍；(三)消除危险；(四)返还财产；(五)恢复原状；(六)赔偿损失；(七)赔礼道歉；(八)消除影响、恢复名誉。以上承担侵权责任的方式，可以单独适用，也可以合并适用。"

《侵权责任法》第19条(《民法典》第1184条)："侵害他人财产的，财产损失按照损失发生时的市场价格或者其他方式计算。"

## 三、典型案例或做法

| 案号 | 裁判立场 |
|---|---|
| 姜某芳、刘某国诉徐桂福财产损害赔偿纠纷案/上海市浦东新区人民法院(2016)沪0115民初23825号民事判决 | 空调、防盗门损失费，根据鉴定意见，购新费用为6864.49元，鉴于火灾前属旧物，故本院考虑以新换旧的溢出利益归原告所有的前提下，酌情按6864.49元的70%折价赔偿，确定空调外机、防盗门损失费为4805.14元。 |
| 奥登多夫运输公司、防城港务集团有限公司港口作业纠纷案/广西壮族自治区高级人民法院(2014)桂民四终字第53号民事判决 | 如无防城公司的过失行为给船舶造成损害，奥登公司无需对船舶进行修理，况且本案修理的舱盖仅占船舶的小部分，其修复对整船价值的提升影响微乎其微，故不必进行以新换旧的扣减。 |
| 王某健诉刘某等机动车交通事故责任纠纷案/广东省广州市中级人民法院(2014)穗中法民一终字第3207号民事判决 | 考虑到受损的粤A×××××号小轿车是刘某于2011年4月才向龙星行公司购买的原装进口车辆，截至案涉事故发生尚不足一年半的时间，通常情况下车主无需通过虚构损失范围、增加维修项目达到将相关零配件“以新换旧”的目的。 |
| 北京捷亚泰万兴汽车销售有限公司与梁某君产品销售者责任纠纷上诉案/北京市第一中级人民法院(2014)一中民终字第00300号民事判决 | 由于涉案车辆已经使用，一审判决未考虑折旧进行裁判，全款赔付确实使梁某君获得了利益。但是，该利益并非是损害事实本身所带来的，而是由于损害赔偿的履行所产生，该利益并非出于受害人的意思，对梁某君来说属于被迫受益。更为重要的是涉案车辆使用3个月，行驶里程3000多公里，车辆尚处于磨合期。故不进行折旧扣除并不会导致如同车辆使用多年而未折旧扣除所产生的不公平，本案中的折旧扣除可以忽略不计。 |

## 四、法理分析

被毁损之物于物理上恢复原状时，修理部件以新品代替旧品，经常会导致该物价值的提高。为避免受害人因损害事故而获得额外利益，在对被毁损之物修理或更换时，应扣除以新换旧而增加的价值。然而，此种利益的增加毕竟不是出于受害人自身的意思而系强迫得利，故对被毁损之物的折旧扣减应注意以下问题：

(一)不能适用损益相抵制度

损益相抵是与“以新换旧”相类似的制度，二者均以禁止得利原则为理论基础。实务上也多以损益相抵制度解决“以新换旧”问题。但是，损益相抵属于损害计算问题，其适用前提是赔偿义务人基于同一引发赔偿责任的法律事实而获得利益，强调的是所受利益与加害行为的因果关系；而“以新换旧”基于恢复原状的损害赔偿方法而生，受害人获得的利益和损害事实并无关联，其仅涉及对被毁损之物的折旧扣减。故“以新换旧”问题不能适用损益相抵制度。

本案中，二审法院认为，受害人因损害原因事实获得了利益而予以扣除的，属于损益相抵制度；而在房屋装修部位被浸泡后，只能通过更换新材料的方式来恢复原状，只有受害人实际能从“以新换旧”中获利才符合损益相抵之构成。尽管在具体制度的适用上稍有不当，但其在一定程度上意识到了“以新换旧”和损益相抵制度的区别，具有进步意义。

(二)只有受害人确实因“以新换旧”而受有利益时，方得以扣减

由于“以新换旧”具有强迫得利的性质，其究竟是否增加了被毁损之物的价值，应依受害人的主观情事予以判断。如果“以新换旧”确实增加了被毁损之物的使用年限或减免了部分修理费用，则可据此认定受害人受有利益；而如果仅仅是被毁损之物的客观价值有所提高，则只有在受害人实际利用该利益，如当其出售受损之物而获得额外价值时，才应予扣减。

本案中，贾某超作为 105 号房屋的出租人，主要通过出租房屋获取租金收益。依其主观情事，即使未发生漏水事故，105 号房屋内的装修设施仍可继续出租使用，“以新换旧”后房屋装修价值或外观价值的提升不会导致贾某超财产利益的增加，故不应对该房屋的折旧部分予以扣减。二审法院判决的总体结论值得肯定。

# 知识产权专题

# 姓名作为字号能否对抗同名商标?

曹相见

山东人徐庆丰作为大股东,设立了济南庆丰餐饮管理公司,并担任公司法定代表人。北京庆丰包子铺认为,庆丰餐饮公司构成商标侵权和不正当竞争。庆丰餐饮公司能否以姓名专用权为由进行抗辩?

## 一、案情与裁判

**案件名称:**北京庆丰包子铺与山东庆丰餐饮管理有限公司侵害商标权与不正当竞争纠纷案

**案件来源:**最高人民法院(2016)民再字第238号民事判决

**案情简介:**

1986年6月,北京市西城区庆丰包子铺(再审申请人、一审原告、二审上诉人)获批营业执照,载明经营方式零售,经营范围面食。2007年7月,北京市西城区庆丰包子铺经核准变更名称为庆丰包子铺,企业管理部门为北京华天饮食集团公司。截至2008年11月,庆丰包子铺登记取得"慶豐"(核定服务项目为餐馆、临时餐室、自助餐室、快餐馆和咖啡馆)与"老庆丰+laoqingfeng"(核定使用商品为方便面、糕点、面包、饺子、大饼、馒头、元宵、豆沙、包子、肉泡馍)两个商标。

另查明,2007年,庆丰包子铺月坛店被北京市商务局认定为"中国风味特色餐厅"。2007~2009年间,庆丰包子铺在北京电视台等累计投入广告费用4539104元。

2009年6月,山东人徐庆丰设立济南庆丰餐饮公司(被申请人、一审被告、二审被上诉人),经营范围为餐饮管理及咨询。北京市中信公证处公证书载明:2009年7月15日以来,庆丰餐饮公司开办了吉利餐厅等八家企业内设餐厅,公司网站设有“走进庆丰”“庆丰文化”“庆丰精彩”“庆丰新闻”等栏目。济南吉利汽车有限公司餐厅开业时，庆丰餐饮公司打出了“庆丰餐饮全体员工欢迎您”的横幅。

一审判决

山东省济南市中级人民法院经审理认为：庆丰餐饮公司在其网站开设“走进庆丰”等栏目及在经营场所打出的横幅，与其使用环境一致，并未从字体、大小和颜色等方面突出使用，是对企业名称简称或字号的合理使用。因此，本案焦点在于庆丰餐饮公司的企业名称——济南庆丰餐饮管理有限公司——是否侵害了庆丰包子铺的注册商标专用权。由于注册商标与企业名称核准主体和程序不同，注册商标中的文字与企业名称中的字号产生冲突在所难免，但在本案中，庆丰包子铺无证据证明在庆丰餐饮公司注册并使用被诉企业名称时，其经营地域和商誉已经涉及或影响到济南和山东，亦无证据证明庆丰餐饮公司注册并使用被诉企业名称有假借庆丰包子铺商标商誉的可能。同时，庆丰包子铺提供的现有证据也不能证明有相关公众将庆丰包子铺与庆丰餐饮公司误认或存在误认的可能，故庆丰餐饮公司的企业名称具有合理性，并未侵害庆丰包子铺的注册商标专用权。

二审判决

山东省高级人民法院经审理认为：本案争议焦点有二：一是庆丰餐饮公司的行为是否侵害庆丰包子铺商标权；二是庆丰餐饮公司的行为是否构成不正当竞争。

关于第一个问题，首先，庆丰餐饮公司使用“庆丰”二字时并未从字体、大小和颜色等方面突出使用，是对企业名称简称或字号的合理使用；其次，被诉侵权标识“庆丰”与繁体庆丰文字商标及简体老庆丰文字拼音商标差别较大，不构成相同商标；最后，涉案商标知名度主要限于北京地区。因此，被诉侵权标识与涉案商标不构成相同或近似，庆丰餐饮公司的被诉侵权行为不侵害庆丰包子铺的涉案商标权。

就第二个问题而言，庆丰餐饮公司的企业字号“庆丰”与涉案商标并不相同，且庆丰包子铺未能提供证据证明在庆丰餐饮公司使用庆丰作为企业字号时，其涉案商标在山东及济南具有较高的知名度。所以，庆丰餐饮公司在主观上没有攀附庆丰包子铺商标商誉的意图，客观上不会造成相关公众的混淆误认，不违反诚实信用等原则，不构成不正当竞争。

再审判决

最高人民法院经审理认为：二审法院对争议焦点的概括正确，但立场截然不同。依其判决：

1.庆丰餐饮公司在其公司网站及经营场所所作宣传，会产生相关公众将“庆丰”文字作为区别商品或者服务来源标识的效果，属于对“庆丰”商标标识的突出使用，构成商标性使用。庆丰包子铺于2007～2009年间，在北京电视台等累计投入广告费400多万元，其连锁店亦被北京市商务局认定为“中国风味特色餐厅”，应认为其取得了较高的显著性和知名度。“慶豐”与“庆丰”是汉字繁体与简体的对应关系，其呼叫相同；“老庆丰＋laoqingfeng”完全包含了“庆丰”文字。因此，庆丰餐饮公司的行为会导致相关公众的混淆和误认。

徐庆丰享有姓名权，当然可以合理使用自己姓名。但其在将姓名作为商标或企业字号进行商业使用时，不得违反诚实信用原则，不得侵害他人的在先权利。徐庆丰曾在北京餐饮行业工作，应当知道庆丰包子铺商标的知名度和影响力，却仍在其网站、经营场所突出使用与庆丰包子铺注册商标相同或相近似的商标，明显具有攀附庆丰包子铺注册商标知名度的恶意，不属于对姓名的合理使用。

2.庆丰包子铺自1956年开业，1982年1月5日起开始使用“庆丰”企业字号，至庆丰餐饮公司注册之日止已逾27年，属于具有较高的市场知名度、为相关公众所知悉的企业名称中的字号，庆丰餐饮公司擅自将庆丰包子铺的字号作为其字号注册使用，经营相同的商品或服务，具有攀附庆丰包子铺企业名称知名度的恶意，其行为构成不正当竞争。

## 二、相关规定

《商标法》第57条第1款第(2)项：“未经商标注册人的许可，在同一种商品上使用与其注册商标近似的商标，或者在类似商品上使用与其注册商标相同或者近似的商标，容易导致混淆的……属侵犯注册商标专用权。”

《商标法》第58条：“将他人注册商标、未注册的驰名商标作为企业名称中的字号使用，误导公众，构成不正当竞争行为的，依照《中华人民共和国反不正当竞争法》处理。”

《最高人民法院关于审理商标民事纠纷案件适用法律若干问题的解释》(法释〔2002〕32号)第1条第(1)项[《最高人民法院关于审理商标民事纠纷案件适

用法律若干问题的解释》（法释〔2020〕19号）第1条]："将与他人注册商标相同或者相近似的文字作为企业的字号在相同或者类似商品上突出使用，容易使相关公众产生误认的，属于商标法第五十二条第（五）项规定的给他人注册商标专用权造成其他损害的行为。"

《反不正当竞争法》第6条第（2）项："经营者不得实施下列混淆行为，引人误认为是他人商品或者与他人存在特定联系……擅自使用他人有一定影响的企业名称（包括简称、字号等）、社会组织名称（包括简称等）、姓名（包括笔名、艺名、译名等）……"

《最高人民法院关于审理不正当竞争民事案件应用法律若干问题的解释》（法释〔2007〕2号）第6条第1款第二句[《最高人民法院关于审理不正当竞争民事案件应用法律若干问题的解释》（法释〔2020〕19号）第16条]："具有一定的市场知名度、为相关公众所知悉的企业名称中的字号，可以认定为反不正当竞争法第五条第（三）项（现《反不正当竞争法》第6条第二项）规定的'企业名称'。"

## 三、典型案例或做法

| 案号 | 裁判立场 |
| --- | --- |
| 浙江伟星新型建材股份有限公司与江西伟星管业有限公司侵害商标权纠纷案/最高人民法院（2014）民申字第2106号民事裁定 | 在浙江伟星公司通过公证程序购买的被控侵权商品的外包装上，江西伟星公司标注了其企业名称的全称"江西伟星管业有限公司"，且该企业名称的标注采取了字体统一、颜色一致的方式，并未对其中的"伟星"二字进行突出使用，亦未使"伟星"二字产生标识商品来源的作用，故不构成商标权侵权。<br>二审法院以浙江伟星公司是基于"伟星"注册商标具有较高的市场知名度和声誉为事实基础主张其权利，而非以浙江伟星公司企业名称中的字号为权利基础主张保护，并根据被诉侵权行为的具体表现形式，将一审判决第（1）项、第（2）项变更为"江西伟星公司停止对浙江伟星公司的不正当竞争行为，在涉案商品上停止使用含有'伟星'字样的企业名称"的做法并无不当。 |

## 四、法理分析

公民姓名可适用于商业情形，这是姓名使用权的题中之义。但与其他财产权具有交换价值不同，姓名上的财产利益源自于姓名的促销价值，是在产品或服务与姓名主体建立联系之后产生的，不具有交换性，只能授权使用。那么，姓名以字号形式使用于企业名称后，能否对抗同名商标？如同法院归纳的争议焦点一样，这涉及姓名使用权与商标侵权的关系，以及是否构成不正当竞争的问题。

1.就姓名使用与商标侵权的关系而言，关键在于认定商标侵权的要件。就商标侵权而言，其构成要件有二：一是被诉行为构成商标性使用，这是前提；二是导致了公众对商品的混淆，此为后果。所谓商标性使用，核心在于标识商品的来源。对此，新修订尚未生效的《商标法》第 48 条规定："本法所称商标的使用，是指将商标用于商品、商品包装或者容器以及商品交易文书上，或者将商标用于广告宣传、展览以及其他商业活动中，用于识别商品来源的行为。"

本案中，庆丰餐饮公司即便有攀附庆丰包子铺商誉的主观意图，但其企业名称、宣传行为无意建立其商品与涉案商标的关联，因此不构成商标性使用，当然也不属于商标侵权。对此，一审、二审法院虽未说明，但结论是正确的。相反，最高人民法院关于"庆丰餐饮公司所作宣传会产生公众将'庆丰'文字作为区别商品或者服务来源标识的效果从而构成商标性使用"的判断混淆了商标侵权的两个要件，并不足取。值得思考的是，最高人民法院在前述典型案例中却采取了相反的立场。

2.就被诉行为是否构成不正当竞争而言，《反不正当竞争法》第 6 条第(2)项："经营者不得实施下列混淆行为，引人误认为是他人商品或者与他人存在特定联系……擅自使用他人有一定影响的企业名称(包括简称、字号等)、社会组织名称(包括简称等)、姓名(包括笔名、艺名、译名等)……"《最高人民法院关于审理不正当竞争民事案件应用法律若干问题的解释》(法释〔2007〕2 号)第 6 条第 1 款第二句："具有一定的市场知名度、为相关公众所知悉的企业名称中的字号，可以认定为反不正当竞争法第五条第(三)项(现《反不正当竞争法》第 6 条第二项)规定的'企业名称'。"

本案中，从法院认定的事实上看，庆丰包子铺具有一定市场知名度、为相关公众所知悉无疑，因此庆丰餐饮公司使用"庆丰"字号，应构成不正当竞争。对此，一、二审法院有点强词夺理，难免地方保护之嫌。至于庆丰餐饮公司关于其为合理使用姓名的抗辩，也是站不住脚的。姓名使用权是建立商品与自己或授权姓名的联系，而非与他人姓名(企业名称)的联系；姓名使用权在行使过程中，当然要遵循诚实信用原则，不能侵害他人在先权利。

## 五、经验启示

本案带给经营者的启示是，使用自己姓名作为商标或企业字号进行商业使用虽属正当权利，但如果涉及他人在先权利，也不受法律保护。虽然商标侵权的构成要件更高，但仍会受《反不正当竞争法》规制。因此，企业字号的选择要避免攀附他人商誉的不当行为。在《民法典》对恶意侵害知识产权的惩罚性赔偿作出规定的当下，尤其如此。

# 商品包装使用美术作品著作权侵权赔偿数额认定相关问题

刘忞旻*

为商品之美观及起宣传效果，诸多商品在外包装上会修饰以图片等美术作品。当此类包装发生著作权侵权问题，权利人请求赔偿损失时，应按何种方式认定赔偿数额范围？是否可按侵权商品销售违法所得价款定额？此类情况下，定额的主要基础又是什么？试结合以下一则案例说明之。

## 一、案情与裁判

**案件名称**：洪某远、邓某香诉贵州五福坊食品有限公司侵犯著作权纠纷案

**案件来源**：贵州省贵阳市中级人民法院(2015)筑知民初字第17号民事判决

**案情简介**：

洪某远(原告)从事蜡染艺术设计创作，2009年8月其创作完成的《和谐共生十二》作品发表于贵州人民出版社出版的《福远蜡染艺术》一书中。2010年8月1日，原告洪某远与原告邓某香签订《作品使用权转让合同》，合同约定原告洪某远将涉案作品的使用权转让给原告邓某香，由邓某香维护受让权利范围内的著作财产权。后根据第三人今彩公司的设计服务，贵州五福坊食品有限公司(被告，以下简称五福坊公司)在其生产销售的贵州辣子鸡、贵州小米渣、贵州猪肉干外包装礼盒的左上角、右下角使用了蜡染花鸟图案和如意图案边框。洪某远认为五福坊公司使用了其创作的《和谐共生十二》作品，一方面侵犯洪某远的署名权，另一方面侵犯了邓某香的著作财产权，包括复制权、发行权和获得报酬

* 刘忞旻，山东大学法学院硕士研究生，浙江新台州律师事务所疑案研究中心研究员。

权,故诉至法院,请求法院判令被告赔偿原告邓某香经济损失 20 万元,并以价目表及产品手册举证相关产品销售情况。

一审判决

贵阳市中级人民法院经审理认为:被告五福坊公司生产、销售的相关产品外包装礼盒和产品手册上使用的蜡染花鸟图案与原告洪某远创作的《和谐共生十二》作品在鸟与花图形的结构造型、线条的取舍与排列上一致,只是图案的底色和线条的颜色存在差别,应认定为实质性相似。被告五福坊公司在生产、销售涉案产品包装礼盒和产品手册中部分使用原告的作品,侵犯了原告对涉案绘画美术作品的复制权,对原告请求赔偿的要求应予支持。

但赔偿数额的确定是争议焦点之一,《著作权法》第 49 条规定了著作权侵权损害赔偿原则。一是按权利人的实际损失给予赔偿;二是在实际损失难以计算的情况下,按侵权人的违法所得给予赔偿;三是当权利人的实际损失和侵权人的违法所得都不能确定时,适用法定赔偿。本案中,原告方的实际损失本身难以确定,被告方因侵权行为的违法所得也难以查清,根据《最高人民法院关于审理著作权民事纠纷案件适用法律若干问题的解释》第 25 条第 1 款、第 2 款"权利人的实际损失或者侵权人的违法所得无法确定的,人民法院根据当事人的请求或者依职权适用著作权法第 48 条第 2 款、第 49 条第 2 款的规定确定赔偿数额。人民法院在确定赔偿数额时,应当考虑作品类型、合理使用费、侵权行为性质、后果等情节综合确定"的规定。故最终综合考量相关作品性质,对原告声誉及传统作品的保护,被告侵权行为的后果及生产经营状况等多方面因素,参照贵州省经济发展水平及大众的生活水平,酌情确定由被告五福坊公司赔偿原告邓某香经济损失 10 万元。

一审判决后,各方当事人均未上诉。

## 二、相关规定

《著作权法》第 48 条第 1 款第(1)项:"有下列侵权行为的,应当根据情况,承担停止侵害、消除影响、赔礼道歉、赔偿损失等民事责任……:(一)未经著作权人许可,复制、发行、表演、放映、广播、汇编、通过信息网络向公众传播其作品的,本法另有规定的除外。"

《著作权法》第 49 条:"侵犯著作权或者与著作权有关的权利的,侵权人应当按照权利人的实际损失给予赔偿;实际损失难以计算的,可以按照侵权人的违法所得给予赔偿。赔偿数额还应当包括权利人为制止侵权行为所支付的合理开支。权利人的实际损失或者侵权人的违法所得不能确定的,由人民法院根据侵权行为的情节,判决给予五十万元以下的赔偿。”

《最高人民法院关于审理著作权民事纠纷案件适用法律若干问题的解释》(法释〔2002〕31号)第24条[《最高人民法院关于审理著作权民事纠纷案件适用法律若干问题的解释》(法释〔2020〕19号)第24条]:“权利人的实际损失,可以根据权利人因侵权所造成复制品发行减少量或者侵权复制品销售量与权利人发行该复制品单位利润乘积计算。发行减少量难以确定的,按照侵权复制品市场销售量确定。”

《最高人民法院关于审理著作权民事纠纷案件适用法律若干问题的解释》(法释〔2002〕31号)第25条[《最高人民法院关于审理著作权民事纠纷案件适用法律若干问题的解释》(法释〔2020〕19号)第25条]:“权利人的实际损失或者侵权人的违法所得无法确定的,人民法院根据当事人的请求或者依职权适用著作权法第四十八条第二款的规定确定赔偿数额。人民法院在确定赔偿数额时,应当考虑作品类型、合理使用费、侵权行为性质、后果等情节综合确定。当事人按照本条第一款的规定就赔偿数额达成协议的,应当准许。”

## 三、典型案例或做法

| 案号 | 裁判立场 |
|---|---|
| 白某成诉北京稻香村食品有限责任公司著作权权属、侵权纠纷案/北京市东城区人民法院(2010)东民初字第02764号民事判决 | 关于赔偿数额问题,原告诉讼请求依据的赔偿标准(53万元)过高,双方亦不能证明被告的获利情况,本院酌情确定赔偿数额时,考虑以下因素:(1)涉案“跑驴”作品的性质。(2)涉案“跑驴”作品的使用方式。被告在月饼包装上多次使用涉案作品,虽所占比例不大,但与包装风格较为匹配,客观上起到了美化月饼盒外观的作用。(3)涉案“跑驴”作品及作者的知名度。(4)被告使用涉案“跑驴”作品的主观过错程度。判令被告北京稻香村食品有限责任公司赔偿原告白某成经济损失人民币2万元。 |

续表

| 案号 | 裁判立场 |
| --- | --- |
| 上海某光文具礼品连锁经营有限公司与上海健某实业股份有限公司擅自使用知名商品特有装潢纠纷上诉案/上海市第一中级人民法院(2011)沪一中民五(知)终字第119号民事判决 | 关于上诉人某光公司在本案中应承担的赔偿金额,由于被上诉人健某公司未能举证证明上诉人某光公司的侵权行为对被上诉人造成的损失及上诉人的获利情况,原审法院依据被上诉人商品的知名度、上诉人实施侵权行为的性质、主观过错、经营规模等因素,酌定赔偿数额并无不当。 |

## 四、法理分析

符合独创性特点的美术作品,属于《著作权法》第3条所规定的作品类型,应作为作品受《著作权法》保护。商品包装上使用图案、图片等美术作品发生著作权纠纷或侵权的,同样应适用《著作权法》的相关规定。在确定赔偿数额的问题上,《著作权法》第49条规定了著作权侵权损害赔偿原则:一是按权利人的实际损失给予赔偿;二是在实际损失难以计算的情况下,按侵权人的违法所得给予赔偿;三是当权利人的实际损失和侵权人的违法所得都不能确定时,适用法定赔偿。在此类案例中,法院应以相关著作权许可费用为基础综合考量多方面因素酌定赔偿数额。

首先,在商品包装使用美术作品著作权侵权案例中,依权利人实际损失来确定赔偿数额十分困难。现实中,权利人通常难以举证侵权人制作、销售带有侵权包装的商品给权利人造成多少实际损失。在一些情况下,权利人自始未用相关美术作品牟利,自难说明自身利益受损数额。而如本案的另一些情况,权利人虽使用了相关财产性权利,但与侵权人属不同领域,不构成商业上的竞争关系,并无相关作品所能获得利益下降之虞。即便在特殊情况下,权利人与侵权人在商业上构成竞争关系,由于无法举证自身利益下降的全部原因在于侵权商品的销售,故而通常也只能通过确定侵权商品的违法所得来确定赔偿数额。

其次,此类案件中通过确定侵权人违法所得来确定赔偿数额也不可行。本案中,原告向法院提交了被告相关产品的价目表及宣传手册,试图证明被告侵权产品的销售规模即违法所得规模,以此支持自己20万赔偿的诉讼请求。在诸多案例中,权利人均亦尝试用相关侵权商品销售所得数额来说明违法所得数额，通常情况下，法院未予采纳。一般而言，如果侵权行为采用复制美术品的方式，确应按照复制品数量与单位利润计算违法所得。这是因为作品乃侵权复制品定价的核心，侵权复制品的获利应当视为来自作品的全部或主要贡献。在此类案件中，侵权商品的复制，的确导致侵权包装上美术作品的复制。但侵权美术作品并非侵权商品获利的核心贡献，包装上使用侵权美术作品的意图仅仅是起美化与宣传效果。换言之，侵权商品所售价额并非皆为“违法”之所得，亦包括合法成分，但通过量化包装上美术作品在商品中所起作用之大小来确定违法所得占比多少又无实际可能，故而也难以通过确定侵权人违法所得来确定赔偿数额。

最后，法院应采取以著作权许可费用为基础综合多方因素的方法酌定赔偿数额。一般而言，法院在酌定赔偿数额时，会依据《著作权法》第 49 条第 2 款的规定并参考相关司法解释，综合衡量多个因素后确定。但即便酌定，也应当有一基础数额以作参考。在此类案件中，此基础数额应为相关美术作品著作权许可费用。因为侵权人所得违法利益来自使用了相关美术作品，相关作品为商品起到了宣传与美化之效果，侵权人却未向权利人支付相应费用，即著作权许可使用的费用。权利人所受利益之损害并非作品本身价值受损，而是著作权许可费用与机会的损失。因此，法院在酌定赔偿数额时，应重点参考相关著作权许可费用并以此为基础综合考量多方面因素确定赔偿数额。

# 郭靖、黄蓉、令狐冲，小说能否随便用？
## ——“同人小说”的法律边界

曹相见

2018年10月30日，武侠巨擘查某镛先生(笔名金某)去世。金某铁肩担道义、妙手著文章，给世人留下了大量脍炙人口的作品，郭靖、黄蓉、令狐冲等武侠形象深入人心。那么，这些武侠人物能否随便拿来进行二次创作？换句话说，这种“同人小说”的法律边界在哪里？

### 一、案情与裁判

**案件名称**：原告查某镛诉被告杨某等著作权侵权及不正当竞争纠纷案

**案件来源**：广东省广州市天河区人民法院(2016)粤0106民初12068号民事判决

**案情简介**：

查某镛(原告，以下称金某)发现杨某(被告，以下称江某)在未经其同意的情况下，在所创作的署名小说《此间的少年》中，大量使用了原告创作署名的小说《射雕英雄传》《天龙八部》《神雕侠侣》和《笑傲江湖》中知名人物的姓名，如郭靖、黄蓉、令狐冲、王语嫣、慕容复等。原告认为，《此间的少年》一书不仅主要人物姓名与其小说相同，该书中的人物关系、情节设定也与原告作品存在大量相似之处。该作品作为网络小说发表之后，由西北大学出版社于2002年首次出版，并由其他出版社在其后多次出版。原告金某向法院起诉被告江某创作、出版《此间的少年》一书侵犯其对《射雕英雄传》《天龙八部》《神雕侠侣》和《笑傲江湖》等四部作品拥有的著作权，并构成不正当竞争。

另查明，金某所著《射雕英雄传》《笑傲江湖》《天龙八部》《神雕侠侣》由三联书店于1994年5月在内地出版，均具有极高的知名度及影响力。江某于

2000年创作《此间的少年》并发表于网络，从2002年起多次出版。经比对，《此间的少年》中人物名称与金某四部作品中相同的共65个，包括郭靖、黄蓉、令狐冲、小龙女、乔峰等。

**法院判决**

**广东省广州市天河区人民法院经审理认为：**

1.《此间的少年》不构成著作权侵权。法院引用了华东政法大学王迁教授关于“同人小说”是否侵权的界定标准：“直接借用经过充分描述的角色和复杂的关系，并带入新作品，构成与原作品的实质性相似，即侵权。但仅使用从具体情节中抽离的角色名称、简单的性格特征及角色之间的简单关系，更多的是起到识别符号的作用，不构成侵权。”虽然该作品使用了金某四部作品中的大部分人物名称、部分人物的简单性格特征、简单人物关系以及部分抽象的故事情节，但并没有将情节建立在金某作品的基础上，而是在不同的时代与空间背景下，围绕人物角色展开撰写全新的故事情节，创作出不同于金某作品的校园青春文学小说，部分人物的性格特征、人物关系及相应故事情节与金某作品截然不同，情节所展开的具体内容和表达的意义并不相同。

2.江某等被告的行为构成不正当竞争。“同人作品”一般是指使用既有作品中相同或近似的角色创作新的作品，若创作仅为满足个人创作愿望或原作读者的需求，不以营利为目的，新作具备新的信息、新的审美和新的洞见，能与原作形成良性互动，亦可作为思想的传播而丰富文化市场。但该案中，江某利用读者对金某作品中武侠人物的喜爱提升自身作品的关注度后，以营利为目的多次出版且发行量巨大，其行为已超出必要限度。尤其是江某2002年首次出版时把书名副标题定为“射雕英雄的大学生涯”，将自己的作品直接指向金某作品，借助金某作品的影响力吸引读者获取利益的意图尤为明显。因此，法院认定江某的行为具有不正当性，与文化产业公认的商业道德相背离，应为《反不正当竞争法》所禁止。

## 二、相关规定

《反不正当竞争法》第2条第1款：“经营者在生产经营活动中，应当遵循自愿、平等、公平、诚信的原则，遵守法律和商业道德。”

《反不正当竞争法》第6条：“经营者不得实施下列混淆行为，引人误认为是他人商品或者与他人存在特定联系：（一）擅自使用与他人有一定影响的商品名称、包装、装潢等相同或者近似的标识；（二）擅自使用他人有一定影响的企业名称（包括简称、字号等）、社会组织名称（包括简称等）、姓名（包括笔名、艺名、译名等）；（三）擅自使用他人有一定影响的域名主体部分、网站名称、网页等；（四）其他足以引人误认为是他人商品或者与他人存在特定联系的混淆行为。”

## 三、法理评析

法院认为江某行为不构成著作权侵权，可谓妥当，但在解释上，仍有进一步说明的必要。《著作权法》第 10 条规定，著作权包括发表权、署名权、修改权、保护作品完整权、改编权等，“同人小说”如果构成侵权，侵犯的是哪一种权利呢？（1）肯定不是发表权。发表权是决定作品是否公之于众的权利，而“同人小说”所涉及的作品早已发表。（2）也不应是署名权。署名权是在自己作品上署名的权利，江某并未侵害金某在自己作品上的署名权。（3）也不会是修改权或保护作品完整权，这两种权利也都是对自己作品的权利，江某也没有修改和篡改的动机。（4）应当属于改编权。改编权是自己或授权他人改变原有作品，创作出具有独创性的新作品的权利。在“同人小说”侵权中，行为人使用原作品的人物、关系进行创作，是对他人作品的改编。

因此，要想证明“同人小说”侵权，就必须证明创作使用的人物、关系属于他人作品。而对“属于他人作品”的证明，则涉及在先接触原则和实质性相似原则。在先接触原则的主要意义在于免责，也就是说只要行为人没有事先接触原作品，即便与原作品实质性相似，也不构成著作权侵权。至于实质性相似原则的判定，法院所引王迁教授的观点殊值赞赏。但应指出的是，《此间的少年》虽不构成与金某作品的实质性相似，但所引人物形象不注明原创作者，却有违诚实信用原则。作品属于人类符号世界的一部分，承载了保持作品真相的公共利益，在作品上署名、注明出处是人类阅读审美的普遍要求。对此，江某应予纠正。

就不正当竞争而言，《反不正当竞争法》第 6 条规定了“擅自使用与他人有一定影响的商品名称、包装、装潢等相同或者近似的标识”“擅自使用他人有一定影响的企业名称（包括简称、字号等）、社会组织名称（包括简称等）、姓名（包括笔名、艺名、译名等）”“擅自使用他人有一定影响的域名主体部分、网站名称、网页等”以及“其他足以引人误认为是他人商品或者与他人存在特定联系的混淆行为”四种情形，但本案显然不符合其中任何一种。不过，金某的请求依据是

《反不正当竞争法》第 2 条关于诚信原则和商业道德的规定，法院判决也肯定了这一思路。这一立场值得肯定：江某不注明其作品与金某作品的关联，显然是想利用消费者的这一联想获利。反过来说，如果江某在显著位置注明了《此间的少年》与金某作品的关联，则不构成不正当竞争。

# 商法专题

# 有限公司的股权回购可能实为股权代持
## ——最高人民法院第96号指导案例评释

曹相见

在我们的印象中，股权回购与股权转让截然不同，但由于私法通行法不禁止即自由的原则，实践中可能出现二者雌雄难辨的情形，此又以有限责任公司的股权变动为典型。

### 一、案情与裁判

**案件名称**：宋某军诉西安市大华餐饮有限公司股东资格确认纠纷案

**案件来源**：陕西省高级人民法院(2014)陕民二申字第00215号民事裁定

**案情简介**：

西安市大华餐饮有限责任公司(再审被申请人、一审被告、二审被上诉人，以下简称大华公司)成立于1990年。2004年5月，大华公司由国有企业改制为有限责任公司。宋某军(再审申请人、一审原告、二审上诉人)系大华公司员工，出资2万元成为大华公司股东。公司章程第14条规定："公司股权不向公司以外的任何团体和个人出售、转让。公司改制一年后，经董事会批准后可在公司内部赠予、转让和继承。持股人死亡或退休经董事会批准后方可继承、转让或由企业收购，持股人若辞职、调离或被辞退、解除劳动合同的，人走股留，所持股份由企业收购……"公司章程经大华公司全体股东签名通过。

2006年6月，宋某军向公司提出解除劳动合同，并申请退出其所持有的公司的2万元股份。2006年8月，经大华公司法定代表人同意，宋某军领到退出股金款2万元整。2007年1月，大华公司召开2006年度股东大会，大会应到股东107人，实到股东104人，代表股权占公司股份总数的93%，会议审议通过了宋某军等股东的退股申请并决议"其股金暂由公司收购保管，不得参与红利分配”。后宋某军以大华公司的回购行为违反法律规定，未履行法定程序且《公司法》规定股东不得抽逃出资等，请求依法确认其具有大华公司的股东资格。

法院判决

陕西省高级人民法院经审理认为，本案的系争焦点为公司章程关于“人走股留”的规定是否有效，以及大华公司回购宋某军股权是否违反《公司法》构成抽逃出资？关于第一个问题，法院认为，公司章程关于“人走股留”的规定，符合有限责任公司封闭性和人合性的特点，系公司自治原则的体现。宋某军依法转让股权的权利没有被禁止，公司章程不存在侵害宋某军股权转让权利的情形。宋某军在公司章程上签名的行为，应视为其对前述规定的认可和同意，该章程对大华公司及宋某军均产生约束力。

针对第二个问题，法院认为，《公司法》规定的异议股东回购请求权具有法定的行使条件，而本案属于大华公司基于公司章程的约定及与宋某军的合意而回购宋某军股权，对应的是大华公司是否具有回购宋某军股权的权利，二者性质不同，因此不归《公司法》第74条调整。另外，《公司法》所规定的抽逃出资专指公司股东抽逃其对于公司出资的行为，公司不能构成抽逃出资的主体，宋某军的这一再审申请理由不能成立。综上，裁定驳回再审申请人宋某军的再审申请。

## 二、相关规定

《公司法》第71条第1款、第4款：“有限责任公司的股东之间可以相互转让其全部或者部分股权。公司章程对股权转让另有规定的，从其规定。”

《公司法》第74条第1款：“有下列情形之一的，对股东会该项决议投反对票的股东可以请求公司按照合理的价格收购其股权：(一)公司连续五年不向股东分配利润，而公司该五年连续盈利，并且符合本法规定的分配利润条件的；(二)公司合并、分立、转让主要财产的；(三)公司章程规定的营业期限届满或者章程规定的其他解散事由出现，股东会会议通过决议修改章程使公司存续的。”

《公司法》第177条：“公司需要减少注册资本时，必须编制资产负债表及财产清单。公司应当自作出减少注册资本决议之日起十日内通知债权人，并于三十日内在报纸上公告。债权人自接到通知书之日起三十日内，未接到通知书的自公告之日起四十五日内，有权要求公司清偿债务或者提供相应的担保。”

## 三、法理分析

本案中，法院对争议焦点的总结基本正确，但裁判说理疏于法理阐释。关于大华公司章程“人走股留”规定的效力，虽然《公司法》第 71 条第 1 款赋予有限责任公司股东转让股权的自由，但第 71 条第 4 款同时留给公司章程意思自治的空间，既然大华公司章程已经全体股东签名通过，则只要不存在违反法律、排除股东主要权利等无效情形，应对全体股东产生法律拘束力。本案中，大华公司章程虽对股权转让进行了限制，但并未违反法律，股东亦可通过由“企业回购”的方式实现股权，故不存在排除其主要权利的情形，应当合法有效。

但本案的关键在于如何解释章程规定的“股权收购”。按《公司法》第 74 条第 1 款规定，只有在公司连续 5 年盈利但连续 5 年不向股东分配利润，公司合并、分立、转让主要财产，公司章程规定解散事由出现但股东会决议存续时，异议股东才可请求公司收购股权。本案显非上述情形中的任何一种，依据公司自治的原则，应当认为合法有效。问题是，公司收购股权后的法律效果如何，可否理解为公司通过收购股权来减少注册资本呢？我国实行法定资本制，按《公司法》第 177 条规定，公司减少注册资本须履行法定程序，但按股东会决议，公司收购股权只是代为保管，不再对离职股东分红，显然不具有减资的意图。

这就导致了股权回购的名不符实的问题。分析这一问题，离不开民法的基本原理。关于法律行为的名不符实现象，存在两种不同的现实类型：一是当事人故意实施的名不符实行为，即通谋虚伪的意思表示。对此，《民法典》第146 条规定：“行为人与相对人以虚假的意思表示实施的民事法律行为无效。以虚假的意思表示隐藏的民事法律行为的效力，依照有关法律规定处理。”二是当事人无意导致的名不符实，即意思表示的错误。对此，《民法典》第 147 条规定：“基于重大误解实施的民事法律行为，行为人有权请求人民法院或者仲裁机构予以撤销。”

本案当事人既不存在主观通谋，也缺乏背后的隐藏行为，因此只能从重大误解角度进行分析。一般认为，《民法典》中的重大误解等同于传统民法中的错误，可分为当事人资格、物的性质、意思表示内容等错误。但适用重大误解有一个前提，即存在解释先于错误的原则。虽然表意人（公司）的意思表示存在错误，但若相对人（原告）愿意按表意人的真实意思实施法律行为，则不得撤销该行为。本案中，虽然大华公司章程出现了收购股权的字眼，但结合章程、股东会决议可知，所谓股权收购实为公司代持股权，原告退出股权时并不反对这一意思，因此该行为具有法律效力，此即“误载无害真意”原则。事实上，在国有企业改制中，出于各种原因，由公司或特定机构代持股权十分常见，不应由此否认其法律效力。

至于本案的第二个焦点问题，结合《公司法》第35条、《最高人民法院关于适用〈中华人民共和国公司法〉若干问题的规定（三）》（法释〔2014〕2号）第12条规定可知，公司缺乏抽逃出资的动机和现实可能性，不可能成为抽逃出资的主体，法院的说理应予赞同。

# 公司违反章程对外提供担保的效力

刘耀东

对于法定代表人等越权对外提供担保的效力问题，司法实践对此裁判观点并不统一。那么，公司法定代表人、董事等高级管理人员违反公司章程，与债权人签订的担保协议是否有效？公司对法定代表人等越权为他人提供担保的行为是否需要承担责任？对相对人的审查义务如何认定其是否构成善意？以下结合一则案例说明之。

## 一、案情与裁判

**案件名称：**上海创宏建筑材料有限公司与上海农村商业银行股份有限公司吴淞支行等借款合同纠纷上诉案

**案情来源：**上海市第二中级人民法院(2008)沪二中民三(商)终字第182号民事判决

**案情简介：**

2006年4月21日，上海宝艺钢铁物资有限公司(被上诉人、原审被告，以下简称宝艺公司)向上海农村商业银行股份有限公司吴淞支行(被上诉人、原审原告，以下简称农商行吴淞支行)签订《上海农村商业银行借款合同》，合同约定：宝艺公司向农商行吴淞支行借款200万元作为公司的流动资金。当日，农商行吴淞支行与上诉人签订《上海农村商业银行保证合同》，该合同由上诉人盖公章及其法定代表人张创增签字，约定：由上诉人为宝艺公司的上述借款承担连带保证责任。同日，吴海东(被上诉人、原审被告)向农商行吴淞支行出具《上海农村商业银行个人保证担保函》(吴海东之妻倪静亦在其上签名)，言明吴海东自愿以全部个人家庭财产和收入为宝艺公司的借款承担连带保证责任。农商行吴淞支行也于当日向吴海东出具回执，同意吴海东按前述约定作为宝艺公司借款的连带责任保证人。合同签订后，农商行吴淞支行按约发放了200万元贷款。但是借款到期后，宝艺公司并未归还该笔借款及利息，上诉人和吴海东也未按约履行保证义务。农商行吴淞支行多次催讨无果，遂诉诸法院，要求宝艺公司归还借款及其利息，并要求上诉人及吴海东对于宝艺公司的上述债务承担连带清偿责任。

股东为上海创宏建筑工程有限公司（上诉人、原审被告）及姚文宏，法定代表人为张创增。上诉人《公司章程》规定："董事、经理不得以公司资产为公司的股东或者其他个人债务提供担保……"审理中，农商行吴淞支行补充提交了一份2006年4月17日上诉人股东会所作决议，内容是股东同意为宝艺公司向农商行吴淞支行借款提供担保。上诉人认为，该股东会决议不真实，股东上海创宏建筑工程有限公司签章与实际不一致，姚文宏及张创增签名不真实，故申请对印鉴和签字的真实性和形成时间进行鉴定。对上诉人的鉴定申请农商行吴淞支行不予同意，认为其合法取得股东会决议，已经尽到了审查义务。根据本案实际情况，原审法院告知上诉人对农商行吴淞支行提交的股东会决议上相关签章及签字的真实性等不作鉴定。

**一审判决**

农商行吴淞支行与宝艺公司签订的借款合同及吴海东向农商行吴淞支行出具的、经农商行吴淞支行接受的个人保证担保函，均具有法律效力，依法应予保护。就上诉人与农商行吴淞支行签订的保证合同的效力而言，根据《公司法》的规定，公司向其他企业投资或者为他人提供担保，依照公司章程的规定，由董事会或者股东会、股东大会决议。农商行吴淞支行与上诉人签订的保证合同由上诉人盖章及法定代表人签名，签订保证合同时农商行吴淞支行亦获得上诉人相关股东会决议，已从形式上满足了《公司法》的前述规定。上诉人辩称该保证违反其公司章程规定，且农商行吴淞支行存在重大过错，但本案中的保证合同系上诉人法定代表人代表公司与农商行吴淞支行签订并加盖了上诉人的公章，在没有证据证明农商行吴淞支行在订立保证合同时知道或者应当知道上诉人的法定代表人的这一代表行为系违反章程的越权行为，该代表行为应认定为有效，故一审法院认定保证合同有效，上诉人应按照约定承担连带保证责任。即使对农商行吴淞支行提交的上诉人股东会决议进行鉴定，且鉴定后反映上诉人股东会决议上的印鉴、签名不真实，也不影响上诉人提供担保的效力。

二审判决

从上诉人公司章程记载的内容看，上诉人公司章程对于公司对外担保作出的限定是，“董事、经理不得以公司资产为公司的股东或者其他个人债务提供担保”，从上述条款的内容可以看出，上诉人公司章程中仅仅对公司董事、经理以公司财产对外担保予以禁止，而对经公司股东会决议同意的公司对外担保等情形未作出禁止性规制，因此，仅凭上述公司章程条款不能排除上诉人为其他企业提供担保的可能性。现从农商行吴淞支行提供的上诉人股东会决议内容看，决议中不仅记载了上诉人股东会明确同意为宝艺公司借款提供担保的意思表示，而且公司股东也在决议上盖章和签字。虽然，上诉人对农商行吴淞支行提交的上诉人股东会决议上的股东签字或者盖章的真实性还有异议，但是基于农商行吴淞支行不可能参与上诉人内部的整个决策过程，也不具备审查决议实质真伪的能力，因此，应当认定农商行吴淞支行对决议形式真实性已作审查。在农商行吴淞支行既对保证合同中上诉人的公章及法定代表人签字真实性进行了实质审查，又对上诉人股东会决议进行了形式审查的情况下，股东签字或盖章实质上是否真实已不具有对抗农商行吴淞支行作为担保债权人的效力，据此，二审法院认定农商行吴淞支行与上诉人签订的保证合同有效，上诉人应当对宝艺公司的借款承担连带保证责任。

## 二、相关规定

《公司法》第 16 条：“公司向其他企业投资或者为他人提供担保，依照公司章程的规定，由董事会或者股东会、股东大会决议；公司章程对投资或者担保的总额及单项投资或者担保的数额有限额规定的，不得超过规定的限额。公司为公司股东或者实际控制人提供担保的，必须经股东会或者股东大会决议。前款规定的股东或者受前款规定的实际控制人支配的股东，不得参加前款规定事项的表决。该项表决由出席会议的其他股东所持表决权的过半数通过。”

《合同法》第 50 条（《民法典》第 504 条）：“法人或者其他组织的法定代表人、负责人超越权限订立的合同，除相对人知道或者应当知道其超越权限的以外，该代表行为有效。”

《合同法》第 52 条（《民法典》第 153 条）：“有下列情形之一的，合同无效：（一）一方以欺诈、胁迫的手段订立合同，损害国家利益；（二）恶意串通，损害国家、集体或者第三人利益；（三）以合法形式掩盖非法目的；（四）损害社会公共利益；（五）违反法律、行政法规的强制性规定。”

《最高人民法院关于适用〈中华人民共和国合同法〉若干问题的解释（二）》（法释〔2009〕5 号）第 14 条[①]：“合同法第五十二条第（五）项规定的‘强制性规定’，是指效力性强制性规定。”

《民法总则》第 61 条第 3 款（《民法典》第 61 条第 3 款）：“法人章程或者法人权力机构对法定代表人代表权的限制，不得对抗善意相对人。”

《最高人民法院关于适用〈中华人民共和国担保法〉若干问题的解释》（法释〔2000〕44 号）第 11 条[②]：“法人或者其他组织的法定代表人、负责人超越权限订立的担保合同，除相对人知道或者应当知道其超越权限的以外，该代表行为有效。”

## 三、典型案例

| 裁判进路 | 案号 | 裁判立场 |
|---|---|---|
| 在认定《公司法》第 16 条系效力性强制性规范抑或管理性强制性规范的基础上，进而判断公司违反章程对外提供担保的效力。 | 中建材集团进出口公司诉北京大地恒通经贸有限公司等进出口代理合同纠纷案/《最高人民法院公报》2011 年第 2 期 | 《公司法》第 16 条的规定并非效力性强制性的规定。《公司法》没有明确规定公司违反第十六条对外提供担保无效的情形下，对公司对外担保的效力应予确认。担保人出具的《承诺书》担保形式完备，内容不违反法律、法规有关效力性的强制性法律规定，应认定为构成合法有效的第三人保证，担保人应承担连带保证责任。 |
| | 湖北帝旺实业投资有限公司与李宗银等借款担保合同纠纷案/最高人民法院（2016）最高法民申 1831 号民事判决 | 《公司法》第 16 条第 2 款的规定应当理解为管理性强制性规定，违反该规定不符合原《合同法》第 52 条规定的合同无效的情形。 |

① 2020 年 12 月 29 日，最高人民法院印发《关于废止部分司法解释及相关规范性文件的决定》（法释〔2020〕16 号），决定废止 2009 年 4 月 24 日印发的《最高人民法院关于适用〈中华人民共和国合同法〉若干问题的解释（二）》。

② 2020 年 12 月 29 日，最高人民法院印发《关于废止部分司法解释及相关规范性文件的决定》（法释〔2020〕16 号），决定废止 2000 年 12 月 8 日印发的《最高人民法院关于适用〈中华人民共和国担保法〉若干问题的解释》。

续表

| 裁判进路 | 案号 | 裁判立场 |
| --- | --- | --- |
| | 襄阳骏盛置业有限公司等与加金杰等股权转让纠纷案/最高人民法院(2016)最高法民申1007号民事裁定 | 《公司法》第16条的规定,意在防止公司的实际控制人或者高级管理人员损害公司、小股东或者其他债权人的利益,公司是否召开股东会以及股东会的决议,是公司的内部控制程序,不能约束与公司交易的第三人。第三人无义务审查是否已经召开股东会,亦无义务对于股东会决议进行审查。该规定不属于效力性强制性规定,不能据此主张担保无效。是否提交股东会决议以及股东会决议上签名是否为公司股东,均不影响担保责任的承担。 |
| | 陈某等与杨某凤民间借贷纠纷案/最高人民法院(2016)最高法民再24号民事判决 | 《公司法》第16条第2款规定:"公司为公司股东或者实际控制人提供担保的,必须经股东会或者股东大会决议。"其规定在于限制公司主体行为,防止公司的实际控制人或者高级管理人员损害公司、小股东或其他债权人的利益,其实质属于公司内部管理、控制程序方面之规范,即为管理性强制性规范,不能以此约束交易相对人,亦不应将其作为认定合同无效的依据。 |
| | 中国信达资产管理股份有限公司深圳市分公司诉深圳市赛臣软件科技有限公司等借款合同纠纷案/广东省高级人民法院(2012)粤高法民二终字第19号民事判决 | 公司未按照《公司法》第16条的规定经董事会或股东会决议通过而对外提供担保的,系违反效力性强制性规定,人民法院应当认定担保行为无效。 |

续表

| 裁判进路 | 案号 | 裁判立场 |
| --- | --- | --- |
| 并不纠结《公司法》第16条之规范性质，违反该条规定仅为判断相对人是否构成善意的依据，进而通过《合同法》第50条以及《最高人民法院关于适用〈中华人民共和国担保法〉若干问题的解释》第11条认定担保合同的效力。 | 招商银行股份有限公司大连东港支行与大连振邦氟涂料股份有限公司等借款合同纠纷案/最高人民法院(2012)民提字第156号民事判决 | 《公司法》第16条第2款是关于公司内部控制管理的规定，不应以此作为评价合同效力的依据。担保人抗辩认为其法定代表人订立抵押合同的行为超越代表权，债权人以其对相关股东会决议履行了形式审查义务，主张担保人的法定代表人构成表见代表的，人民法院应予支持。 |
| | 河南恒和置业有限公司与潘某堂等民间借贷纠纷案/最高人民法院(2017)最高法民申1475号民事裁定 | 《公司法》第16条第2款规定系公司内部的程序性规定，并非强制性效力性规定，公司对外提供担保是否经股东会或者股东大会决议，并不影响其对外签订的合同效力。《合同法》第50条"法人或者其他组织的法定代表人、负责人超越权限订立的合同，除相对人知道或者应当知道其超越权限的以外，该代表行为有效"以及《最高人民法院关于适用〈中华人民共和国担保法〉若干问题的解释》第11条"法人或者其他组织的法定代表人、负责人超越权限订立的担保合同，除相对人知道或者应当知道其超越权限的以外，该代表行为有效"的规定，公司的法定代表人即使超越权限、违反公司章程规定对外提供担保，公司仍应向善意第三人承担民事责任。 |
| | 通联资本管理有限公司与成都新方向科技发展有限公司等与公司有关的纠纷案/最高人民法院(2017)最高法民再258号民事判决 | 久远公司(担保人)在《增资扩股协议》中承诺对新方向公司进行股权回购义务承担连带责任，但并未向通联公司(相对人)提供相关的股东会决议，亦未得到股东会决议追认，通联公司(相对人)未能尽到基本的形式审查义务，从而认定久远公司(担保人)的法定代表人代表公司在《增资扩股协议》上签字、盖章的行为，对通联公司不发生法律效力。 |
| | 河北敬业担保有限公司与永年县圣地隆房地产有限公司等追偿权纠纷申诉案/最高人民法院(2016)最高法民申字第2633号民事裁定 | 在判断公司法定代表人违反《公司法》第16条越权签订担保合同是否对公司有效时，还应考察该行为是否构成原《合同法》第50条规定的表见代表，相对人是否尽到了合理的审查义务。债权人作为专门从事担保业务的专业机构，本应对法定代表人是否越权尽到更为谨慎的审查义务，但其并未进行形式上的审查，因此不构成善意。 |

## 四、法理分析

本案争议的焦点在于上诉人上海创宏建筑材料有限公司违反公司章程与农商行吴淞支行订立的保证合同的效力以及相对人(农商行吴淞支行)负担审查义务的标准系形式审查抑或实质审查?

首先,《公司法》第16条其立法目的是规范公司内部的意思形成程序,即对于对外担保事项应由哪个公司机关通过表决机制形成决议进而形成公司团体意思。因此,《公司法》第16条调整的对象是公司内部的法律关系,而非公司与第三人之间的外部法律关系。在此意义上,《公司法》第16条究竟为任意性规范抑或强制性规范,或者是效力性强制性规范还是管理性强制性规范,对于认定公司对外担保的效力并不具有实益,更不能成为认定对外担保效力的依据。本案一审、二审均未围绕《公司法》第16条之规范性质而作出裁判无疑值得赞赏。

其次,虽然法定代表人对外具有代表公司参与经营活动实施法律行为的概括授权,但由《公司法》第16条规定可知,公司法实际上已经剥夺了法定代表人就向其他企业投资与对外提供担保两事项未经内部决议的代表权限,系构成对代表权的法定限制。既然《公司法》第16条构成对法定代表人代表权的法定限制,而法律一经颁布即推定为公知,任何人不得以不知道法律规定为由而拒绝适用法律。也正因如此,任何与公司订立担保合同的相对人均被推定知晓法定代表人未经内部机关决议不得代表公司为他人提供担保,相对人也因而负有审查义务。虽然根据《民法总则》第61条第3款(《民法典》第61条第3款)规定,“法人章程或者法人权力机构对法定代表人代表权的限制,不得对抗善意相对人”,但该条仅适用于对法定代表人代表权的约定限制。

再次,相对人虽然负有审查义务即有义务要求法定代表人提供公司章程及公司同意对外提供担保的内部决议文件,但其对公司担保决议仅负有形式审查义务,即只要公司内部决议文件符合法律规定的形式即可,至于法定代表人所提供的决议文件的真实性并非审查内容即相对人不负实质审查义务。本案一审、二审法院均认为,农商行吴淞支行不可能参与上诉人的内部决策过程,不具备审查决议实质真伪的能力,认定农商行吴淞支行已经尽到对担保决议的审查义务,值得肯定。

最后，只要相对人尽到对担保决议的形式审查义务，除非有其他证据证明相对人知道或应当知道法定代表人超越权限或担保决议并非真实，即构成善意。至于法定代表人实际上是否超越权限以及担保决议文件的真伪并不影响相对人善意的构成。在相对人构成善意的情况下，根据《合同法》第 50 条以及《最高人民法院关于适用〈中华人民共和国担保法〉若干问题的解释》（法释〔2000〕44 号）第 11 条之规定，法定代表人的代表行为有效，即法定代表人越权为他人提供担保的效力应归属于公司承担。

综上，本案中上诉人上海创宏建筑材料有限公司法定代表人在与相对人农商行吴淞支行签订保证合同时已提供上诉人同意担保的相关股东会决议，农商行吴淞支行作为专业的金融机构对于担保决议上的股东上海创宏建筑工程有限公司的公章以及法定代表人的签名已尽到初步的审查义务，在无其他证据证明农商行吴淞支行知道或应当知道法定代表人越权及担保决议非真实的情况下，并不影响农商行吴淞支行构成善意。所以，上诉人上海创宏建筑材料有限公司法定代表人违反公司章程与农商行吴淞支行订立的保证合同有效，应当对宝艺公司的借款承担连带保证责任。

# 期货交易中，经纪机构强行平仓带来的损失如何分担?

王　佳*

金融市场的发展使得投资途径拓宽，而期货交易具备高风险性，经纪机构应在何种条件下采用强行平仓的风险控制措施？强平后的利益损失又该如何承担？

## 一、案情与裁判

**案件名称**：范某孚与银建期货经纪有限责任公司天津营业部期货交易合同纠纷再审案

**案例来源**：最高人民法院(2010)民提字第111号民事判决

**案情简介**：

原告范某孚与被告天津营业部签订期货经纪合同及其补充1、2配套协议，委托天津营业部按照交易指令为范某孚进行期货交易。合同签订后，范某孚根据天津营业部的通知，自行平仓大豆270手，达到天津营业部要求的保证金水平。天津营业部在15时收市后，于18时50分通知范某孚追加保证金。范某孚于2007年12月25日13时48分存入保证金150万元。2007年12月25日8时59分，天津营业部在集合竞价时对范某孚所持空仓合约412手强行平仓，按照强行平仓价格与当日最低价格的差价计算，范某孚持有三项合约共412手的差价损失共计9027085.66元。范某孚诉请法院要求被告承担全部损失。

**一审判决**

**一审法院经审理认为**：期货交易具有高风险特征，双方对该损失应当共同

* 王佳，东南大学法学院博士研究生，浙江新台州律师事务所疑案研究中心研究员。

承担责任。且原告差价损失按照最低价格计算无事实依据，其损失共计应为6663000元。其理由是：

1.双方签订的期货经纪合同及补充协议均明确了交易风险及后果，范某孚在持仓过程中，应随时关注自身持仓保证金及权益的变化，预见风险加大有可能造成强行平仓的后果时，应主动追加保证金或主动减仓，以避免损失的发生。因此范某孚应承担相应的责任。

2.天津营业部虽然依据期货交易的相关规定及双方约定，向范某孚发送了追加保证金的通知，但因其未能提供给范某孚追加保证金的合理时间，以致造成范某孚强行平仓的损失，对此天津营业部应承担相应赔偿责任。

3.天津营业部在集合竞价时对范某孚所持空仓合约412手强行平仓，应当按照当日收盘价格进行差价损失计算，共计6663000元。

二审判决

**二审法院经审理认为**：期货交易所或期货公司应当给予客户合理追加保证金的时间。

本案天津营业部在2007年12月24日15时收盘后，于18时50分通知范某孚追加保证金1336万元。2007年12月25日8时59分，天津营业部在集合竞价时强行平仓范某孚持有铜合约412手，该行为使范某孚持仓虚亏变为实亏，而该期间范某孚根本无法将追加的保证金交到天津营业部账户上。同时合同并未就追加保证金的合理时间进行约定，天津营业部挂单强平时银行尚未营业，显属未给予范某孚追加保证金的合理时间。对此，范某孚并无过错，天津营业部的强平行为与范某孚损失具有直接的因果关系，其应按照最低价格计算差价承担全部的赔偿责任。

再审判决

**再审法院经审理认为**：根据范某孚保证金是否不足、范某孚是否按照要求及时追加保证金、天津营业部25日保证金比例是否合理、范某孚是否有及时自行平仓的机会共四个条件综合认定天津营业部不是出于善意的目的，其没有满足法律规定和合同约定条件实施的强行平仓行为存在过错，应对其强行平仓给范某孚造成的损失承担民事责任。

另外，损失实际包括范某孚自己期货交易判断错误导致的亏损和天津营业部强行平仓过错而加大的亏损，即期货交易损失和强行平仓损失两部分，双方对此应负担相应责任。

## 二、相关规定

《期货交易管理条例》第 38 条第 2 款:“客户保证金不足时,应当及时追加保证金或者自行平仓。客户未在期货公司规定的时间内及时追加保证金或者自行平仓的,期货公司应当将该客户的合约强行平仓,强行平仓的有关费用和发生的损失由该客户承担。”

《最高人民法院关于审理期货纠纷案件若干问题的规定》(法释〔2003〕10 号)第 36 条第 2 款[《最高人民法院关于审理期货纠纷案件若干问题的规定》(法释〔2020〕18 号)第 33 条第 2 款]:“客户的交易保证金不足,又未能按期货经纪合同约定的时间追加保证金的,按期货经纪合同的约定处理;约定不明确的,期货公司有权就其未平仓的期货合约强行平仓,强行平仓造成的损失,由客户承担。”

《最高人民法院关于审理期货纠纷案件若干问题的规定》(法释〔2003〕10 号)第 40 条[《最高人民法院关于审理期货纠纷案件若干问题的规定》(法释〔2020〕18 号)第 40 条]:“期货交易所对期货公司、期货公司对客户未按期货交易所交易规则规定或者期货经纪合同约定的强行平仓条件、时间、方式进行强行平仓,造成期货公司或者客户损失的,期货交易所或者期货公司应当承担赔偿责任。”

《合同法》第 122 条(《民法典》第 186 条):“因当事人一方的违约行为,侵害对方人身、财产权益的,受损害方有权选择依照本法要求其承担违约责任或者依照其他法律要求其承担侵权责任。”

## 三、典型案例或做法

| 案号 | 裁判立场 |
|---|---|
| 蒋军与招商银行股份有限公司深圳梅林支行期货强行平仓纠纷上诉案/广东省高级人民法院(2013)粤高法民二终字第 20 号民事判决 | 蒋军与招商银行形成了期货合同关系,招商银行应对蒋军负有及时追加保证金的通知义务,该约定不可通过合同加以免除。若因招商银行未及时履行通知义务导致蒋军利益受损,其有权要求其赔偿损失。 |
| 应建挺与华某期货有限公司期货强行平仓纠纷上诉案/上海市高级人民法院(2016)沪民终字第 392 号民事判决 | 本案系争期货经纪合同,上诉人账户风险率远远超过约定的比例,保证金严重不足,期货经纪公司发出了追加保证金和强行平仓的通知之后未收到回应故强行平仓,该行为有合同和法律的双重依据,不承担责任。 |

## 四、法理分析

强行平仓是指在期货交易当中，当出现法定或约定的特殊事由时，由期货交易所或期货公司强行对会员或客户的部分或全部持仓进行反向的对冲平仓操作。强行平仓直接关系到期货法律关系中当事人的利益分配和责任承担。

首先，本案原被告双方系形成期货经纪合同关系。天津营业部接受范某孚的委托按照交易指令为其进行期货交易，并同时在合同中约定了保证金比例及追加、强行平仓实施条件等风险控制内容。双方签订的期货经纪合同对范某孚进行了相应的风险提示并约定了天津营业部的及时通知义务。范某孚认为天津营业部强行平仓行为不当、侵犯其合法权益的民事赔偿之诉，是违约责任与侵权责任竞合之诉。

其次，原告有权选择请求被告承担违约责任或侵权责任。期货公司采取强行平仓措施必须具备三个前提条件：一是客户保证金不足；二是客户没有按照要求及时追加保证金；三是客户没有及时自行平仓。天津营业部在当天收市结束之后才通知范某孚提高保证金比例并要求在第二日开盘前追加保证金，而收市当晚 18 时 50 分至次日 9 时，银行等金融机构处于休息状态并不营业，这其间范某孚没有追加保证金的可能。所以，应认定天津营业部没有给范某孚追加保证金的机会，而非范某孚没有按照要求或者没有能力追加保证金。天津营业部违反合同约定致使出现强行平仓行为，给范某孚带来利益损失，构成违约责任与侵权责任的竞合。而本案范某孚选择的是请求违约责任。

最后，本案应按照双方过错比例分担违约损失。期货市场的风险包括市场交易风险和市场运行风险两大部分，市场交易风险法定由期货交易人自行承担，范某孚在三张合约价格相对底部开空仓，在三张合约价格震荡走高趋势中持续持仓，是范某孚本案期货交易损失的根本原因。这其间，已经形成浮动亏损，之后不论谁平仓，浮动亏损都将变成实际亏损。因此，范某孚期货交易累计结算发生的浮动亏损变为实际亏损与天津营业部强行平仓没有直接的因果关系。

同时，期货公司强行平仓具有过错，行为损害了客户利益应当承担民事责任，根据《民法通则》第 134 条民事责任承担方式的规定，期货公司应当采取恢复客户被强行平仓头寸(也称“头衬”，即款项，是金融业流行用语)的补救措施，不能恢复头寸的则应按照公平合理的价格赔偿客户因此发生的损失。因本案三张合约已经到期交割，恢复被强行平仓的头寸成为不可能，故天津营业部只能赔偿范某孚因强行平仓发生的损失金额。

# 承包人破产程序中如何主张自己的建设工程款?

王　佳

我国《合同法》明确规定了建设工程承包人工程款的优先受偿权,但在破产程序当中,建设工程承包人是否享有这一权利,法律并没有明确规定。那么在破产程序中,建设工程价款优先受偿权是否属于"特定财产享有的担保权"?破产债权申报中,建设工程款优先受偿权的期限如何起算?以下结合一则案例说明之。

## 一、案情与裁判

**案件名称:**通州建总集团有限公司诉安徽天宇化工有限公司别除权纠纷案

**案情来源:**安徽省高级人民法院(2014)皖民一终字第00054号民事判决

**案情简介:**

安徽天宇公司(被告、上诉人)与通州建总公司(原告、被上诉人)签订了一份《建设工程施工合同》,合同约定:安徽天宇公司将一期土建、安装工程发包给通州建总公司承建,竣工日期为2007年3月1日,发包方不按合同约定支付工程款,双方未达成延期付款协议,承包人可停止施工,由发包人承担违约责任。2006年5月23日,通州建总公司遂组织施工,后因安徽天宇公司未按合同约定支付工程款,致使工程停工,该工程至今未竣工。2011年7月30日,双方在仲裁期间达成和解协议,约定如处置安徽天宇公司土地及建筑物偿债时,通州建总公司的工程款可优先受偿。后安徽天宇公司因不能清偿到期债务,于2011年8月26日被法院裁定受理破产申请。2011年10月10日,通州建总公司向安徽天宇公司破产管理人申报债权并主张对该工程享有优先受偿权。2013年7月19日,法院宣告安徽天宇公司破产。通州建总公司于2013年8月27日提起诉讼，请求确认其债权享有优先受偿权。

二审判决

安徽省高级人民法院经审理认为：本案双方当事人签订的建设工程施工合同虽约定了工程竣工时间，但涉案工程因安徽天宇公司未能按合同约定支付工程款导致停工。现没有证据证明在工程停工后至法院受理破产申请前，双方签订的建设施工合同已经解除或终止履行，也没有证据证明在法院受理破产申请后，破产管理人决定继续履行合同。本案中，涉案建设工程施工合同在法院受理破产申请后已实际解除，本案建设工程无法正常竣工。因发包人的原因，合同解除或终止履行时已经超出合同约定的竣工日期的，承包人行使优先受偿权的期限自合同解除之日起计算，安徽天宇公司要求按合同约定的竣工日期起算优先受偿权行使时间的主张，缺乏依据，不予采信。2011 年 8 月 26 日，法院裁定受理对安徽天宇公司的破产申请，2011 年 10 月 10 日通州建总公司向安徽天宇公司的破产管理人申报债权并主张工程款优先受偿权，因此，通州建总公司主张优先受偿权的时间是 2011 年 10 月 10 日。安徽天宇公司认为通州建总公司行使优先受偿权的时间超过了破产管理之日 6 个月，与事实不符，不予支持。

## 二、相关规定

《合同法》第 286 条(《民法典》第 807 条)："发包人未按照约定支付价款的，承包人可以催告发包人在合理期限内支付价款。发包人逾期不支付的，除按照建设工程的性质不宜折价、拍卖的以外，承包人可以与发包人协议将该工程折价，也可以申请人民法院将该工程依法拍卖。建设工程的价款就该工程折价或者拍卖的价款优先受偿。"

《破产法》第 18 条："人民法院受理破产申请后，管理人对破产申请受理前成立而债务人和对方当事人均未履行完毕的合同有权决定解除或者继续履行，并通知对方当事人。管理人自破产申请受理之日起二个月内未通知对方当事人，或者自收到对方当事人催告之日起三十日内未答复的，视为解除合同。管理人决定继续履行合同的，对方当事人应当履行；但是，对方当事人有权要求管理人提供担保。管理人不提供担保的，视为解除合同。"

《破产法》第 109 条："对破产人的特定财产享有担保权的权利人，对该特定财产享有优先受偿的权利。"

## 三、典型案例或做法

| 案号 | 裁判立场 |
| --- | --- |
| 安徽天宇化工有限公司等与徐州市方正工程有限公司别除权纠纷上诉案/安徽省高级人民法院(2014)皖民一终字第00055号民事判决 | 本案双方当事人签订的建设工程施工合同虽约定了工程竣工时间,但涉案工程因天宇公司未能按合同约定支付工程款导致停工。现没有证据证明在工程停工后至法院受理破产申请前,双方签订的建设工程施工合同已经解除或终止履行;也没有证据证明在法院受理破产申请后,破产管理人决定继续履行合同。因发包人的原因,合同解除或终止履行时已经超出合同约定的竣工日期的,承包人行使优先受偿权的期限自合同解除或终止履行之日起计算。即本案工程款优先受偿权的行使时间应自合同解除之日起计算, |
| 安徽大蔚置业有限公司诉上海浦东发展银行股份有限公司深圳分行等别除权纠纷案/安徽省高级人民法院(2016)皖民终491号民事判决 | 抵押权人可以就抵押权实现时所得价款优先受偿,并不以抵押登记时或破产受理时经评估的市场价值或工程造价为限;在建工程抵押本质上是浮动价值抵押,因工程建设,在建工程的价值始终处于不断变化之中,在建工程抵押权范围应当及于办理抵押登记后的新建工程。债务人破产时应当是浮动抵押固定之日,债务人不得擅自变更、处分抵押物。 |

## 四、法理分析

(一)建设工程价款优先受偿权能否成为别除权的客体?

根据《破产法》第109条,所谓别除权,是指破产程序开始之前,就债务人的特定财产享有担保权的权利人,于债务人宣告破产后,享有的就该特定财产不依照破产清算而优先获得清偿和满足的权利。问题是,建设工程价款优先受偿权是否属于"对特定财产享有的担保权"?

对于建设工程价款优先受偿权的性质,理论上存在"法定抵押权说""留置权说""法定优先权说"三种观点。无论采纳何种观点,建设工程价款优先受偿权均是当建设工程发包方逾期不支付价款时,承包方享有的就工程折价、拍卖的价款优先受偿的权利。即使该建设工程还具有抵押权、普通债权等其他权利,承包方的优先受偿权都应优先于该权利。可见,建设工程价款优先受偿权是一种效力极强的担保性权利,其担保范围是建设工程价款,能够成为别除权的客体。

本案中，通州建总公司完成工程主体部分，因安徽天宇公司不按合同约定支付工程款，致使工程停工，此时承包人享有对建设工程价款的请求权，可优先受偿。安徽天宇公司进入破产程序，建设工程价款便成为了破产财产当中的特定财产，通州建总公司对该特定财产优先受偿的权利即为别除权，可向安徽天宇公司的破产管理人申报债权并主张工程款优先受偿权。

（二）破产案件当中行使优先受偿权的期限

破产债权申报中，工程价款优先受偿权受 6 个月期限内的限制，该 6 个月期限属于除斥期间。本案有两个关键时间节点，一是涉案建设工程合同解除的时间，二是通州建总公司主张优先受偿权的时间。根据《最高人民法院关于建设工程价款优先受偿权问题的批复》（法释〔2002〕16 号）第 4 条，建设工程承包人行使优先权的期限为 6 个月，自建设工程竣工之日起计算。安徽天宇公司主张合同解除时间为约定的竣工之日即源于此。法院依照《破产法》18 条规定，结合合同履行情况，将合同解除之日定于安徽天宇公司被裁定开始破产程序之日之后，更符合本案实际情况。

# 如何确定保险代位求偿权的行使对象?

石文静

保险公司进行理赔后，可以向谁行使保险代位求偿权；行使对象为多人时，应如何确定其间的责任关系？下文将结合审判实践作出简要说明。

## 一、案情与裁判

**案件名称**：中国平安财产保险股份有限公司江苏分公司诉江苏镇江安装集团有限公司保险人代位求偿权纠纷案

**案情来源**：江苏省高级人民法院(2012)苏商再提字第0035号民事判决

**案情简介**：

2008年10月28日，被保险人华东联合制罐有限公司(以下简称华东制罐公司)、华东联合制罐第二有限公司(以下简称华东制罐第二公司)与被告江苏镇江安装集团有限公司(一审被告、二审上诉人、被申请人，以下简称镇江安装公司)签订《建设工程施工合同》，约定由镇江安装公司负责被保险人整厂机器设备迁建安装等工作。《建设工程施工合同》通用条款约定："承包人按专用条款的约定分包所承包的部分工程，并与分包单位签订分包合同，未经发包人同意，承包人不得将承包工程的任何部分分包"；"工程分包不能解除承包人任何责任与义务。承包人应在分包场地派驻相应管理人员，保证本合同的履行。分包单位的任何违约行为或疏忽导致工程损害或给发包人造成其他损失，承包人承担连带责任"；"运至施工场地内用于工程的材料和待安装设备，由发包人办理保险，并支付保险费用"；"发包人可以将有关保险事项委托承包人办理，费用由发包人承担"。专用条款约定，"承包人不得将本工程进行分包施工"。2008年11月16日，镇江安装公司与镇江亚民大件起重有限公司(以下简称亚民运输公司)公司签订《工程分包合同》，将前述合同中的设备吊装、运输分包给亚民运输公司。2008 年 11 月 20 日，就上述整厂迁建设备安装工程，华东制罐公司、华东制罐第二公司向中国平安财产保险股份有限公司江苏分公司（一审原告、二审被上诉人、再审申请人，以下简称平安财险公司）

投保了安装工程一切险。投保单中记载被保险人为华东制罐公司及华东制罐第二公司，并明确记载承包人镇江安装公司不是被保险人。2008 年 12 月 19 日，亚民运输公司驾驶员姜玉才驾驶挂重型半挂车，从旧厂区承运彩印机至新厂区的途中，在转弯时车上钢丝绳断裂，造成彩印机侧翻滑落地面损坏。平安财险公司接险后，对受损标的确定了清单。经镇江市公安局交通巡逻警察支队现场查勘，认定姜玉才负事故全部责任。2009 年 12 月 2 日，华东制罐公司及华东制罐第二公司向镇江安装公司发出《索赔函》。2010 年 5 月 12 日，平安财险公司已支付全部赔偿款。后平安财险公司诉至法院，请求判令镇江安装公司支付赔偿款和公估费。

一审判决

江苏省镇江市京口区人民法院经审理认为：相对于投保人及保险公司而言，与投保人签订建设工程施工合同的镇江安装公司即为第三者，虽然亚民运输公司也属于第三者，但《保险法》第 60 条第 1 款并未对"第三者"的范围作出特别限定，即保险公司有权依据便利原则根据具体情况进行选择，以确定其所主张权利的"第三者"；而且，建设工程施工合同中也有不得分包的约定，因此，平安财险公司选择镇江安装公司作为追偿的第三者，并无不当。镇江安装公司与亚民运输公司签订的分包合同，属另一法律关系，就亚民运输公司的相应行为造成的镇江安装公司的损失，镇江安装公司在向平安财险公司支付了相应追偿款后，可依法向亚民运输公司主张权利。故平安财险公司在本案中向镇江安装公司主张权利，主体适格，并无不当，对于平安财险公司要求镇江安装公司支付赔偿款的诉讼请求，予以支持。

镇江安装公司不服一审判决，向江苏省镇江市中级人民法院提起上诉。

二审判决

江苏省镇江市中级人民法院经审理认为：首先，镇江安装公司自身无运输资质，为了完成承接的工程，在经被保险人认可并派员押运的情况下委托有运输资质的单位运输大件设备，主观上并无过错，亦无不当。其次，《保险法》第 60 条第 1 款规定的"第三者"应专指损害保险标的从而造成保险事故的责任人即侵权行为人。本案中，保险标的毁损事故系由承揽大件运输工作的亚民运输公司装载货物所致，镇江安装公司在此事故中无任何过错。故平安财险公司依据《保险法》第60条第1款规定，只能向损害保险标的从而造成保险事故的侵权行为人行使保险代位求偿权，而不能向非侵权行为人镇江安装公司行使保险代位求偿权。故二审法院撤销镇江市京口区人民法院（2010）京商初字第1822号民事判决；驳回平安财险公司对镇江安装公司的诉讼请求。

平安财险公司不服二审判决，向江苏省高院申请再审。

**再审判决**

**江苏省高级人民法院经审理认为：**（1）保险代位求偿权的权利范围不限于侵权损害赔偿请求权。根据《保险法》第60条第1款的文义及保险代位求偿权制度的立法目的，保险代位求偿权既可因第三者对被保险人的侵权责任而产生，亦可基于第三者对被保险人应负的合同责任等产生。（2）承包人不能以建设工程施工合同中已约定发包人购买相关损失险为由拒绝保险人对其行使保险代位求偿权。首先，承包人镇江安装公司对本案所涉保险标的不具有所有权保险利益，不能成为适格的损失保险被保险人。其次，建设工程施工合同中关于保险事项的相关约定不产生承包人可以对抗保险人向其行使保险代位求偿权的效果。故再审法院作出"撤销江苏省镇江市中级人民法院（2011）镇商终字第0133号民事判决；维持镇江市京口区人民法院（2010）京商初字第1822号民事判决"的终审判决。

## 二、相关规定

**《保险法》第12条第2款、第6款：**"财产保险的被保险人在保险事故发生时，对保险标的应当具有保险利益。保险利益是指投保人或者被保险人对保险标的具有的法律上承认的利益。"

**《保险法》第60条第1款：**"因第三者对保险标的的损害而造成保险事故的，保险人自向被保险人赔偿保险金之日起，在赔偿金额范围内代位行使被保险人对第三者请求赔偿的权利。"

**《保险法》第61条第1款、第2款：**"保险事故发生后，保险人未赔偿保险金之前，被保险人放弃对第三者请求赔偿的权利的，保险人不承担赔偿保险金的责任。保险人向被保险人赔偿保险金后，被保险人未经保险人同意放弃对第三者请求赔偿的权利的，该行为无效。"

**《保险法》第62条：**"除被保险人的家庭成员或者其组成人员故意造成本法

第六十条第一款规定的保险事故外，保险人不得对被保险人的家庭成员或者其组成人员行使代位请求赔偿的权利。”

### 三、典型案例或做法

| 案号 | 裁判立场 |
| --- | --- |
| 福建盛丰物流集团有限公司与美亚财产保险有限公司上海分公司等保险人代位求偿权纠纷上诉案/福建省厦门市中级人民法院（2015）厦民终字第4020号民事判决 | 名义承运人与被保险人签订货物运输合同后，未经被保险人同意擅自转由实际承运人进行运输的，如果发生保险事故，被保险人既可以依据合同法律规范主张权利，也可以依据侵权法律规范主张权利，因此，依据保险代位求偿制度，当保险人代位行使被保险人的上述权利时，亦可选择合同或侵权法律规范作为请求权基础，当其选择前者时，只能将名义承运人作为被告；而当其选择后者时，则可将名义承运人与实际承运人列为共同被告。 |
| 中国平安财产保险股份有限公司广西分公司与广西世纪船务有限责任公司等保险人代位求偿权纠纷上诉案/广西壮族自治区高级人民法院（2017）桂民终148号民事判决 | 被保险人组成人员的判断标准是第三者是否与被保险人具有经济上的一致利益。本案中，承运人润桂公司与实际承运人世纪公司虽然从事的均为同一批货物的运输行为，但其为不同的法人主体，在经济利益上并不具有一致性，而且在承运人润桂公司对外承担责任之后，如属实际承运人世纪公司的过错，润桂公司可向其追偿。故本案实际承运人世纪公司并非承运人润桂公司的组成部分，也并未成为保险公司限制行使代位求偿权的对象。 |
| 中国太平洋财产保险股份有限公司无锡分公司诉蔡学来保险人代位求偿权案/江苏省盐城市经济技术开发区人民法院（2016）苏0991民初930号民事判决 | 首先，事故责任认定书仅是确定民事赔偿的主要参考。因事故责任认定系公安部门对事故发生原因及原因力大小等作出的判断，其认定依据和认定规则并不等同于民事赔偿的规则原则。其次，《道路交通安全法》第76条仅确立了机动车方对非机动车方赔偿时的倾斜保护原则，突出对道路交通中弱势一方的保护，但并未对非机动车方的赔偿作出明确规定。根据同等情形应同等对待的法律原则，确定蔡学来对车损赔偿时也宜给予一定倾斜保护。最后，根据公平原则，若因法无规定即对非机动车方的赔偿推定按一般侵权处理，法院酌定由非机动车一方（第三者）承担55%的责任。尽管原告已经履行了全部赔付义务，但其只可在55%的责任范围内代位行使被保险人对第三者请求赔偿的权利。 |

## 四、法理分析

保险代位求偿权指，因第三者对保险标的的损害而造成保险事故的，保险人自向被保险人赔偿保险金之日起，在赔偿金额范围内代位行使被保险人对第三者请求赔偿的权利。而第三者的范围界定、第三者为多人时的责任关系等代位求偿权的行使对象问题皆有待进一步厘清。

（一）本案承包人是否为保险人限制行使代位求偿权的对象？

本案承包人并非被保险人的家庭成员，那么判断其是否为保险人限制行使代位求偿权对象的关键在于，承包人是否为被保险人的组成人员。首先，根据《保险法》第 12 条，财产保险的被保险人在保险事故发生时，对保险标的应当具有保险利益。不同的被保险人可以就同一保险标的具备不同的保险利益，在本案中，发包人作为财产所有人，为防止财产受损或灭失而设立保险合同，该保险属于财产损失保险；而承包人并不具备所有权保险利益，其只可能基于责任保险利益而投保相关责任险。所以二者的保险利益不同，承包人并非财产损失保险中的被保险人。其次，虽然发包人与承包人在《建设工程施工合同》中作出发包人办理保险的约定，但发包人办理的保险单中明确记载承包人非被保险人，可见发包人明确排除为承包人投保的意思。最后，虽然《保险法》第 61 条未规定保险事故发生前，被保险人免除第三者责任时的保险人责任承担问题，但应当认为，该免除行为也将对保险人发生总括效力。否则，将引导被保险人事先约定免除第三者责任，进而使保险代位求偿权制度的立法目的落空。综上，本案承包人并非《保险法》第 62 条规定的被保险人的组成人员，保险人可以向其行使代位求偿权。

（二）如何界定保险代位求偿权中的“第三者”？

本案的争议焦点之一即保险代位求偿权的行使对象是否仅限于侵权第三者。我国《保险法》第 61 条规定了保险代位求偿权，从字面含义理解该条款中的“第三者”，只能得出保险关系以外的致害人即为第三者的结论；结合该条文的规范目的，若将其限定在“侵权第三者”，则存在不当限缩保险代位求偿权范围之嫌。在本案中，承包人镇江安装公司与分包人亚民运输公司皆为保险关系以外的第三者，承包人因分包人职工姜玉才的侵权行为而违约，据《最高人民法院关于审理人事损害赔偿案件适用法律若干问题的解释》（法释〔2003〕20 号）第 9 条，职工的侵权行为由雇主承担替代责任。故本案承包人为违约第三者，分包人为侵权第三者，二者都可以成为保险代位求偿权的行使对象。

（三）如何确定多个第三者之间的责任关系？

《合同法》第121条（《民法典》第593条）规定，当事人一方因第三人的原因造成违约的，应当向对方承担违约责任。当事人一方和第三人之间的纠纷，依照法律规定或者按照约定解决。一般认为，该条文体现了合同责任为严格责任的一般原则，违约方与第三人之间成立不真正连带债务关系。在本案中，承包人因分包人的侵权行为而违约，满足《合同法》第121条的适用条件。但本案发包人与承包人在《建设工程施工合同》中已明确约定承包人与分包人须对发包人的损害负担连带责任，故应当认定本案承包人与分包人的连带责任关系。保险人赔偿保险金后取得被保险人的地位，可以在赔偿金范围内要求承包人与分包人连带赔偿。一般认为连带责任适用普通共同诉讼，故保险人有权选择承包人一方主体，要求其承担相应损失。承包人赔偿后，可以向分包人追偿。

# 伪造签章的公司决议的效力问题

石文静

伪造签章造成公司决议瑕疵的现象时有发生，审判实践中存有认定公司决议不成立、无效、可撤销等多种判定，应如何界定此情形下公司决议的效力？下文将结合审判实例作出说明。

## 一、案情与裁判

**案件名称**：王某芳与南京安维士传动技术股份有限公司公司决议纠纷案

**案情来源**：江苏省南京市中级人民法院(2019)苏01民终738号民事判决

**案情简介**：

2013年8月6日和2013年12月9日，南京安维士传动技术股份有限公司(原审被告、被上诉人，以下简称安维士公司)分别形成两份增加公司实收资本的股东大会决议。据安维士公司申请的证人巫某陈述，"王某芳"(原审原告、上诉人)的签字是其应张某龙(王某芳的儿子)的要求代签的，2013年8月6日的决议中"张某龙"签字不是张某龙本人所签，但该股东大会决议上加盖了富爱其公司、天图公司的印章，张某龙系富爱其公司的法定代表人，同时系天图公司的控股股东及总经理。

2017年，安维士公司召开2017年第一次临时股东大会。王某芳委托王海滨参加了该次股东大会，并对该次大会的两项议案(换届选举公司董事、监事)均表示同意。2018年6月25日，安维士公司召开2018年第二次临时股东大会，并形成决议一份，审议通过了《关于公司暂不进行利润分配的方案》《关于向公司管理层实施股份激励的方案》《关于公司向南京元泰投资管理有限公司和南京安倍信投资管理有限公司定向增发股份的方案》《选举更换公司监事》，王某芳提交安维士公司向其发送的电子邮件及回函称，因不清楚公司股份及持股比例，要求安维士公司予以答复，安维士公司于2018年4月17日回函告知王某芳，公司资本已从2000万股增加至10000万股，王某芳的出资为140万元，折合140万股，持股比例为1.4%。据王某芳陈述，其出资100万元，剩下的是其儿子加进去的，她只负责出钱，具体都是其儿子操作，从未参加过公司会议，也未签过字，也没有分红，其儿子是否参加过会议不清楚。

一审判决

**南京市建邺区人民法院经审理认为：**首先，在两份股东会决议中记载有5位董事的名字，其中张某龙不认可文件中的签字。但张某龙当时为安维士公司股东富爱其公司的股东及法定代表人，也为另一股东天图公司的控股股东及总经理。富爱其公司、天图公司作为股东均在该两份股东会决议文件中加盖公章。并且截至2017年，张某龙一直为安维士公司的董事长及法定代表人，据其提交的证据显示，其也一直在管理公司。以上证据表明，张某龙作为董事长知悉并认可两次股东会会议的决议内容。张某龙在离职后否认未召开过两次股东大会，其意见应不予采信。其次，根据安维士公司申请的证人巫某的陈述及鉴定意见，安维士公司设立时章程中记载的王某芳签名及两份股东会决议中的签名均系安维士公司员工巫某所代签。王某芳也向一审法院陈述，公司设立时章程中的签名是其委托他人所签，其只负责出资，具体经营是由其儿子操作。表明王某芳自始就无自行参与公司设立及经营的想法。最后，在剔除王某芳的签名后，2013年8月6日及2013年12月9日两份股东会决议仍已达到法定或者公司章程规定的通过比例。即使无王某芳的有效签名，两份股东会决议也应认为实质上已通过。否则，对公司决议的成立进行否定性评价，将增加公司治理成本，亦无实际意义。综上，2013年8月6日、2013年12月9日的两份股东会决议已成立，王某芳要求确认该两份股东会决议不成立的诉请，无法律和事实依据，一审法院不予支持。据此，一审法院判决驳回王某芳的诉讼请求。

二审判决

**江苏省南京市中级人民法院经审理认为：**尽管张某龙提供了其2013年8月6日不在中国境内的证据，证明了8月6日的股东大会决议中非其本人签字，但2013年8月6日、2013年12月9日两份股东大会决议中，都加盖了富爱其公司、天图公司的印章，张某龙系富爱其公司的法定代表人，同时系天图公司的控股股东及总经理，由此可以看出张某龙对该次股东大会决议知情并同意。至于王某芳的签字问题，王某芳一审称与其他几个股东联系成立安维士公司时都是其儿子操作的，其只负责出钱，二审中又称在安维士公司设立时其授权张某龙找人在公司设立法律文件上签字，前后不一，应以其一审陈述为准。在安维士公司设立近5年后，王某芳主张安维士公司2013年8月6日及12月9日股东大会决议不成立，缺乏事实依据，也与常理不合，一审法院驳回其该项诉请，并无不当，可予以维持。前述两份股东大会决议已成立生效，王某芳要求确认安维士公司2018年6月25日作出的《2018年第二次临时股东大会决议》无效，但该决议内容并无违反法律规定的情形，不存在无效事由。王某芳该诉请缺乏依据，应予驳回。法院判决驳回上诉，维持原判。

## 二、相关规定

《公司法》第22条第1、2款："公司股东会或者股东大会、董事会的决议内容违反法律、行政法规的无效。股东会或者股东大会、董事会的会议召集程序、表决方式违反法律、行政法规或者公司章程，或者决议内容违反公司章程的，股东可以自决议作出之日起六十日内，请求人民法院撤销。"

《最高人民法院关于适用〈中华人民共和国公司法〉若干问题的规定（四）》（法释〔2017〕16号）第4条[《最高人民法院关于适用〈中华人民共和国公司法〉若干问题的规定（四）》（法释〔2020〕18号）第4条]："股东请求撤销股东会或者股东大会、董事会决议，符合公司法第二十二条第二款规定的，人民法院应当予以支持，但会议召集程序或者表决方式仅有轻微瑕疵，且对决议未产生实质影响的，人民法院不予支持。"

《最高人民法院关于适用〈中华人民共和国公司法〉若干问题的规定（四）》（法释〔2017〕16号）第5条[《最高人民法院关于适用〈中华人民共和国公司法〉若干问题的规定（四）》（法释〔2020〕18号）第5条]："股东会或者股东大会、董事会决议存在下列情形之一，当事人主张决议不成立的，人民法院应当予以支持：（一）公司未召开会议的，但依据公司法第三十七条第二款或者公司章程规定可以不召开股东会或者股东大会而直接作出决定，并由全体股东在决定文件上签名、盖章的除外；（二）会议未对决议事项进行表决的；（三）出席会议的人数或者股东所持表决权不符合公司法或者公司章程规定的；（四）会议的表决结果未达到公司法或者公司章程规定的通过比例的；（五）导致决议不成立的其他情形。"

## 三、典型案例或做法

| 案号 | 裁判立场 |
|---|---|
| 广州网众软件有限公司、王某英公司决议纠纷案/广东省广州市中级人民法院（2018）粤 01 民终 3700 号民事判决 | 首先，在网众公司不能提交委托授权资料或没有得到王某英、刘某香事后追认的前提下，并不能以之当然推定代为签名行为的效力。因此，本院对于 2015 年 3 月 14 日的股东会决议上王某英、刘某香签名的效力不予认可。其次，根据网众公司 2014 年 5 月 6 日的章程约定，修改章程必须经代表 2/3 以上表决权的股东通过。而该次股东会决议之一为启用新章程并对原章程中的经营期限作出了变更，可见，该事项属于特别表决事项。经过计算，除去王某英、刘某香持有的 44%的股权，剩余有效表决股权比例为 56%，并无达到章程规定的 2/3。因此，无论是出席股东会的比例还是表决程序均属于《最高人民法院关于适用〈中华人民共和国公司法〉若干问题的规定（四）》（以下简称《公司法司法解释（四）》）第 4 条、第 5 条（3）（4）之规定的导致股东会会议不成立的情形。 |
| 章某波诉浙江建昊建筑工程有限公司公司决议纠纷案/浙江省温州市中级人民法院（2016）浙 03 民终 4223 号民事判决 | 首先，建昊公司于 2014 年 9 月 5 日作出的股东会决议内容涉及对章某波法定代表人及执行董事职务的免除，2014 年 12 月 10 日作出的股东会决议内容涉及章某波是否就其他股东转让股权行使优先受让权，上述股东会决议事项直接关系章某波作为建昊公司股东的利益。2014 年 9 月 5 日、2014 年 12 月 10 日的股东会在章某波未到场的情况下伪造章某波签字形成全体股东通过股东会决议内容的结果，违反了《公司法》第 22 条第 1 款的规定，所形成的股东会决议无效。其次，虽然建昊公司在 2016 年 5 月 16 日召开股东会对 2014 年 9 月 5 日形成的股东会决议内容予以追认，但因该次股东会决议违反法律、行政法规的规定，其效力不因 2016 年 5 月 16 日的股东会决议内容发生改变。 |
| 某某毅诉北京慈铭生物医药技术有限公司公司决议效力确认纠纷案/北京市第二中级人民法院（2012）二中民终字 17626 号民事判决 | 首先，涉案股东会决议中关于“同意公司股东某某毅将所持公司股份 5 万元（占注册资本的 10%）全部转让给公司新股东韩小红，某某毅退出公司股东会”的内容未经某某毅同意，不是某某毅的真实意思表示，违反法律的强制性规定，应属无效。其次，对于该决议的其他内容，某某毅的签名不真实属于会议召集程序或者表决方式存在瑕疵，并不因此无效。 |

## 四、法理分析

伪造签章造成公司决议瑕疵，应区分不同情形分别认定公司决议的效力。

不仅不同决议的效力存在差别，同一决议内部不同事项的效力也可能有所不同。

其一，伪造签章构成轻微程序瑕疵的，公司决议可能被撤销也可能有效。根据《公司法》第22条第2款，如果伪造签章的行为违反了法律、行政法规或公司章程的会议召集程序、表决方式，或决议内容违反了公司章程，该决议应该是可撤销的法律行为。而依据《公司法司法解释(四)》(法释〔2017〕16号)第4条，如果认为伪造签章的行为在程序上仅存有轻微瑕疵，且未对决议的内容造成实质影响，该决议仍然有效。本案中，即使没有王某芳的有效签名，2013年8月6日及2013年12月9日的两份股东会决议仍已达到法定或者公司章程规定的决议人数比例要求，故本案中伪造签章的行为仅仅构成轻微的程序瑕疵，并未对决议内容产生实质影响，该股东会决议有效。

其二，伪造签章构成严重程序瑕疵的，公司决议不成立。根据《公司法司法解释(四)》(法释〔2017〕16号)第5条，如果伪造签章的行为造成公司决议严重的程序瑕疵，如剔除该被伪造签名的股东，出席会议的人数或者股东所持表决权不符合公司法或者公司章程规定，或者会议的表决结果未达到公司法或者公司章程规定的通过比例等，那么该股东会、股东大会或董事会决议将不成立。如"广州网众软件有限公司、王某英公司决议纠纷案"，法院即以除去被伪造签名的人员后，出席股东会的比例以及表决程序皆不符合要求为由，判定该股东会决议不成立。

其三，伪造签章构成严重实体违法的，公司决议无效。公司决议与民法中当事人订立的协议之间存在较大区别，公司决议采"多数决"的方式，并未要求所有人达成合意，因而适用欠缺真实意思表示的民法原理认定决议无效并非合适。应结合个案具体审查存有伪造签章的公司决议的内容是否违反了法律、行政法规的规定，进而才能得出决议无效的结论。如"章某波诉浙江建昊建筑工程有限公司公司决议纠纷案"中，伪造签章的行为直接影响到利益当事人的优先购买权，违反了《公司法》第20条的规定，该案中的决议便应认定为无效。

其四，一次股东会、股东大会或董事会决议可能并不仅仅涉及一项内容，当决议涉及多项内容时，应区分认定不同内容的效力。在"某某毅诉北京慈铭生物医药技术有限公司公司决议效力确认纠纷案"中，法院即认为，有关股份转让的内容侵犯了股东的合法权益，应属无效；但该份决议的其他内容并不当然无效。

# 股权善意取得的构成要件和规则适用

于 惠

我国《物权法》第 106 条确立了善意取得制度，其不仅适用于动产物权，还适用于不动产物权，但并未明确是否适用于股权。《最高人民法院关于适用〈中华人民共和国公司法〉若干问题的规定(三)》第 25 条、第 27 条标志着我国审判机关在司法解释中确认了股权善意取得制度，如此就产生民法上与商法上的善意取得制度之异同的问题。股权善意取得的构成要件为何？股权善意取得的规则如何适用？以下将结合案例进行探究。

## 一、案情与裁判

**案件名称：**崔某龙、俞某林与无锡市荣耀置业有限公司、燕某等股权转让纠纷案

**案情来源：**最高人民法院(2006)民二终字第 1 号民事判决

**案情简介：**

本案上诉人(原审原告)为崔某龙、俞某林，被上诉人(原审被告)为无锡市荣耀置业有限公司、燕某、黄某生、杜某、李某明，被上诉人(原审第三人)为孙某源、王某强、蒋某斌、尤某伟、忻某。无锡市荣耀世纪房地产开发有限公司(以下简称世纪公司)由崔某龙、无锡市荣耀置业有限公司(以下简称荣耀公司)和俞某林三方共同投资设立。2003 年 9 月，荣耀公司副总经理杜某、经理燕某在董事长燕某如的授意下，指使本公司职员模仿了崔某龙、俞某林的笔迹，将崔某龙、俞某林名下的股权全部转入荣耀公司与燕某等四人名下，并骗取了工商部门的股东变更登记。2003 年 12 月，荣耀公司、燕某等四人与孙某源等五人签订股权转让协议，由孙某源等五人受让其名下世纪公司的股权，工商登记变更手续也顺利办理完毕。在此股权转让过程中，孙某源等五人到工商登记机关查阅

了世纪公司的登记情况，确信世纪公司是荣耀公司的全资子公司。但是崔某龙、俞某林发现荣耀公司、燕某等四人与孙某源等五人之间的股权转让事实后，当即提起诉讼，要求法院确认荣耀公司、燕某等四人与孙某源等五人之间的股权转让协议无效。

一审判决

江苏省高级人民法院经审理认为：崔某龙、俞某林与荣耀公司、燕某等四人之间的《股权转让合同》不成立，荣耀公司、燕某等四人转让崔某龙、俞某林所有的股权属于无权处分的行为。但是孙某源等五人受让荣耀公司、燕某等四人的股权可以适用善意取得制度，涉及的《股权转让协议》应当认定有效。因此，崔某龙、俞某林的诉求不能得到支持，判决驳回崔某龙、俞某林的诉讼请求。崔某龙、俞某林不服原审法院上述民事判决，提起上诉。

二审判决

最高人民法院经审理认为：荣耀公司、燕某等四人伪造签名制作的《股东会决议》《股权转让协议》载明的股权转让法律关系应不成立。该协议处分的部分股权，应属于崔某龙、俞某林所有，因此上述《股权转让协议》属于无权处分他人财产的合同。然而，孙某源等五人在与荣耀公司、燕某等四人进行股权受让行为时，尽到了充分的注意义务，并依据协议支付了部分股权转让款。根据本案现有证据，可以认定孙某源等五人受让股权系善意，应认定其取得世纪公司的相应股权。上诉人崔某龙、俞某林关于本案股权转让不能适用善意取得的上诉理由没有事实和法律依据，判决驳回上诉，维持原判。

## 二、相关规定

《物权法》第106条(《民法典》第311条)："无处分权人将不动产或者动产转让给受让人的，所有权人有权追回；除法律另有规定外，符合下列情形的，受让人取得该不动产或者动产的所有权：(一)受让人受让该不动产或者动产时是善意的；(二)以合理的价格转让；(三)转让的不动产或者动产依照法律规定应当登记的已经登记，不需要登记的已经交付给受让人。受让人依照前款规定取得不动产或者动产的所有权的，原所有权人有权向无处分权人请求赔偿损失。当事人善意取得其他物权的，参照前两款规定。"

《最高人民法院关于适用〈中华人民共和国公司法〉若干问题的规定(三)》(法释〔2014〕2号)第25条[《最高人民法院关于适用〈中华人民共和国公司法〉

若干问题的规定(三)》(法释〔2020〕18 号)第 25 条]:“名义股东将登记于其名下的股权转让、质押或者以其他方式处分,实际出资人以其对于股权享有实际权利为由,请求认定处分股权行为无效的,人民法院可以参照物权法第一百零六条的规定处理。名义股东处分股权造成实际出资人损失,实际出资人请求名义股东承担赔偿责任的,人民法院应予支持。”

《最高人民法院关于适用〈中华人民共和国公司法〉若干问题的规定(三)》(法释〔2014〕2 号)第 27 条[《最高人民法院关于适用〈中华人民共和国公司法〉若干问题的规定(三)》(法释〔2020〕18 号)第 27 条]:“股权转让后尚未向公司登记机关办理变更登记,原股东将仍登记于其名下的股权转让、质押或者以其他方式处分,受让股东以其对于股权享有实际权利为由,请求认定处分股权行为无效的,人民法院可以参照物权法第一百零六条的规定处理。原股东处分股权造成受让股东损失,受让股东请求原股东承担赔偿责任、对于未及时办理变更登记有过错的董事、高级管理人员或者实际控制人承担相应责任的,人民法院应予支持;受让股东对于未及时办理变更登记也有过错的,可以适当减轻上述董事、高级管理人员或者实际控制人的责任。”

## 三、典型案例或做法

| 案号 | 裁判立场 |
|---|---|
| 钱某许与钱某龙、张某涛、宋某军、威海鑫通科龙电子有限公司股权转让合同纠纷案/最高人民法院(2016)最高法民申 1594 号民事裁定 | 最高人民法院经审理认为,钱某龙伪造钱某许的签名和指印,将钱光许名下 97%的股权转让给张某涛的《股权转让协议》应为无效。张某涛事后追认钱某龙代表其与宋彦君签订《股权转让协议》,且无权处分不影响合同效力,因此该《股权转让协议》应为有效。宋某军支付了 300 万元股权转让款,且办理了股权变更登记手续。参照《物权法》第 106 条关于善意取得的规定,宋某军受让鑫通公司的股权构成善意取得。 |

续表

| 案号 | 裁判立场 |
| --- | --- |
| 四川京龙建设集团有限公司与简阳三岔湖旅游快速通道投资有限公司、刘某良及成都星展置业顾问有限公司、成都锦荣房产经纪有限公司、成都锦云置业咨询有限公司、成都思珩置业顾问有限公司股权转让合同纠纷案/最高人民法院(2013)民二终字第29号民事判决 | 最高人民法院经审理认为，三岔湖公司、刘某良与京龙公司签订了《股权转让协议一》，虽然京龙公司因故未能及时交付全部款项，但是三岔湖公司与刘某良均未行使解除权解除合同，合同并未解除，应当继续履行。<br>合众公司在与三岔湖公司、刘某良签订《股权转让协议二》时明知该股权此前已由京龙公司受让，且股权转让价款明显过低，构成恶意串通，损害了京龙公司的利益，双方签订的《股权转让协议二》属于无效合同。<br>合众公司因合同无效不能获得股权，故其将股权转让给华仁公司的行为属于无权处分行为，故本案可类推适用《物权法》第106条有关善意取得之规定。华仁公司已支付了合理对价，股权也已实际过户到华仁公司名下，华仁公司也已实际行使了股东权利，符合《物权法》第106条有关善意取得的条件，故应当认定华仁公司已经合法取得了锦云公司、思珩公司的股权。 |
| 彭某静与梁某平、王某山、河北金海岸房地产开发有限公司股权转让侵权纠纷案/最高人民法院(2007)民二终字第219号民事判决 | 最高人民法院经审理认为，原告彭某静和被告梁某平作为甲方，与作为乙方的被告王某山和王某师协议转让梁某平和彭某静各自持有80%和20%股权的金海岸公司的全部股权，所签订的股权转让合同合法有效。彭某静未在股权转让合同上签名，只是股东在办理股份转让和公司变更手续方面存在的瑕疵，而这一瑕疵并未影响股权转让合同的实际履行。彭某静对此明知，且并未提出异议，因此，股权转让的瑕疵不影响股权转让合同的效力。<br>对于梁某平代彭某静在股东会决议上签名同意变更股东、放弃优先购买权的效力问题，应当综合本案事实，根据彭某静对于股权转让是否明知、王某山是否为善意等因素予以分析认定。彭某静参与了股权转让协议的签订和履行，且在明知股权转让的事实的情况下并未提出异议和阻止其丈夫梁某平转让其股份，王某山有理由相信梁某平能够代表妻子彭某静。因此梁某平代彭某静订约、签名转让股权，对于彭某静有约束力，王某山能够善意取得股权。 |

## 四、法理分析

首先，除司法解释已经规定的两种情形以外，其他情况下的股权善意取得也可类推适用《物权法》第106条的规定。善意取得制度，是以牺牲真正权利人的权利保有利益为代价，来成全善意取得人的取得利益，目的是保护交易安全与交易便利。股权与物权均具有绝对性，且均有特定的公示形式，存在被无权处分的情形，这为股权参照适用物权善意取得制度提供了基础。根据善意取得制度的目的和已经得到认可的股权与物权的类似性，对于司法解释没有规定的情形之下股权能否善意取得的问题，可以参照《最高人民法院关于适用〈中华人民共和国公司法〉若干问题的规定（三）》（法释〔2014〕2 号）（以下简称《公司法司法解释三》）的规定类推适用《物权法》第 106 条，以建立股权善意取得的完整体系，维护交易的安全有序，保护法益的平衡。

其次，股权善意取得的构成要件应当包括：(1)转让人对股权无处分权；(2)受让人受让股权时为善意；(3)转让的股权为有偿并价格合理；(4)转让的股权依照法律规定已经登记。由于《公司法》并未对股权的善意取得作出明确规定，股权善意取得的构成要件需要类推《物权法》第 106 条和《最高人民法院关于适用〈中华人民共和国物权法〉若干问题的解释（一）》（法释〔2016〕5 号）来确定。值得注意的是，《物权法》第 106 条虽采取动产与不动产一体化规定的方式，但二者的实质性差异关系到股权善意取得准用的具体规则。在动产中善意受让人信赖之基础为让与人之占有，而在不动产中则为让与人在不动产登记簿中的登记。由股权转让以登记为公示方法可知，股权善意取得应准用不动产善意取得规则，相应的也由此涉及股权善意取得的消极要件，包括以下几点：(1)登记错误不可归责于真实股东的；(2)交易对方对于登记错误知情或因重大过失不知情的；(3)股权上载有异议登记的；(4)股权转让不以登记为对抗要件的。

最后，股权善意取得的法律效力应为受让人终局取得股权。原股权所有人因此丧失股权和股东身份的，可以向相关侵权人主张承担民事责任。无权处分股权符合善意取得构成要件的，受让人取得股权，原股权所有人则丧失股权，但原股权所有人有权向无处分权人请求赔偿损失。与物权善意取得不同的是，原物权所有人物权相对消灭后便退出了该物权关系，不存在任何义务。而在股权善意取得的情形下，当善意取得的股权存在瑕疵时，不但善意受让人无法取得优于原股权所有人的权利，而且原股权所有人也无法退出与公司之间出资的法律关系。如，原股东未全部履行出资义务的，其他股东和公司仍然有权请求履行相应的出资义务等。

《民法典》第 311 条承继了《物权法》106 条关于物权善意取得的制度，但其仍未明确善意取得制度能否适用于股权转让。司法实践中适用股权善意取得制度的情形已经对《公司法司法解释(三)》(法释〔2014〕2 号)所确立的司法政策有所突破,为保护交易安全和善意信赖、促进市场经济效率,股权善意取得制度仍有进一步讨论的必要。

# 300亿假黄金融资案保险责任法律分析

任亚平

目前，高达300亿的假黄金融资案仍在持续不断地发酵，对于身陷金凰珠宝案的十余家银、保、信三大金融机构如何问责问题，法律学界以及金融、保险相关专业人士对此众说纷纭。如何看待本案保单的性质及效力？该保单的特别约定该如何理解？保险公司又是否应该理赔？以下结合案例说明之。

## 一、基本案情

从2015年起，武汉金凰珠宝以“黄金质押＋保单增信”的模式融资，向民生信托提供Au 999.9足金的质押物，质押黄金标的83.03吨，武汉金凰以自身为投保人和被保险人向人保财险投保了财产基本险，并以民生信托作为第一受益人，进而实现在金融机构的融资涉及贷款160.65亿元，保险金额229.4亿元，目前未到期的存量160亿元，对应质押黄金83.03吨，涉及10余家信托等金融机构。

2020年5月16日，在6亿元信托到期前一个月，民生信托要求对融资方武汉金凰所质押的黄金，开箱检测，检测结果显示：黄金是假的，主要成分为铜合金，至此东窗事发，同时保险事故发生，信托公司向人保提出理赔，人保财险拒绝信托公司的赔偿请求，关于保单索赔纠纷人保财险向记者表示，投保人是武汉金凰，而索赔的信托公司均为受益人，按照保单规定，应由被保险人提出索赔，受益人提出索赔，不符合保险合同约定；《特别约定清单》中对索赔原因的约定并不明确。

本案为保险纠纷，涉及的争议焦点也多围绕保险问题展开，以下笔者将从法律层面分析本案中相关的保险问题。

## 二、本案保险合同的性质如何?

对于本案保险合同属于财产损失保险还是保证保险性质的明确,不仅涉及二者属性并不相同的问题,更关乎对本案保单特别约定的理解与效力的认定以及最终该案涉及的各方法律责任的承担问题。

综观全案,之所以会有案涉保险合同性质的争议,原因在于保单特别约定中保险公司涉嫌改变备案产品条款内容,用财产险承保信用保证保险。目前理论学界对该合同的性质仍处于争议不断的阶段。对此,笔者认为本案保险合同属于财产损失保险,而非保证保险。理由如下:

首先,主保险合同为财产损失保险。信托公司与人保财险公司在关于押品保险条款中约定:"对质押黄金在中国人民财产保险股份有限公司购买财产保险(主要为盗抢险),我司为第一受益人。"从双方的约定可见,本案保单的承保标的是黄金这种有形财产,而不是金凰珠宝对信托公司的债务履行义务。因此,主保险合同为财产损失保险是毫无争议的。其次,保单的特别约定条款的内容实质上并不能构成独立于保险合同的担保。中国保险法学会会长、北京大学法学院教授尹田认为,特别约定里的条款确定的是保证关系,保证的是金条的真假。不可否认的是,保险公司将财产险"变身"质押担保,确有违规操作之嫌,但是这并不能改变保单的特别约定条款系保险合同的一部分,不能脱离保险合同而独立存在的事实。从特别条款约定的目的来看,该保险合同财产基本险条款第 3 条明确指出:"金银、珠宝等并不属于该保险合同的保险标的,除非保险合同双方特别约定。"也就是说,约定双方只是以特别条款的形式,将承保的标的扩展至黄金,该特别约定并没有改变财产基本险的属性,双方对于投保险种、保险事故原因、责任免除等事项的约定,应当以基本险条款及附加条款的约定为基本遵循。退一步讲,案涉保单特别约定清单下方也明确标明"本单证仅作为非车险通用全打保单的附页使用,单独使用无效"。这样的约定内容足以彰显特别条款与一般条款的从属关系,而并非是另外的一个法律关系。另外,从本案承保费率来说,本案适用的是远低于保证保险基础费率的普通财产险费率。倘若将特别约定条款直接认定为保证保险,明显地与保险公司作为营利机构的利益出发点相违背。因此,本案保险合同应属于财产损失保险。简言之,除基本险条款约定的火灾、爆炸、雷击、飞行物体及其他空中运行物体坠落以及附加条款约定的盗窃、抢劫共 6 种原因之外导致的黄金质量和重量不符合约定并不属于本案保单承保范围。

## 三、案涉保险合同是否有效?

在分析了案涉保险合同的性质之后,其次需要认定的是案涉保险合同的效力。首先,保险公司确实存有违规承保之嫌。保单的特别约定虽没有改变财产险主合同的属性,但是根据《民法典》第388条规定,“担保合同包括抵押合同、质押合同和其他具有担保功能的合同”。案涉保单应属于《民法典》第388条认可的非典型的担保,因此具有保证保险的性质。根据银保监会《信用保险和保证保险业务监管办法》的规定,“保险公司开展信保业务时,不得通过保单特别约定或签订补充协议等形式,实质性改变经审批或备案的信保产品”。很明显,保险公司就保单特别约定的条款违反了相关的法律规定,属于违规承保。其次,保险公司的违规承保不影响特别约定条款的有效。对于保单特殊约定条款效力的认定问题实质在于解决保险公司违规改变已备案内容为质押担保的法律效力问题。保险公司确实是用特别约定修改了备案的产品条款,系违反法律规定的行为,但是该行为并不当然导致特别约定条款无效。因为保险公司的该行为违反的是信保业务监管办法等相关规定中的管理性强制性规定,而非效力性强制性规定,并且该特别约定条款系双方意思自治达成的结果,不存在其他致使合同无效的情形,根据《民法典》第143条规定,应认定案涉保单特别约定的条款为有效,至于保险公司违规承保的行为可依据行政法上的相关规定另行处罚。最后,财产险主合同亦有效。合同基本险条款系双方意思自治达成的结果,不存在合同无效的相关情形,应认定其有效。另外,保险公司以金凰珠宝在订立保险合同时未能履行如实告知义务为由,表示要解除保险合同,从文义解释以及法律逻辑的层面考虑,合同解除的前提必然是存在有效合同,无效合同从一开始就不会发生法律效力,所以不需要进行解除。因此,案涉保险合同有效。

## 四、如何理解特别约定条款?

在明确了案涉保险合同效力的基础上,接下来需要考虑的便是合同约定的保险事故是否已经发生?保险基本险条款和附加条款规定了火灾、爆炸、雷击、飞行物体及其他空中运行物体坠落以及盗窃、抢劫共6种原因导致的黄金质量和重量不符合约定属于本案保单承保范围,且保单的特别约定承诺“如质量和重量不符合保单约定，即视同发生保险事故”。从当事人就以上约定分析本案，能否认定保险事故已经发生？对于该问题的探讨不仅关系信托公司进行理赔的相关请求权基础存在与否，更关乎后续案涉各方的责任分配问题。笔者认为，目前并无充分的依据证明本案保险事故已经发生。理由如下：

首先，案涉保险合同为财产损失险。信用保证保险承担的是信用风险，补偿因信用风险给权利人造成的经济损失，而不是承保物质风险，补偿由于自然灾害和意外事故造成保险标的的经济损失。具体到本案来说，如果保单承保的是火灾、爆炸、抢劫等原因造成的黄金的损毁灭失的风险，就属于财产基本险；如果承保的是黄金的保质和保量，而不考虑造成不保质不保量的原因，则属于信用保证保险的范畴。通过前述分析可知，案涉保险合同为财产损失险，所以保单承保的是火灾等原因造成的黄金的损毁灭失风险。

其次，对特别约定的“质量和重量”问题应采不利解释原则。我国《保险法》第 30 条规定：“采用保险人提供的格式条款订立的保险合同，保险人与投保人、被保险人或者受益人对合同条款有争议的，应当按照通常理解予以解释。对合同条款有两种以上解释的，人民法院或者仲裁机构应当作出有利于被保险人和受益人的解释。”具体到案涉特别约定条款的“质量和重量”解释为包含对黄金真假的问题，相较于解释为投保后黄金因褪色等原因导致的质量和重量问题变化，明显是前者更加有利于被保险人和受益人。既然黄金的质量和重量本身包括黄金真假问题，那么，金凰珠宝以假黄金投保，根据当事人特别约定条款，应认定金凰珠宝投保的黄金不符合保单约定的质量和重量。虽然如此，但造成黄金不符合约定的质量或重量的原因并不明确，也就是说目前无法确定是否发生了保险事故。

### 五、信托公司作为“受益人”能否要求保险公司承担保险责任？

该问题可划分为两个小问题逐一进行分析：其一为保险公司应否承担保险责任；其二如果保险公司要承担保险责任信托公司能否作为受益人进行理赔？

笔者认为，无论认定案涉保险合同效力如何，保险公司均需承担责任，承担的是否是保险责任则需要具体分析；但是根据我国目前法律的规定，信托公司作为受益人不能直接向保险公司进行理赔，其所受损失可通过其他方式进行救济。

首先，保险公司是检验黄金主要的责任人。相较于信托公司对黄金检验过程的见证，保险公司对黄金的真假负有主要的检验义务，也应该承担相应的法律责任。本案当事人通过合同基本险条款和附加条款明确了保险公司需承保的范围，只要索赔申请人具有承保约定情况的证明，那么该假黄金就属于保险公司理赔范围。退一步讲，保险公司对该批假黄金的承保违反的是管理性强制性规定，所以保险公司不能以此主张特别约定条款因违反《保险法》第135条的规定而无效，进而保险公司无责。因此，保险公司仍然要承担理赔责任。如果保险公司以金凰珠宝故意或重大过失未如实告知相关情况，从而导致保险公司作出了错误决定，保险公司以金凰珠宝虚构保险标的主张合同无效，或者因不存在保险利益主张合同不成立，这样一来保险公司可以对金凰珠宝拒绝赔付，信托公司所受损失可另寻途径进行救济。

其次，保险金请求权只能属于被保险人所有。根据《保险法》第18条的规定，只有在人身险保险合同中才有“受益人”之说，本案保险合同显然属于财产损失险，信托公司仅是作为“第一受益人”，并非被保险人，按照我国现有法律规定，由其作为“受益人”向保险公司申请保险金理赔并无相应的法律依据支撑。

最后，信托公司可通过向保险公司主张缔约过失损害赔偿。保单的特别约定虽系保险公司违规承保，但其中形成了一种担保项下的质押物监管的法律关系。信托公司作为记载在保单中的受益人，希望保险公司承担质押黄金监管的责任；而保险公司在特别约定中，实际对此进行了承诺，双方对此俨然已经达成了合意。信托公司之所以向金凰珠宝进行了放款，实际上是出于对保险公司作为专业公司的信赖，这种认识上的误解使得信托公司误以为保险公司的承保行为产生了对黄金融资增信的效果。如果信托公司所放款项无法收回造成损失，违规承保的保险公司对此负有不可推卸的责任，信托公司可以就自己的损失向保险公司主张缔约过失赔偿责任。

## 六、小结

首先，本案保险合同应属于财产损失保险。本案保单的承保标的是黄金这种有形财产，而不是金凰珠宝对信托公司的债务履行义务。故而，主保险合同为财产损失保险。保单的特别约定条款的内容实质上也不能构成独立于保险合同的担保，该特别约定并没有改变财产基本险的属性。

其次，案涉保险合同有效。在保单的特别约定条款中保险公司将财产险“变身”质押担保，确有违规操作之嫌，但是这并不能改变保单的特别约定条款系保险合同的一部分,不能脱离保险合同而独立存在的事实。因此,保险公司确实是用特别约定修改了备案的产品条款,系违反法律规定的行为,但是该行为并不当然导致特别约定条款无效。因为保险公司的该行为违反的是信保业务监管办法等相关规定中的管理性强制性规定,而非效力性强制性规定,并且该特别约定条款系双方意思自治达成的结果,不存在其他致使合同无效的情形,根据《民法典》第 143 条规定,应认定案涉保单特别约定的条款为有效,并且财产险主合同系双方意思自治结果亦有效。

再次,对特别约定条款的理解应解释为质量包含黄金本身的真假。对保单特别约定条款的解释采不利解释原则,应认定金凰珠宝投保的黄金不符合保单约定的质量和重量。虽然如此,但黄金为假的原因就目前而言并不明确,也就是说目前无法确定是否发生了保险事故。

最后,信托公司作为受益人不能要求保险公司承担保险责任。保险金请求权只能属于被保险人所有。信托公司仅是作为第一受益人,并非被保险人,按照我国现有法律规定,由其作为受益人向保险公司申请保险金理赔并无相应的法律依据支撑,但是信托公司可以以自己信赖利益受损为由向保险公司主张缔约过失损害赔偿。也就是说,信托公司救济自己依据的并不是保险公司承担的保险责任,而是缔约过失赔偿责任。

# 司法解散公司制度的适用条件

侯圣贺

有限责任公司之发展，不仅需要天时地利，更需要“人和”（股东之间和谐、信任）。股东之间丧失信任基础、公司僵局情形下，难免会使股东权益受损。司法解散公司制度可使权益受到侵害的股东“抽身保平安”，然其适用条件为何？

## 一、案情与裁判

**案件名称**：林某清诉常熟市凯莱实业有限公司、戴某明公司解散纠纷案

**案情来源**：江苏省高级人民法院（2010）苏商终字第0043号民事判决

**案情简介**：

戴某明（被上诉人、原审第三人）与林某清（上诉人、原审原告）系常熟市凯莱实业有限公司（被上诉人、原审被告，以下简称凯莱公司）股东，各占50%股份。戴某明任法定代表人和执行董事，林某清任总经理兼公司监事。公司章程规定：股东会决议须经代表1/2以上表决权的股东通过，对于增加或减少注册资本、合并、解散、变更公司形式、修改公司章程等事项，则需要经代表2/3以上表决权的股东决议通过。股东按照出资比例行使表决权。

2006年起，林某清与戴某明之间的矛盾逐渐显现。2006年5月9日，林某清提议召开公司股东会并通知戴某明。戴某明认为，林某清没有召集股东会的权利，会议未能召开。2006年6月至10月，林某清多次委托律师向凯莱公司和戴某明发函称：其股东权益受到严重侵害。作为享有公司股东会1/2表决权的股东，其已按公司章程规定的程序，表决并通过了解散凯莱公司的决议，要求戴某明提供凯莱公司的财务账册等资料，并对凯莱公司进行清算。戴某明回函称，林某清作出的股东会决议没有合法依据，不同意解散公司，要求林某清交出公司财务资料。江苏常熟服装城管理委员会（以下简称服装城管委会）证明，凯

莱公司经营正常，愿意组织林某清与戴某明进行调解。另查明：从2006年6月1日起，凯莱公司再未召开股东会。服装城管委会调解委员会曾分别于2009年12月15日、16日组织双方进行调解，均未成功。林某清认为，凯莱公司经营管理发生严重困难，陷入公司僵局且无法通过其他方法解决，其股东权益遭受重大损害，请求法院判令解散凯莱公司。

一审判决

江苏省苏州市中级人民法院经审理认为：根据《公司法》第182条，公司解散应当具备三个条件：一是公司经营管理发生严重困难，二是公司继续存续会使股东利益受到重大损失，三是通过其他途径不能解决。本案中，尽管两股东之间陷入僵局，但凯莱公司经营状况良好，不存在公司经营管理发生严重困难的情形。如果仅仅因为股东之间存在矛盾就解散公司，进而导致公司从业人员失去工作，这既不符合《公司法》第182条的立法本意，也不利于维护股东权益。股东之间的僵局可以通过多种途径来破解。林某清可以要求戴某明或凯莱公司收购其股份，其股东权利获得救济的同时又能使公司得以存续。此外，服装城管委会出面协调，也可以使林某清的股东权利获得救济。综上，林某清诉请解散凯莱公司依据不足，不予支持，判决驳回其诉讼请求。

二审判决

江苏省高级人民法院经审理认为：判断公司的经营管理是否出现严重困难，应当从公司股东会、董事会或执行董事、监事会或监事的运行现状进行综合分析。由于凯莱公司内部机构已无法正常运行、无法对公司经营作出决策，即使尚未处于亏损状况，也不能改变其已发生经营管理严重困难的事实。林某清的股东权、监事权长期处于无法行使状态，其投资凯莱公司的目的无法实现，利益受到重大损失，且凯莱公司僵局无法通过其他途径解决。故从充分保护股东合法权益，合理规范公司治理结构，促进市场经济健康有序发展的角度，撤销一审判决，依法改判解散凯莱公司。

## 二、相关规定

《公司法》第182条："公司经营管理发生严重困难，继续存续会使股东利益受到重大损失，通过其他途径不能解决的，持有公司全部股东表决权百分之十以上的股东，可以请求人民法院解散公司。"

《最高人民法院关于适用〈中华人民共和国公司法〉若干问题的规定(二)》

（法释〔2008〕6号）第1条［《最高人民法院关于适用〈中华人民共和国公司法〉若干问题的规定（二）》（法释〔2020〕18号）第1条］："单独或者合计持有公司全部股东表决权百分之十以上的股东，以下列事由之一提起解散公司诉讼，并符合公司法第一百八十三条规定的，人民法院应予受理：（一）公司持续两年以上无法召开股东会或者股东大会，公司经营管理发生严重困难的；（二）股东表决时无法达到法定或者公司章程规定的比例，持续两年以上不能做出有效的股东会或者股东大会决议，公司经营管理发生严重困难的；（三）公司董事长期冲突，且无法通过股东会或者股东大会解决，公司经营管理发生严重困难的；（四）经营管理发生其他严重困难，公司继续存续会使股东利益受到重大损失的情形。股东以知情权、利润分配请求权等权益受到损害，或者公司亏损、财产不足以偿还全部债务，以及公司被吊销企业法人营业执照未进行清算等为由，提起解散公司诉讼的，人民法院不予受理。"

## 三、典型案例或做法

| 案号 | 裁判立场 |
| --- | --- |
| 王某波、崔某峰等与北京美丽嘉快捷酒店有限公司公司解散纠纷案/北京市第二中级人民法院（2017）京02民终12632号民事判决 | 股东会虽系公司的最高权力机构，但未召开股东会和公司经营管理发生严重困难之间并非必然的由因及果关系，判断公司经营管理是否发生严重困难，除考虑股东会的召开情况外，还应结合公司的运营模式、管理方式、盈利能力等因素综合加以判断。美丽嘉酒店的日常经营管理事宜并非均需通过股东会决定；同时，根据美丽嘉酒店提供的证据，美丽嘉酒店在由如家酒店集团经营管理的过程中，近年亦处于盈利状态，因此，潘某平仅以美丽嘉酒店长期未召开股东会为由，主张公司经营管理发生严重困难，依据不足，本院不予支持。 |
| 广西大地华城房地产开发有限公司诉刘某公司解散纠纷再审案/最高人民法院（2017）最高法民再373号民事判决 | 公司的法人性质及多数决的权力行使模式决定公司经营管理和发展方向必然不能遵循所有投资人的意志，会议制度的存在为所有参与者提供表达意见的机会，但是最终的结果仍应由多数决作出，除非有例外约定。刘某作为持股比例较低的股东，在会议机制仍能运转的前提下，若认为其意见不被采纳进而损害自己的利益，可采取退出公司等方式维护自己的权益，据此主张公司应当解散的理由不成立。华城公司并不存在经营管理发生严重困难情形，在此前提下，公司继续存续是否会使"股东利益受到重大损失"，应结合股东利益的救济方式进行综合分析。如果有其他途径对股东的利益予以救济，则不宜通过解散公司的方式进行。故华城公司不符合公司法定解散条件，不应予以解散，依法撤销原判。 |

续表

| 案号 | 裁判立场 |
|---|---|
| 江苏省苏州弘健生物技术有限公司与浙江省台州弘正投资有限公司等公司解散纠纷上诉案/江苏省高级人民法院(2015)苏商终字第00161号民事判决 | 判断解散公司的情形是否发生,应当结合公司经营管理是否发生严重困难、若继续存续股东利益是否会受到重大损失以及是否有其他途径可以解决等综合分析。公司股东会、董事会等公司治理机构虽然正常运行,但因股东之间的严重矛盾导致公司自成立起一直处于亏损状态,且公司核心技术资产在股东冲突中被强制拍卖,预定研发计划无法实施,公司经营陷入无法缓解的困境,导致股东设立公司基本目的落空的,可以认定为公司经营管理发生严重困难。故依法判决公司解散。 |

## 四、法理分析

首先,公司经营管理发生严重困难是认定公司是否处于僵局状态的重要因素,也是股东请求法院解散公司的必要条件。判断公司经营管理是否存在严重困难,应从公司股东会、董事会或执行董事及监事会或监事的运行现状进行综合分析,公司是否处于盈利状况并非判断公司经营管理发生严重困难的必要条件,公司盈利情况下,仍可认为其存在“经营管理困难”。本案中,尽管公司处于盈利状态,但这仍不妨碍适用司法解散公司制度。

其次,股东申请人民法院解散公司,还应满足以下要件:(1)公司僵局状态的继续存在会使股东利益遭受重大损失;(2)公司僵局状态无法通过其他途径解决;(3)申请解散公司的股东持有股权比例达到法定要求。本案中,由于凯莱公司的内部运营机制早已失灵,林某清的股东权、监事权长期处于无法行使状态,其投资凯莱公司的目的也无法实现,故可以认定凯莱公司的僵局状态已经使得林某清的利益受到重大损失。故法院应支持林某清的诉讼请求。

# 对赌协议中股份回购条款的效力认定与履行问题

董媛媛

对赌协议又称“估值调整协议”，是指投资方与融资方在达成股权性融资协议时，为解决交易双方对目标公司未来发展的不确定性、信息不对称以及代理成本而设计的包含了股权回购、金钱补偿等对未来目标公司的估值进行调整的协议。通常目标公司未来是否达到约定业绩或约定时间内上市是对赌的主要内容，与此相对应的对赌条款主要有金钱补偿条款（目标企业未实现约定的业绩则需对投资方进行补偿）与股权回购条款（投资时的约定条件成熟时，投资方有权要求目标企业或原有股东回购其所持目标公司股权）。从订立“对赌协议”的主体来看，有投资方与目标公司的股东“对赌”、投资方与目标公司“对赌”、投资方与目标公司的股东、目标公司“对赌”等形式。实践中关于对赌协议的判决层出不穷，争议迭起。如何认定该类对赌协议的效力？投资方与目标公司“对赌”达成股份回购条款是否有效？股份回购条款义务人在股东和目标公司之间不明时如何确定？以下结合一则案例为您解答。

## 一、案情与裁判

**案件名称：**江苏华工创业投资有限公司与扬州锻压机床股份有限公司、潘某虎等请求公司收购股份纠纷案

**案情来源：**江苏省高级人民法院（2019）苏民再62号民事判决

**案情简介：**

2011年7月6日，华工创业投资有限公司（再审申请人，以下简称华工公司）与扬州锻压机床集团有限公司（再审被申请人，即原扬锻公司，后整体改制为股份公司，即扬锻公司，为明晰案情皆以扬锻公司代称）签订《增资扩股协

议》:华工公司以现金 2200 万元人民币对公司增资,其中 200 万元作为注册资本,2000 万元列为公司资本公积金。同日华工公司、扬锻公司、原扬锻公司全体股东,三方达成补充协议,该协议系对赌协议。第 1 款约定,如扬锻公司在 2014 年12 月 31 日前未能在境内资本市场上市,华工公司有权要求扬锻公司回购其所持有的股权;第 2 款约定了回购价格的计算公式;第 3、4 款约定扬锻公司及其全体原股东应在华工公司书面要求之日起 30 日内完成回购股权事项,否则扬锻公司应支付股权回购价款每日 0.5‰的罚息。若扬锻公司违约导致华工公司产生任何损失,扬锻公司及其全体原股东承担连带责任。协议签订后,扬锻公司未能按约定时间在境内资本市场上市,华工公司于 2014 年 11 月25 日书面提出回购请求,但扬锻公司未履行回购义务。随后华工公司起诉请求扬锻公司及其全体原股东共同回购股份,并支付回购价款及罚息。

一审判决

江苏省扬州市邗江区人民法院经审理认为:《对赌协议》关于股权回购的主体仅限于扬锻公司,对赌双方为华工公司与目标公司扬锻公司。案涉股权回购约定因违反《公司法》禁止性规定且违背公司资本维持和法人独立财产原则而无效。因而驳回华工公司请求回购股份、支付回购款罚息和诉讼费用的请求。华工公司对一审判决不服,提起上诉。

二审判决:

江苏省扬州市中级人民法院经审理认为:相关法律和扬锻公司章程均明确公司不能从事该回购事宜,否则明显有悖公司资本维持这一基本原则和法律有关规定,二审判决驳回上诉,维持原判。

再审判决

江苏省扬州市高级人民法院经审理认为:(1)案涉对赌协议效力应认定有效且具备履行可能性。(2)原扬锻公司股东不是《对赌协议》约定的股权回购主体。撤销一审和二审判决,支持华工公司要求支付回购款及罚息的诉讼请求并且由原扬锻公司全体股东对前述义务承担连带清偿责任。

## 二、相关规定

《公司法》第 16 条第 2 款:“公司为公司股东或者实际控制人提供担保的,必须经股东会或者股东大会决议。”

《公司法》第 20 条:“公司股东应当遵守法律、行政法规和公司章程,依法行使股东权利，不得滥用股东权利损害公司或者其他股东的利益；不得滥用公司法人独立地位和股东有限责任损害公司债权人的利益。公司股东滥用股东权利给公司或者其他股东造成损失的，应当依法承担赔偿责任。公司股东滥用公司法人独立地位和股东有限责任，逃避债务，严重损害公司债权人利益的，应当对公司债务承担连带责任。"

《公司法》第 142 条第 1 款、第 2 款："公司不得收购本公司股份。但是，有下列情形之一的除外：（一）减少公司注册资本；（二）与持有本公司股份的其他公司合并；（三）将股份用于员工持股计划或者股权激励；（四）股东因对股东大会作出的公司合并、分立决议持异议，要求公司收购其股份；（五）将股份用于转换上市公司发行的可转换为股票的公司债券；（六）上市公司为维护公司价值及股东权益所必需。公司因前款第（一）项、第（二）项规定的情形收购本公司股份的，应当经股东大会决议。"

### 三、典型案例或做法

| 案号 | 裁判立场 |
|---|---|
| 世恒公司、迪亚公司与海富公司、陆某增资纠纷案/最高人民法院(2012)民提字第11号民事判决 | 《公司法》中规定的公司可向其股东支付的情形仅包括利润分配、股东退出时减资和公司清算后剩余财产分配。若协议约定公司实施回购或给以现金补偿相当于变相打开股东抽回资金的方式，不符合资本维持原则，违背了《公司法》第 20 条中关于公司股东不得滥用股东权利损害公司和债权人利益的法理精神。该案中对赌协议约定使得海富公司投资可以取得固定的收益，该收益脱离了世恒公司的经营业绩，损害了公司利益和公司债权人利益而被认定为无效。 |
| 强某延、曹某波股权转让纠纷案/最高人民法院(2016)民再128号民事判决 | 因公司承担担保责任后可向股东追偿，不一定必然导致其他股东和债权人利益损害，所以公司为股东回购投资人所持股权提供连带担保可认定为有效。公司为股东提供担保需经股东会决议，投资人已对公司提供担保经过股东会决议尽到审慎注意和形式审查义务，且该公司无相反证据证明未对担保事项通过决议，因而认定担保条款有效。 |
| 通联公司与新方向公司、久远公司与公司有关纠纷案/最高人民法院(2017)最高法民再258号民事判决 | 投资者与原股东达成 IPO 对赌和股份回购约定并要求目标公司对回购义务承担连带保证责任的条款属于真实的意思表示，不违法且不影响公司债权人利益而得到法院有效认定。该案与上一案例中强某延的情况恰恰相反，基于投资者未能尽到要求目标公司提交股东会决议的合理注意义务导致担保条款无效。 |

## 四、法理分析

在对赌协议中，双方一般会约定在一个固定期限内要达成的经营目标，在该期限内如果企业不能完成经营目标，则一方应当向另一方进行支付或者补偿。因此当事人应当将对赌的意思表示明确而清晰地规定在合同中。若协议中未明确约定经营目标、经营目标无法实现时股权回购的支付或补偿责任等条款则不应认定为对赌协议，而属于普通的股权转让协议。本案中补充协议第1款约定，如扬锻公司在约定日期前未能上市，华工公司有权要求扬锻公司回购其所持有的股权并明确了回购股份的价格计算方式，则可以认定本案存在对赌协议。

首先，本案中对赌协议效力应认定有效。我国《公司法》并不禁止有限责任公司回购本公司股份。公司在履行法定程序后回购本公司股份，不会损害公司股东及债权人利益且不会构成对公司资本维持原则的违反。本案中对赌协议中关于股份回购的条款是基于当事人的真实意思表示设立的保护投资人利益的条款。而后再分析对赌协议是否违反《公司法》第20条所蕴含的不得滥用股东权利和资本维持的法理精神。根据具体股份回购价款为华工公司投资额+(华工公司投资额×8%×投资到公司实际月份数/12)－扬锻公司累计对华工公司进行的分红。与典型案例一不同的是，该约定虽为相对固定收益但约定的年回报率为8%，与同期企业融资成本相比并不明显过高，不存在脱离目标公司正常经营下所应负担的经营成本及所能获得的经营业绩的企业正常经营规律。意即公司在履行法定程序后回购本公司股份，不会损害公司股东及债权人利益且不会构成对公司资本维持原则的违反。法院在认定对赌协议的效力中吸纳了商业判断，结合当前企业融资成本和公司现实财务状况，尊重契约自由。最高法《九民纪要》(法〔2019〕254号)指出："投资方与目标公司订立的'对赌协议'在不存在法定无效事由的情况下，目标公司仅以存在股权回购或者金钱补偿约定为由，主张'对赌协议'无效的，人民法院不予支持。"同时，裁判思路要兼顾《九民纪要》(法〔2019〕254号)所提倡的既要坚持鼓励投资方对实体企业投资原则缓解企业融资难问题，又要贯彻资本维持原则和保护债权人合法权益原则，依法平衡投资方、公司债权人、公司之间的利益。

其次，本案中关于股份回购条款的回购义务人应当为扬锻公司。对赌协议

第1条第1款中明确约定“华工公司有权要求扬锻公司回购其所持有的全部扬锻公司的股份，扬锻公司应以现金形式收购”，该款明确股权回购义务的承担主体为扬锻公司，未包括该公司股东；第3条是关于违约责任的约定，即“本协议生效后，扬锻公司的违约行为导致华工公司发生任何损失，扬锻公司原股东和扬锻公司承担连带责任”说明扬锻公司原股东仅对该公司的违约行为承担连带责任并不是回购主体。

最后，本案对赌协议具备履行可能性。在本案中，扬锻集团公司变更为扬锻公司，问题在于变为股份有限公司是否能够收购股东股份？《公司法》第142条规定了公司收购本公司股份的例外情形：减少公司注册资本。相应的也规定了股份有限公司减少注册资本回购本公司股份的合法途径。所以即使存在公司不愿履行、怠于召开股东大会或者股东大会未能形成回购决议的情形，也不影响对赌协议中回购条款的效力判断。《九民纪要》(法〔2019〕254号)指出：“投资方主张实际履行的，人民法院应当审查是否符合公司法关于股份回购的强制性规定，判决是否支持其诉讼请求。”因而法院应支持华工公司关于股份回购的诉讼请求。

# 未来应收账款在保理业务中的转让规则

刘　涵

保理早已成为中小企业融资的主要手段，实践中债权人多是将现有应收账款转让给保理商来获取融资款，但是债权人能否将合同订立时尚未产生的应收账款转让给保理商？若是可以，未来应收账款的让与是否存在限制性条件？以下结合一则案例说明之。

## 一、案情与裁判

**案件名称：**卡得万利商业保理（上海）有限公司诉福建省佳兴农业有限公司等借款合同纠纷案

**案情来源：**上海市第一中级人民法院(2015)浦民六(商)终字第640号民事判决

**案情简介：**

2014年11月12日，卡得万利商业保理（上海）有限公司（原告、被上诉人，以下简称卡得万利保理公司）与被告福建省佳兴农业有限公司（被告、上诉人，以下简称佳兴公司）签订了《商业保理申请及协议书》；同日，原告与被告佳兴公司签订了《商业保理确认书》。上述合同约定，被告佳兴公司向原告转让其在协议期限内使用POS机收款工具销售商品或提供服务所形成的全部POS机应收账款，原告据此向被告佳兴公司提供融资对价款人民币（以下币种同）538000元，并由原告每日从POS机收单机构按双方约定方式收回融资对价款。2015年1月14日，原告向中国人民银行征信中心申请办理了应收账款转让业务登记，并载明出让人为被告佳兴公司，受让人为原告，转让财产价值为2293292元，转让财产描述为被告佳兴公司从2014年12月8日起至2015年3月7日止经营期间内通过银联商务有限公司的POS机产生的所有应收刷卡交易额。原告依约于2014年12月8日向被告佳兴公司支付了融资对价款，扣除保理手续费:32280元和中国人民银行登记费100元后，被告佳兴公司实际收到505620元。截至2015年5月12日，被告佳兴公司共偿还了原告91839.25元。因被告佳兴公司未能继续完成偿付，遂涉讼。

二审法院另查明:二审审理过程中，卡得万利保理公司称其系依据佳兴公司订立合同前三个月的营业额预估承购的应收账款，系争《商业保理申请及协议书》载明卡得万利保理公司2014年11月前三个月的平均营业额为3678150元，刷卡额为1519870元;二审审理过程中，卡得万利保理公司确认其发放融资对价款时对上述上诉人实际营业额及刷卡额并未进行核实，佳兴公司则称上述金额实际并未发生。

**一审判决**

**上海市浦东新区人民法院经审理认为**:原告与被告佳兴公司签订涉案《商业保理申请及协议书》《商业保理确认书》，约定被告佳兴公司通过转让其POS机上形成的所有应收账款及其收款权利，获得临时应急资金，该些应收账款在合同签订时虽尚未实际发生，但被告佳兴公司自愿转让该些未来可能发生的账款以获取融资对价款，事实上被告佳兴公司的POS机在约定时间内也确实产生了账款，该账款是否即时结清，并不影响账款存在的事实。因此，原告与被告佳兴公司就一定期限内的POS机账款转让达成合意，法律对此亦未进行限制或禁止，故法院认为，涉案《商业保理申请及协议书》《商业保理确认书》系当事人真实意思表示，内容不违反法律、行政法规的强制性规定，合法有效，当事人理应恪守。因此，被告佳兴公司认为原告承购的账款是虚假的，双方实际为借贷关系的辩称意见，法院不予采纳。

一审宣判后，佳兴公司不服一审判决，提起上诉。

**二审判决**

**上海市第一中级人民法院经审理认为**:就本案而言，佳兴公司转让的应收账款及其权利应系一种将来发生的债权。首先应以佳兴公司此前经营状况为依据。但佳兴公司已自认前述记载的经营状况并非真实，卡得万利保理公司亦未对此予以必要的核查，故双方当事人仅据此种虚假记载并不足以对本案所涉将来债权产生合理期待，亦不具备将诉争将来债权转让他人之基础。同时，系争保理协议及其附件除前述经营状况外，仅就所涉将来债权作了期间上的界定，对于交易对手、交易标的及所生债权性质等债之要素均未提及，亦无其他可对该将来债权予以确定的约定，故在现有证据条件下，难以认定本案所涉将来债权已相对确定，据此亦无法认为，本案所涉将来债权具备合理期待利益，可对外转让。综上，系争《商业保理申请及协议书》约定之未来应收账款不具有合理可期待性及确定性，故其不具可转让性，故法院认为，佳兴公司与卡得万利保理公司间依据系争《商业保理申请及协议书》不能成立商业保理法律关系。

依照系争《商业保理申请及协议书》之约定，应认定佳兴公司与卡得万利保理公司间实际系构成借款法律关系。本案双方当事人间虽有转让应收账款之约定，但该种约定并不影响双方当事人间借款法律关系之性质。《中国(上海)自由贸易试验区商业保理业务管理暂行办法》第 6 条规定："从事商业保理业务的企业不得从事下列活动：……(二)发放贷款或受托发放贷款。"本案双方当事人间即系借款法律关系，则卡得万利保理公司开展此种名为保理实为借贷之业务已违反上述强制性管理规定，据此应认定本案双方当事人间借款关系无效。

## 二、相关规定

**《合同法》第 52 条**："有下列情形之一的，合同无效：(一)一方以欺诈、胁迫的手段订立合同，损害国家利益；(二)恶意串通，损害国家、集体或者第三人利益；(三)以合法形式掩盖非法目的；(四)损害社会公共利益；(五)违反法律、行政法规的强制性规定。"

**《合同法》第 196 条(《民法典》第 667 条)**："借款合同是借款人向贷款人借款，到期返还借款并支付利息的合同。"

**《银行业监督管理法》第 19 条**："未经国务院银行业监督管理机构批准，任何单位或者个人不得设立银行业金融机构或者从事银行业金融机构的业务活动。"

**《中国(上海)自由贸易试验区商业保理业务管理暂行办法》[中(沪)自贸管〔2014〕26 号]第 6 条第(2)项**[①]："从事商业保理业务的企业不得从事下列活动：……(二)发放贷款或受托发放贷款……"

**《最高人民法院关于审理民间借贷案件适用法律若干问题的规定》(法释〔2015〕18 号)第 11 条[《最高人民法院关于审理民间借贷案件适用法律若干问**

① 《中国(上海)自由贸易试验区商业保理业务管理暂行办法》[中(沪)自贸管〔2014〕26 号]2016 年 2 月 21 日废止。

题的规定》(法释〔2020〕17号)第10条]:“法人之间、其他组织之间以及它们相互之间为生产、经营需要订立的民间借贷合同,除存在合同法第五十二条、本规定第十四条规定的情形外,当事人主张民间借贷合同有效的,人民法院应予支持。”

### 三、典型案例或做法

| 案号 | 裁判立场 |
| --- | --- |
| 骆某周与卡得万利商业保理有限公司合同纠纷案/陕西省西安市中级人民法院(2020)陕01民终8486号民事判决 | 本案中,卡得万利公司与骆某周所签《商业保理申请及协议书》以及《商业保理确认书》,约定“乙方将一定经营期间通过指定收单机构的POS机产生的所有应收刷卡交易额,向甲方申请办理商业保理业务,获得生产经营资金”。卡得万利公司提供受让账款及权利以及支付对价的服务说明,骆某周将其对第三方的合法应收账款转让给卡得万利公司,卡得万利公司向骆某周提供保理融资服务,因此卡得万利公司向骆某周提供的是保理服务,基于涉案《商业保理申请及协议书》以及《商业保理确认书》在双方之间形成保理合同关系,而非借贷关系。涉案《商业保理申请及协议书》以及《商业保理确认书》系双方真实意思表示,不违反法律、法规的强制性规定,合法有效,双方均应依约履行。 |
| 卡得万利商业保理有限公司与马鞍山市花山区德品地板经营部、赵某民间借贷纠纷案/安徽省马鞍山市花山区人民法院(2020)皖0503民初3735号民事判决 | 本院认为,第一,在商业保理法律关系中,可转让的未来债权应具有合理可期待性与确定性。而本案中,德品经营部在保理合同签订时确认的经营状况并非属实,卡得万利公司也未对此进行必要核实,其仅依据德品经营部自报的经营状况不足以对本案所涉转让债权产生合理期待,且此种非确定性的未来债权不具备债权转让之法律基础。故涉案当事人之间的诉争法律关系并不符合商业保理的基本法律特征。第二,涉案当事人约定每月每周定额归还欠款本金及手续费的还款方式,使得德品经营部承担出让债权未实际发生所致损失,由此被转让债权的相应信用风险并未转移,此也不符合商业保理法律关系的特征。第三,卡得万利公司未能提供其对德品经营部的经营情况及先前一定期限内所形成的应收账款流水予以审查之相关证据。故涉案当事人之间虽订立名为商业保理合同,但双方并不成立商业保理法律关系,而是事实上成立借款合同和保证合同法律关系。 |

续表

| 案号 | 裁判立场 |
| --- | --- |
| 卡得万利商业保理有限公司与长沙市天心区家宜居家具商行合同纠纷案/湖南省长沙市天心区人民法院(2019)湘0103民初2825号民事判决 | 本案中，虽然原告卡得公司主张双方之间构成保理合同关系，但未举证证明在保理合同成立时，基础合同已经签订；亦未举证证明在保理合同履行中直至履行期限届满时，基础合同已经签订、基础合同已特定于保理合同项下、债务人名称准确、主债权数额和履行期限明确等，故本案未来应收账款债权由保理合同履行中可能存在的或然性最终变为保理合同履行期限届满时不存在的必然性，即未来应收账款债权不具有合理期待性、确定性以及可转让性。实际上，双方约定的未来应收账款 721357 元是原告卡得公司就被告家宜居商行过去一年的经营收入 POS 机流水审核后主观确定的，并没有基础合同予以支撑。诚然，被告家宜居商行在协议期限内可能会与不特定的债务人缔结买卖合同、服务合同等，但基础合同的缔结与否、数量多少受被告家宜居商行经营状况的影响较大；更重要的是，即使在被告家宜居商行拖欠融资对价款的危险情况下，原告卡得公司也仅仅是要求被告家宜居商行还款而没有向债务人主张权利，债权人的还款成为保理融资的唯一还款来源。综合全案来看，虽然原被告签订保理《申请书》《协议书》和《确认书》，但不具有保理合同的典型特征，“名为保理，实为借贷”，应按民间借贷的相关法律规范进行审查。 |

## 四、法理分析

首先，一般认为未来应收账款可以转让。本案中，根据原被告双方在《商业保理申请及协议书》中的约定，被告佳兴公司要向原告转让其在协议期限内的全部 POS 机应收账款。可知，该应收账款在签订合同时尚未发生，所以案涉应收账款应当属于未来应收账款。对于未来应收账款的可让与性，在《民法典》颁布之前，我国法律上没有明文规定，仅有银监会 2014 年颁布的《商业银行保理业务管理暂行办法》第 13 条规定了：“商业银行不得基于……未来应收账款……开展保理融资业务。”但是根据该部门规章的法律责任一章中的第33条规定：“商业银行违反本办法规定经营保理业务的，由银监会及其派出机构责令其限期改正。”可知，该规定并不具有强制性，所以，通常认为未来应收账款是可以转让的，保理公司可以据此开展融资业务。各地法院也多对此持宽容的态度，比如天津高院出台的《天津高院保理纪要(一)》中允许债权人将现有的或将来的应收账款转让给保理商。《深圳前海法院裁判指引》第 2 条也作了类似规定。

另外根据《民法典》第 761 条的规定：“保理合同是应收账款债权人将现有

的或者将有的应收账款转让给保理人，保理人提供资金融通、应收账款管理或者催收、应收账款债务人付款担保等服务的合同。”可知，《民法典》颁布之后，相较之前的法律，其明文承认了将来应收账款的可让与性，也为未来涉及将来应收账款让与的保理纠纷提供了明确的法律依据。

其次，本案的未来应收账款因不具有合理期待性而不可转让。当前司法实践多认为，未来应收账款虽然可以转让，但并非所有的未来应收账款都可以转让，它的转让还应同时满足合理的可期待性和确定性。其中合理的可期待性是指未来应收账款是于将来可能产生的债权，这种债权本质上属于一种期待权，只有在未来债权具有合理可期待性的前提下，期待利益转化为完整债权具有相当的可能性，才可以作为期待权进行转让。确定性是指未来应收账款实际产生时，其可直接被确定为保理合同所转让的应收账款范畴。但对于本案来说，案涉未来应收账款并不具有合理的可期待利益。二审过程中，佳兴公司自认其所提供的营业状况不真实，而原告提供融资的基础正是基于佳兴公司此前的营业状况，原告在确认发放融资款时也未进行核实，所以对于基于虚假记载的营业额确定的将来应收账款，通常不认为其具有合理的可期待性。综上，案涉未来应收账款不具有可转让性，本案原被告之间的保理关系不成立。

最后，本案原被告之间构成借贷关系。本案基础合同不成立，不构成保理法律关系。根据案涉《商业保理申请及协议书》约定佳兴公司将一定期限的POS机刷卡额转让给原告后，原告发放融资款，被告佳兴公司需要定期定额承担融资款的还款义务，其实质上属于借贷法律关系。虽然本案二审法院也认为原被告双方之间构成借贷关系，但是其同时认为原告公司开展此种名为保理实为借贷之业务已违反《上海市中国(上海)自由贸易试验区商业保理业务管理暂行办法》[中(沪)自贸管〔2014〕26号]中第6条的强制性规定，即“从事商业保理业务的企业不得从事下列活动：……发放贷款或受托发放贷款”，据此应认定本案双方当事人间借款关系无效。但对此，不同观点认为(如典型案例三)，原被告双方即使构成企业间的借贷，也理应根据《民间借贷规定》(法释〔2015〕18号)第14条规定认定合同效力。笔者较为赞同后种做法，因为原告作为保理公司并非是长期向不特定主体发放贷款，其主要还是以营利为目的而向其他企业提供融资服务，所以不应因为其事实上与其他企业之间构成借贷关系，而认定原被告之间的借款关系无效。

# 票据结算保理的法律效力及保理人权利

刘　涵

票据结算保理是保理业务的一种创新形式，保理公司受让应收账款的同时受让了作为该笔应收账款结算工具的票据，保理关系与票据关系出现了交叉，这时，以票据转让作为债权让与方式的保理交易有效吗？如果有效，保理公司又该如何主张权利？以下结合一则案例说明之。

## 一、案情与裁判

**案件名称：**甲保理公司诉乙公司等保理合同纠纷案

**案情来源：**上海金融法院(2019)沪74民终418号民事判决

**案情简介：**

2017年4月20日，丙公司(上诉人、原审被告)与甲保理公司(被上诉人、原审原告)签订《商业保理业务合同》，约定甲保理公司向丙公司提供最高额2000万元的国内有追索权保理融资服务。同日，丙公司与甲保理公司签订了《应收账款转让协议》《应收账款转让通知书》。贺某江向甲保理公司出具《最高额担保函》，提供最高额度2400万元的连带责任担保。2017年4月21日，丙公司向甲保理公司背书转让了票据金额为500万元、汇票到期日为2018年2月24日的电子商业承兑汇票，甲保理公司发放到期日为2018年3月6日的500万元保理融资款。2017年4月27日，丙公司向甲保理公司背书转让了票据金额均为200万元、汇票到期日分别为2018年3月24日、25日的两张电子商业承兑汇票，甲保理公司发放了到期日分别为2018年4月3日、4日的两笔200万元保理融资款。上述三张电子商业承兑汇票到期后，甲保理公司提示付款均未获兑付。上述三笔保理融资款到期后，甲保理公司亦未收到乙公司(原审被告)、贺某江(原审被告)应支付的应收账款。

上海市浦东新区人民法院经审理认为:丙公司将涉案应收账款债权以票据背书的形式转让给甲保理公司,乙公司确认收到《应收账款转让通知书》,该债权转让行为已对债务人即乙公司生效,故乙公司应向甲保理公司履行付款义务。乙公司虽辩称其向丙公司背书转让涉案三张电子商业承兑汇票的行为应视为履行了付款义务,但因系争交易各方并未约定交付票据后原因债权即消灭,甲保理公司未实现票据付款请求权,表明其作为债权人未能获得实际完全给付,其与乙公司之间的债权债务关系并未消灭,故其有权就应收账款债权请求权与票据追索权择一行使。因此,甲保理公司要求乙公司支付应收账款债权本金 900 万元的主张,具有事实和法律依据,法院予以支持。因甲保理公司在保理融资到期后,未足额收回应收账款,故其有权按照涉案《商业保理业务合同》的约定行使追索权。因此,甲保理公司要求丙公司归还保理融资本金900 万元并支付逾期违约金的主张,法院亦予以支持。

上海市浦东新区人民法院于 2019 年 2 月 15 日作出判决:(1)乙公司支付甲保理公司应收账款债权本金及相应利息;(2)若乙公司届期未能足额履行上述第一项付款义务,被告丙公司应在保理融资本金及违约金范围内向甲保理公司归还乙公司未履行部分的款项;(3)贺某江对被告丙公司的付款义务承担连带清偿责任。

一审判决后,丙公司提起上诉。上海金融法院于 2019 年 8 月 27 日作出终审判决:驳回上诉,维持原判。

## 二、相关规定

《应收账款质押登记办法》(2019)第 2 条第 1 款:“本办法所称应收账款是指权利人因提供一定的货物、服务或设施而获得的要求义务人付款的权利以及依法享有的其他付款请求权,包括现有的和未来的金钱债权,但不包括因票据或其他有价证券而产生的付款请求权,以及法律、行政法规禁止转让的付款请求权。”

《商业银行保理业务管理暂行办法》第 8 条:“本办法所称应收账款,是指企业因提供商品、服务或者出租资产而形成的金钱债权及其产生的收益,但不包括因票据或其他有价证券而产生的付款请求权。”

《商业银行保理业务管理暂行办法》第 13 条第 1 款、第 4 款:“商业银行应当根据自身内部控制水平和风险管理能力,制定适合叙做保理融资业务的应收账款标准，规范应收账款范围。商业银行不得基于不合法基础交易合同、寄售合同、未来应收账款、权属不清的应收账款、因票据或其他有价证券而产生的付款请求权等开展保理融资业务。……因票据或其他有价证券而产生的付款请求权是指票据或其他有价证券的持票人无需持有票据或有价证券产生的基础交易应收账款单据，仅依据票据或有价证券本身即可向票据或有价证券主债务人请求按票据或有价证券上记载的金额付款的权利。”

《票据法》第 10 条：“票据的签发、取得和转让，应当遵循诚实信用的原则，具有真实的交易关系和债权债务关系。票据的取得，必须给付对价，即应当给付票据双方当事人认可的相对应的代价。”

《票据法》第 31 条：“以背书转让的汇票，背书应当连续。持票人以背书的连续，证明其汇票权利；非经背书转让，而以其他合法方式取得汇票的，依法举证，证明其汇票权利。前款所称背书连续，是指在票据转让中，转让汇票的背书人与受让汇票的被背书人在汇票上的签章依次前后衔接。”

### 三、典型案例或做法

| 案号 | 裁判立场 |
|---|---|
| 深圳市圣墨西科技有限公司、孙某余合同纠纷案/广东省深圳市中级人民法院（2019）粤 03 民终 15807 号民事判决 | 关于本案中的应收账款转让是否有效，亚洲保理公司是否只能主张票据权利的问题，本案中，圣墨西公司与沃特玛公司之间采购订单约定的结算方式为月结 90 天付银行汇票，但沃特玛公司向圣墨西公司实际开具电子商业承兑汇票，圣墨西公司予以接受，应当认定双方实际未按约定的结算方式执行。因此，本案当事人之间并不存在以何种票据支付方式完全清偿债务的协议。并且，沃特玛公司与亚洲保理公司签署的《补充协议》约定，如支付方式为电子商业承兑汇票的，亚洲保理公司实际托收成功或亚洲保理公司转贴现情形下持票人托收成功后才能视为沃特玛公司履行付款义务。本案所涉应收账款转让已通知沃特玛公司，并得到沃特玛公司的确认。因此，沃特玛公司出具电子商业承兑汇票以清偿应收账款，应成立新债清偿的法律关系。关于亚洲保理公司是否有权要求圣墨西公司回购应收账款，一审法院认为，本案应收账款到期后，沃特玛公司未予偿付，《保理业务合同》第 7 条约定的回购应收账款的条件已经成就。因此，亚洲保理公司有权要求圣墨西公司回购应收账款，并可以同时要求圣墨西公司偿还保理融资款以及有关利息和违约金以回购应收账款。 |

续表

| 案号 | 裁判立场 |
|---|---|
| 国中医药有限责任公司与中信商业保理有限公司票据纠纷上诉案/最高人民法院(2015)民二终字第134号民事判决 | 本案争议焦点在于中信保理公司是否享有案涉六张汇票载明的票据权利。票据作为一种文义证券、设权证券，其创设的权利义务由票据上所记载的文字的意义决定。案涉六张商业承兑汇票对表明“汇票”的字样、无条件支付的委托、确定的金额、付款人名称、收款人名称、出票日期、出票人签章等汇票的绝对应记载事项均有记载，国中医药公司对案涉汇票的真实性亦无异议。案涉汇票记载的付款人均为国中医药公司，国中医药公司在案涉汇票的承兑人签章处进行签章，收款人分别为安力博发公司、星纪开元公司，安力博发公司、星纪开元公司分别作为背书人将案涉汇票背书转让给中信保理公司。中信保理公司持背书连续的案涉汇票和汇票到期被拒绝付款的证据，同时以其与安力博发公司签订的中信保(2012)XM1－5《保理合同》、与星纪开元公司签订的中信保(2013)XM1－4《保理合同》、中信保(2012)XM1－5《保理合同》的相应对账单、银行单据及汇总表等证据，证明其是基于与安力博发公司、星纪开元公司之间的保理业务关系，分别从安力博发公司、星纪开元公司处背书受让了案涉六张商业承兑汇票，主张行使追索权，要求国中医药公司支付案涉汇票金额和汇票金额自到期日起至实际清偿日止的利息，符合《票据法》的规定，应当予以支持。 |
| 冠福控股股份有限公司、华夏富通(天津)商业保理有限公司票据追索权纠纷案/浙江省杭州市中级人民法院(2019)浙01民终8047号民事判决 | 票据是无因证券，票据一经形成，票据关系即与原因关系相分离；同时，票据又是要式证券和文义证券，票据记载的事项必须符合《票据法》的相关规定，票据权利的内容以及票据有关的一切事项必须以票据记载的文字为准。《票据法》第31条第1款规定，以背书转让的汇票，背书应当连续。持票人以背书的连续，证明其汇票权利。该案诉争电子商业承兑汇票，形式完备，各项必要记载事项齐全，且背书连续，华夏公司作为持票人能够以背书的连续，证明其汇票权利。且华夏公司亦举证证明了其取得诉争汇票的基础法律关系，即其与前手挚信公司间的《国内保理业务合同》，证明其与挚信公司间存在保理业务关系，挚信公司为清偿该债务，与华夏公司签订《协议书》，将案涉汇票背书转让给华夏公司用以抵偿债务。华夏公司提交的该些证据已可证明其是基于与挚信公司间的保理业务关系。故对其票据权利应予确认。华夏公司行使票据付款请求权遭拒，再行向票据出票人冠福公司和其他背书人弈辛公司、挚信公司主张追索权，符合法律规定，应予支持。 |

## 四、法理分析

首先，以票据背书转让作为应收账款让与形式的保理交易合法有效。根据央行在2019年颁布的《应收账款质押登记办法》第2条第1款的规定：“本办法所称应收账款是指……但不包括因票据或其他有价证券而产生的付款请求权，以及法律、行政法规禁止转让的付款请求权。”以及2014年银监会颁布的《商业银行保理业务管理暂行办法》第13条的规定：“……商业银行不得基于……因票据或其他有价证券而产生的付款请求权等开展保理融资业务。”可知，我国相关的部门规章均将因票据产生的应收账款请求权排除在了保理业务范围之外。但是，在解释论上，通常认为上述规定对应收账款让与的限制属于管理性的强制规范，原则上对保理合同效力不产生影响。并且当前我国的法律、法规并未对应收账款的范围进行限制，也就是说并没有效力性规定将票据债权让与作为应收账款让与形式的保理交易规定为无效，按照私法自由原则，合同作为双方当事人意思自治的结果，理应认定票据债权作为应收账款让与形式的保理交易合法有效。在类似案件中，包括最高法院在内的多个法院也都明确支持了保理公司持连续背书的票据行使追索权的主张。

其次，甲保理公司依法享有票据权利。虽然法律允许票据债权让与作为保理业务中应收账款转让的形式，但是票据债权的具体方式仍要符合《票据法》的相关规定。根据《票据法》第10条规定：“票据的签发、取得和转让，应当遵循诚实信用的原则，具有真实的交易关系和债权债务关系，票据的取得，必须给付对价，即应当给付票据双方当事人认可的相对应的代价。”本案中丙公司与甲保理公司之间签订的《商业保理业务合同》《应收账款转让协议》以及《应收账款转让通知书》均系各方当事人的真实意思表示，且符合法律的相关规定，公司背书并交付汇票也是基于真实的债权债务关系，甲保理公司亦支付了相应的对价，该背书行为有效。

最后，甲保理公司可以择一行使保理追索权与票据追索权。由于本案中甲保理公司在保理融资到期后，甲保理公司并未收到乙公司、贺某江应支付的应收账款，故其有权按照案涉《商业保理业务合同》的约定行使追索权。而对于已经通过电子商业承兑汇票清偿的应收账款是否仍为合法有效的应收账款，涉及票据支付与原因债权的关系问题，有两种情形：第一种情形是当事人对于原因债权明确约定使用某种票据来作为结算工具的，在这种情形下，票据支付后，原因债权即消灭。第二种情形是当事人对于清偿既存原因关系之债的方式未作约定，或约定以票据方式结算但票据付款后原因关系才消灭的，在这种情形下，当行使票据上的付款请求权被拒后，债权人既享有票据权利，又享有合同权利。而本案中并不存在交付票据后债务即完全清偿的约定，并且本案所涉应收账款转让已通知乙公司，并得到乙公司的确认，所以此时甲公司有权在既享有保理融资款追索权又享有票据追索权的情形下择一行使，主张保理融资款追索权。

# 行政法专题

# 行政主体单方解除市政特许经营协议的法律分析

侯圣贺

如今，小国寡民、自产自销的农耕时代早已一去不复返，取而代之的是水、电、气等公共产品或服务成为居民生活必需品。特许经营制度作为一种资源分配方式，可以推动市场主体提供优质廉价的公共产品或服务，实现生产效率与分配效率的双重目标。因此，现代社会普遍采取特许经营模式作为提供公共产品或服务的方式，以此满足广大居民的生活需求，而市政特许经营协议也成为约束特许经营法律关系中各方主体权利义务的最佳手段。但市政特许经营协议中，行政主体往往享有单方撤销权。在行政主体单方解除市政特许经营协议并收回特许经营权的情况下，该行为是否合法值得我们关注。

## 一、案情与裁判

**案情名称：**寿光中石油昆仑燃气有限公司诉寿光市人民政府、潍坊市人民政府解除政府特许经营协议案

**案件来源：**山东省高级人民法院(2017)鲁行终191号行政判决

**案情简介：**

2011年7月15日，寿光市人民政府(被上诉人、原审被告)授权寿光市住房和城乡建设局(甲方，以下简称寿光市住建局)与寿光中石油昆仑燃气有限公司(乙方，上诉人、原审原告，以下简称昆仑燃气公司)协商共同开发寿光市天然气综合利用项目，双方协议约定：甲方同意乙方在寿光市从事城市天然气特许经营，经营范围为渤海化工园区(羊口镇)、侯镇化工园区、东城工业园区，经营期限为30年；乙方若不能保证寿光市实际用气需求，甲方有权依照《山东省燃气管理条例》等相关法律法规进行处理；签订协议8个月内，如因乙方原因使工程

不能开工建设，本协议废止。

协议签订后，昆仑燃气公司仅在部分项目建设方面取得进展，迟迟未能完成全部建设任务。2014 年 7 月 10 日，寿光市住建局向昆仑燃气公司发出催告，限其在 2 个月内办理管道天然气经营许可手续，否则将收回其天然气特许经营权。2015 年 6 月 25 日，寿光市燃气工作会议再次强调，当年 9 月底前未完成燃气配套设施建设的，一律收回该市天然气特许经营权。2015 年 6 月 29 日，昆仑燃气公司向寿光市人民政府出具项目建设保证书，承诺办理完项目开工手续后，在 3 个月内完成文家门站及主管网项目、羊口镇燃气项目、侯镇燃气项目、双王城生态经济园区燃气项目建设，如不能完成，将自动退出政府授权经营区域。2016 年 4 月 6 日，寿光市人民政府作出《关于印发寿光市“镇村通”天然气工作推进方案的通知》（寿政办发〔2016〕47 号），决定收回昆仑燃气公司所享有的羊口镇、侯镇燃气经营项目特许经营权。昆仑燃气公司仍不服，向潍坊市中级人民法院提起行政诉讼，请求法院判决寿光市人民政府收回原告燃气特许经营权的行为违法并撤销该行政行为。

**一审判决**

**山东省潍坊市中级人民法院经审理认为：**寿光市住建局与昆仑燃气公司共同开发寿光市天然气综合利用项目，涉案协议系双方真实意思表示，内容不违反法律、行政法规的强制性规定，协议合法有效，双方应严格履行义务。昆仑燃气公司在依约取得羊口镇、侯镇化工园区、东城工业园区天然气项目特许经营权后，不能依约完成项目建设，也未办理燃气经营许可证，在寿光市人民政府多次催告且出具书面保证书后，至 2016 年 4 月 6 日仍未依约完成项目投资建设，影响了经营区域内用户及时用气。昆仑燃气公司迟延履行合同主要义务，经催告后在合理期限内仍未履行，且该迟延履行致使合同目的不能实现，故寿光市人民政府有权依约解除合同。寿光市人民政府决定按照合作协议中违约责任条款收回昆仑燃气公司燃气经营项目特许经营权，事实清楚，证据充分，理由正当。遂判决驳回昆仑燃气公司的诉讼请求。

**二审判决**

**山东省高级人民法院经审理认为：**涉案合作协议系寿光市人民政府为满足公共利益之需要，对天然气综合利用项目实施特许经营而与昆仑燃气公司签订的政府特许经营协议，属行政协议，可以适用《合同法》相关规定予以调整，双方均应按协议履行相应义务。昆仑燃气公司在寿光市人民政府给予的合理期限内，长期无法完成授权经营区域内的项目建设，致使相关经营区域供气目的无法实现，寿光市人民政府解除协议并收回燃气项目特许经营权的法定条件成立。寿光市人民政府决定收回昆仑燃气公司燃气特许经营权未履行相应听证程序，程序违法。因收回燃气特许经营权的行为涉及社会公共利益，行为一旦撤销，最终会影响居民供气需求及区域发展规划。故判决被上诉人寿光市人民政府收回上诉人燃气项目特许经营权的行为程序违法，但不撤销。

## 二、相关规定

《合同法》第 94 条(《民法典》第 563 条)："有下列情形之一的，当事人可以解除合同：……(四)当事人一方迟延履行债务致使不能实现合同目的，另一方可以解除合同。"

《市政公用事业特许经营管理办法》(2015 修正)第 18 条："获得特许经营权的企业在特许经营期间有下列行为之一的，主管部门应当依法终止特许经营协议，取消其特许经营权，并可以实施临时接管：(一)擅自转让、出租特许经营权的；(二)擅自将所经营的财产进行处置或者抵押的；(三)因管理不善，发生重大质量、生产安全事故的；(四)擅自停业、歇业，严重影响到社会公共利益和安全的；(五)法律、法规禁止的其他行为。"

《市政公用事业特许经营管理办法》(2015 修正)第 25 条："对获得特许经营权的企业取消特许经营权并实施临时接管的，必须按照有关法律、法规的规定进行，并召开听证会。"

《山东省燃气管理条例》(2016 修正)第 18 条："燃气经营许可证和燃气供应许可证实行年检制度。未经检验或者经检验不合格的，不得继续从事燃气经营活动。"

## 三、典型案例或做法

| 案号 | 裁判立场 |
|---|---|
| 辽宁金润天然气有限公司与建平县人民政府收回工业燃气特许经营权上诉案/辽宁省朝阳市中级人民法院(2014)朝行终字第 00006 号行政判决 | 按照金润公司与辽宁建平陶瓷工业园管理委员会签订的协议，金润公司应在 2013 年 2 月 5 日前将天然气主管道接入建平境内，但在 2012 年 12 月 21 日仲恺管委会作出本案被诉具体行政行为时，金润公司的实际行为状态表明其在协议约定期限内不能完成合同义务，仲恺管委会按照建政发〔2009〕66 号批复中确定的逾期收回特许经营权的意见，作出收回金润公司工业燃气特许经营权的决定并无不当。 |

续表

| 案号 | 裁判立场 |
| --- | --- |
| 赣榆京融管道燃气公司诉连云港赣榆区政府撤销管道燃气特许经营权纠纷案/江苏省高级人民法院(2014)苏行终字第00158号行政判决 | 天然气是涉及居民生活和企业生产的重要生活、生产资料，其作为一种清洁能源在环境治理等方面发挥着重大作用，且随着赣榆地区经济的迅速发展和群众生活需求的提高，对该能源的需求不断增长，故该能源的供给直接关系到经济发展、社会生活、环境保护。如果撤销原赣榆县政府授予紫源公司的特许经营权，将会对赣榆区的经济发展、社会生活、环境保护等公共利益产生重大不利影响。据此，原审法院认定被诉特许经营权不宜撤销，并依法作出确认原赣榆县政府授予紫源公司的特许经营权违法及原赣榆县政府应在判决生效后6个月内采取相应补救措施的判决并无不当。 |
| 周某兵与濉溪芜湖现代产业园区管委会违法解除特许经营协议案/安徽省濉溪县人民法院(2015)濉行初字第00074号行政判决 | 濉芜产业园管委会与周某兵签订的《濉芜现代产业园供水特许经营权出让协议》系双方真实意思表示，内容未违反法律、行政法规的强制性规定，属于合法有效合同，应受法律保护，双方应严格遵守，否则应承担相应的法律责任。濉芜产业园管委会与周某兵签订合同后无故单方面解除合同，致使合同无法继续履行，其单方解除合同的行为违法，应对周某兵在濉芜产业园管委会投资兴建自来水厂项目中所受到的损失予以赔偿。 |

## 四、法理分析

《市政公用事业特许经营管理办法》(2015修正)第2条规定："市政公用事业特许经营，是指政府按照有关法律、法规规定，通过市场竞争机制选择市政公用事业投资者或者经营者，明确其在一定期限和范围内经营某项市政公用事业产品或者提供某项服务的制度。城市供水、供气、供热、污水处理、垃圾处理等行业，依法实施特许经营的，适用本办法。"因此，寿光市人民政府授权昆仑燃气公司开展燃气特许经营活动属于市政公用事业特许经营。

本案争议焦点为被上诉人寿光市人民政府收回上诉人昆仑燃气公司燃气特许经营权的行为是否合法。因此，我们需要明晰以下几个问题：

1.寿光市人民政府是否享有单方解除权？首先，寿光市人民政府与昆仑燃气公司签订的燃气特许经营协议系双方真实意思表示，双方均应按其内容履行各自的义务。昆仑燃气公司无正当理由不履行合同义务，致使合同目的无法实现，寿光市政府可根据《合同法》第 94 条之规定行使解除权，解除其与昆仑燃气公司订立的燃气特许经营协议并收回燃气特许经营权。其次，寿光市人民政府与昆仑燃气公司签订的燃气特许经营协议系行政合同，该合同乃是借合同之形式实现行政管理之目的，为广大居民或企业提供燃气这一公共产品，以实现社会公共利益。昆仑燃气公司无正当理由不履行合同义务，致使合同目的无法实现，寿光市人民政府可根据《市政公用事业特许经营管理办法》第 18 条之规定，解除特许经营协议，收回燃气特许经营权。因此，不论是根据《合同法》第 94 条之规定，还是根据《市政公用事业特许经营管理办法》(2015 修正)第 18 条之规定，寿光市人民政府均享有单方解除权。

2.寿光市人民政府收回昆仑燃气公司特许经营权的行为是否存在程序违法？《市政公用事业特许经营管理办法》(2015 修正)第 25 规定："对获得特许经营权的企业取消特许经营权并实施临时接管的，必须按照有关法律、法规的规定进行，并召开听证会。"因此，寿光市人民政府收回昆仑燃气公司燃气特许经营权应当告知其享有听证的权利，听取其陈述和申辩。昆仑燃气公司要求举行听证会，寿光市人民政府应当组织听证。而寿光市人民政府未提供证据证明其已履行了相应义务，其取消特许经营权的行为不符合上述法律规定，属于程序违法。

3.确认违法判决的价值追求。《行政诉讼法》(2017 修正)在吸收司法解释规定的基础上，增设了确认违法判决。确认违法判决是指人民法院经审查，认为被诉行政行为违法但不适合作出撤销判决或履行判决，从而确认被诉行政行为违法的一种裁判方式。确认违法判决是对被诉行政行为的一种否定性评价，是对撤销判决的修改和补充。本案中，寿光市人民政府没有履行必要的听证程序，属于程序违法。但法院选择适用确认违法判决乃是认为，寿光市人民政府撤销昆仑燃气公司的行为属于轻微违法，对原告权利不产生实际影响，且上诉人昆仑燃气公司迟延履行合同义务的行为致使当地居民和企业的用气需求得不到满足，若撤销被诉行为将会给国家利益和社会公共利益造成重大损失。故在取消特许经营权行为实体正确、程序违法的情况下，本案法官选择适用确认违法判决但不撤销该行政行为。

# 房屋登记机构登记错误应承担赔偿责任

侯圣贺

房屋登记是以国家公信力为背书对房屋的权属状态进行确认并予以公示的行为。实践中，不乏房屋登记错误现象的发生。房屋登记错误后，登记机构是否要承担赔偿责任？承担多少责任？登记机构是否可以向虚假提供申请材料者进行追偿？

## 一、案情与裁判

**案件名称：**刘某诉开县国土资源和房屋管理局行政赔偿案

**案情来源：**重庆市第二中级人民法院（2016）渝 02 行赔终 7 号行政赔偿判决

**案情简介：**

万某宇（第三人）为开县长青街某幢房屋所有权人。2013 年 1 月 30 日，万某宇将该幢房屋过户于其母邓某香名下，其母又将房屋过户至万父万某山名下。2014 年 5 月 16 日，万某宇以房产证丢失为由，向开县国土房管局（被告）提出遗失补发申请，开县国土房管局向万某宇补发了房产证，并作登记。后万某宇向刘某（原告）借款 45 万元，刘某为防止万某宇不能按期还款，与其签订了标的额为 532820 元的房屋买卖合同，并在开县国土房管局处将位于万某宇名下的房产（补办）过户至刘某名下。2015 年 9 月 24 日，开县国土房管局以万某宇隐瞒事实真相骗补房屋产权证导致其与刘某的房屋过户登记错误为由，作出《撤销房地产权属登记决定书》，撤销刘某与万某宇之间的房屋转移登记，并要求刘某交回房地产权证。刘某向开县国土房管局申请国家赔偿，后者于2015 年 11 月 21 日作出《不予赔偿决定书》（开县国土房管赔〔2015〕1 号）。刘某认为开县国土房管局的行为侵犯了自己的合法权益，遂向法院提起诉讼，请求判令其赔偿损失。

**法院判决**

**重庆市第二中级人民法院经审理认为**:本案各方当事人对开县国土房管局的错误登记行为造成刘某权益受损的事实并无异议,争议焦点在于损失总额的认定及应否由开县国土房管局承担赔偿责任。万某宇提交虚假材料,开县国土房管局未尽审慎审查义务,将已有所有权人的房产补办产权证于万某宇,而使刘某基于对开县国土房管局颁证行为的信赖,与万某宇签订房屋买卖合同,并办理产权过户登记。后开县国土房管局撤销双方过户登记,致使刘某权益受损害,开县国土房管局应因其错误补办房产证并办理移转登记的行为承担赔偿责任。故综合第三人万某宇与被告开县国土房管局的过错,根据《最高人民法院关于审理房屋登记案件若干问题的规定》第12条之规定,判决万某宇与开县国土房管局分别承担80%和20%的责任。

## 二、相关规定

**《国家赔偿法》第4条**:"行政机关及其工作人员在行使行政职权时有下列侵犯财产权情形之一的,受害人有取得赔偿的权利:(一)违法实施罚款、吊销许可证和执照、责令停产停业、没收财物等行政处罚的;(二)违法对财产采取查封、扣押、冻结等行政强制措施的;(三)违法征收、征用财产的;(四)造成财产损害的其他违法行为。"

**《物权法》第21条(《民法典》第222条)**:"当事人提供虚假材料申请登记,给他人造成损害的,应当承担赔偿责任。因登记错误,给他人造成损害的,登记机构应当承担赔偿责任。登记机构赔偿后,可以向造成登记错误的人追偿。"

**《最高人民法院关于审理房屋登记案件若干问题的规定》(法释〔2010〕15号)第12条**:"申请人提供虚假材料办理房屋登记,给原告造成损害,房屋登记机构未尽合理审慎职责的,应当根据其过错程度及其在损害发生中所起作用承担相应的赔偿责任。"

## 三、典型案例或做法

| 案号 | 裁判立场 |
| --- | --- |
| 林某玲等诉广宁县住房和城乡规划建设局登记行为违法及行政赔偿纠纷案/广东省肇庆市中级人民法院(2017)粤12行终57号行政判决 | 本案为房屋登记行为违法并产生行政赔偿纠纷,争议焦点为案涉房屋登记行为是否合法以及登记机关应否承担行政赔偿责任。案涉房产由悦景公司让与给程某,在办理房屋转移登记后,广宁住建局没有注销原始登记,后又为悦景公司办理了新的房产证。故广宁住建局没有尽审慎审查义务,违反了《物权法》第12条以及《房屋登记办法》第18条第1款之规定,属于行政行为违法。由于案涉房屋的初始登记及转移登记均发生在广宁县人民法院2014年12月15日实施查封前,且无证据显示广宁住建局、悦景公司、程某之间有恶意串通损害上诉人林某玲利益的情形,如果撤销该房屋转移登记行为并确认该房屋转移登记行为违法,将会给原审第三人程某造成重大损失,而且,广宁住建局发现问题后已经采取了相应的补救措施。因此,原审法院确认广宁住建局未注销案涉房产证的行为违法,而没有确认案涉房屋转移登记行为违法或撤销,并无不当。 |
| 岳西县土库生态林业发展有限公司等诉岳西县人民政府行政赔偿案/安徽省安庆市中级人民法院(2017)皖08行赔初6号行政赔偿判决 | 本案事实表明,造成变更登记行为被依法确认违法的直接原因是胡祥伦在申请变更登记时所提交的材料虚假,以及被告在变更登记时未尽到合理审慎的审查义务。判决胡祥伦与岳西县人民政府分别承担90%和10%的责任。 |

## 四、法理分析

第一,登记机构承担赔偿责任的前提是登记错误,并给他人造成损害。不动产物权登记是以国家的公信力为不动产的交易提供法律基础的行为,如果登记错误的原因是登记机构的过错,而当事人或者利害关系人因该登记受到损害,登记机关应当承担国家赔偿责任。这里的错误包括两种:一是登记机构工作人员疏忽大意造成登记错误;二是登记申请人等采取欺骗手段且登记机关工作人员未尽审慎的审查义务或申请人与登记机关的人员恶意串通造成登记错误。而如果仅有登记错误,没有给他人造成损害,则没有承担赔偿责任之可能。

例如，在“林某玲等诉广宁县住房和城乡规划建设局登记行为违法及行政赔偿纠纷案”中，第三人悦景公司尚有其他财产可供执行，没有注销初始登记的登记错误行为并不会给原告林某玲造成损害的情形下，对林某玲请求广宁住建局赔偿损失的请求不予支持。

第二，《最高人民法院关于审理房屋登记案件若干问题的规定》（法释〔2010〕15 号）第 12 条规定的是“混合过错”责任，申请人与登记机构应按照各自的过错，承担按份责任。关于申请人的过错，提供虚假材料为最常见的情形；关于登记机构的过错，则是指申请人提供虚假材料时房屋登记机构未尽合理审慎职责下的过错。此时，有过错的申请人与登记机构承担的是按份责任，而非连带责任。例如，在“刘某诉开县国土资源和房屋管理局行政赔偿案”中，法院根据案件事实，判决万某宇与开县国土房管局分别承担 80％和 20％的责任。

第三，登记机构承担赔偿责任后，可以向提供虚假材料的申请人进行追偿。尽管《物权法》第 222 条以及《最高人民法院关于审理房屋登记案件若干问题的规定》第 12 条规定，申请人提供虚假材料，登记机关未尽审慎义务错误登记后，登记机关需要承担赔偿责任，但法律作这样的规定乃是为了给弱势的受害人提供更加充分的保护，登记机关向受害人进行赔偿后仍可向有过错的申请人进行追偿。

# 行政机关违反信赖保护原则应承担赔偿责任

侯圣贺

信赖保护原则在保障行政相对人的合法权益的同时，也有助于提升政府在民众心中的公信力，在行政权运行中起着十分重要的作用。当行政机关违反信赖保护原则时需要在法律上承担不良的后果。那么，具体到不动产物权登记案件，行政机关由于对第三人提供的虚假材料未尽审慎的审查义务或申请人与登记机关的人员恶意串通造成登记错误，给他人造成损害的，登记机关对该损害是否应该承担责任？第三人与登记机关就该损害的责任承担如何分配？以下结合一则案例说明之。

## 一、案情与裁判

**案件名称：**刘某诉开县国土资源和房屋管理局行政赔偿案

**案情来源：**重庆市第二中级人民法院（2016）渝 02 行赔终 7 号行政赔偿判决

**案情简介：**

万某宇（第三人）为开县长青街某幢房屋所有权人。2013 年 1 月 30 日，万某宇将该幢房屋过户于其母邓某香名下，其母又将房屋过户至万父万某山名下。2014 年 5 月 16 日，万某宇以房产证丢失为由，向开县国土房管局（被告）提出遗失补发申请，开县国土房管局向万某宇补发了房产证，并作登记。后万某宇向刘某（原告）借款 45 万元，刘某为防止万某宇不能按期还款，与其签订了标的额为 532820 元的房屋买卖合同，并在开县国土房管局处将位于万某宇名下的房产（补办）过户至刘某名下。2015 年 9 月 24 日，开县国土房管局以万某宇隐瞒事实真相骗补房屋产权证导致其与刘某的房屋过户登记错误为由，作出《撤销房地产权属登记决定书》，撤销刘某与万某宇之间的房屋转移登记，并要求刘某交回房地产权证。刘某向开县国土房管局申请国家赔偿,后者于2015年11月21日作出《不予赔偿决定书》(开县国土房管赔〔2015〕1号)。刘某认为开县国土房管局的行为侵犯了自己的合法权益,遂向法院提起诉讼,请求判令其赔偿损失。

**法院判决**

**重庆市第二中级人民法院经审理认为**:本案各方当事人对开县国土房管局的错误登记行为造成刘某权益受损的事实并无异议,争议焦点在于损失总额的认定及应否由开县国土房管局承担赔偿责任。万某宇提交虚假材料,开县国土房管局未尽审慎审查义务,将已有所有权人的房产补办产权证于万某宇,而使刘某基于对开县国土房管局颁证行为的信赖,与万某宇签订房屋买卖合同,并办理产权过户登记。后开县国土房管局撤销双方过户登记,致使刘某权益受损害,开县国土房管局应因其错误补办房产证并办理移转登记的行为承担赔偿责任。故综合第三人万某宇与被告开县国土房管局的过错,根据《最高人民法院关于审理房屋登记案件若干问题的规定》第12条之规定,判决万某宇与开县国土房管局分别承担80%和20%的责任。

## 二、相关规定

《国家赔偿法》第4条:"行政机关及其工作人员在行使行政职权时有下列侵犯财产权情形之一的,受害人有取得赔偿的权利:(一)违法实施罚款、吊销许可证和执照、责令停产停业、没收财物等行政处罚的;(二)违法对财产采取查封、扣押、冻结等行政强制措施的;(三)违法征收、征用财产的;造成财产损害的其他违法行为。"

《物权法》第21条(《民法典》第222条):"当事人提供虚假材料申请登记,给他人造成损害的,应当承担赔偿责任。因登记错误,给他人造成损害的,登记机构应当承担赔偿责任。登记机构赔偿后,可以向造成登记错误的人追偿。"

《最高人民法院关于审理房屋登记案件若干问题的规定》(法释〔2010〕15号)第12条:"申请人提供虚假材料办理房屋登记,给原告造成损害,房屋登记机构未尽合理审慎职责的,应当根据其过错程度及其在损害发生中所起作用承担相应的赔偿责任。"

## 三、典型案例或做法

| 案号 | 裁判立场 |
| --- | --- |
| 林某玲等诉广宁县住房和城乡规划建设局登记行为违法及行政赔偿纠纷案/广东省肇庆市中级人民法院(2017)粤12行终57号行政判决 | 本案为房屋登记行为违法并产生行政赔偿纠纷，争议焦点为案涉房屋登记行为是否合法以及登记机关应否承担行政赔偿责任。案涉房产由悦景公司让与给程某，在办理房屋转移登记后，广宁住建局没有注销原始登记，后又为悦景公司办理了新的房产证。故广宁住建局没有尽审慎审查义务，违反了《物权法》第12条以及《房屋登记办法》第18条第1款之规定，属于行政行为违法。由于案涉房屋的初始登记及转移登记均发生在广宁县人民法院2014年12月15日实施查封前，且无证据显示广宁住建局、悦景公司、程某之间有恶意串通损害上诉人林某玲利益的情形，如果撤销该房屋转移登记行为并确认该房屋转移登记行为违法，将会给原审第三人程某造成重大损失，而且，广宁住建局发现问题后已经采取了相应的补救措施。因此，原审法院确认广宁住建局未注销案涉房产证的行为违法，而没有确认案涉房屋转移登记行为违法或撤销，并无不当。 |
| 岳西县土库生态林业发展有限公司等诉岳西县人民政府行政赔偿案/安徽省安庆市中级人民法院(2017)皖08行赔初6号行政赔偿判决 | 本案事实表明，造成变更登记行为被依法确认违法的直接原因是胡祥伦在申请变更登记时所提交的材料虚假，以及被告在变更登记时未尽到合理审慎的审查义务。判决胡祥伦与岳西县人民政府分别承担90%和10%的责任。 |

## 四、法理分析

首先，登记机构承担赔偿责任的前提是登记错误，并给他人造成损害。不动产物权登记是以国家的公信力为不动产的交易提供法律基础的行为，如果登记错误的原因是登记机构的过错，而当事人或者利害关系人因该登记受到损害，登记机关应当承担国家赔偿责任。这里的错误包括两种：一是登记机构工作人员疏忽大意造成登记错误；二是登记申请人等采取欺骗手段且登记机关工作人员未尽审慎的审查义务或申请人与登记机关的人员恶意串通造成登记错误。而如果仅有登记错误，没有给他人造成损害，则没有承担赔偿责任之可能。例如，在“林某玲等诉广宁县住房和城乡规划建设局登记行为违法及行政赔偿纠纷案”中，第三人悦景公司尚有其他财产可供执行，没有注销初始登记的登记错误行为并不会给原告林某玲造成损害的情形下，对林某玲请求广宁住建局赔偿损失的请求不予支持。

其次，《最高人民法院关于审理房屋登记案件若干问题的规定》(法释〔2010〕15号)第12条规定的是“混合过错”责任，申请人与登记机构应按照各自的过错，承担按份责任。关于申请人的过错，提供虚假材料为最常见的情形；关于登记机构的过错，既包括单纯的登记机构工作人员疏忽大意，又包括申请人提供虚假材料时房屋登记机构未尽合理审慎职责下的过错。此时，有过错的申请人与登记机构承担的是按份责任，而非连带责任。例如，在“刘某诉开县国土资源和房屋管理局行政赔偿案”中，法院根据案件事实，判决万某宇与开县国土房管局分别承担80%和20%的责任。

# 交通肇事后“找人顶包”的法律后果

瞿灵敏

随着汽车的普及，在城市里几乎家家户户都有至少一台私家车，这在极大方便人们出行的同时，也增加了交通事故的发生概率。一旦发生交通事故，面对可能承担的法律责任，总有人心存侥幸，试图通过各种方式进行逃避。如果肇事者属于公众人物、拥有公职身份以及其他特殊身份的人员或者属于酒后驾驶、无证驾驶，现实中惯用的做法是找同车的其他人顶包，从而使自己逃避因此可能承担的所有不利后果。但道高一尺魔高一丈，在下面一个案件中，法院判决认定交通肇事之后为逃避责任而找他人顶包的，即便自己未逃离现场，也属于“肇事逃逸”。此种情况，公安机关交通管理部门应依据《道路交通安全法》第101条的规定，吊销肇事者的驾驶证且终生不得重新取得机动车驾驶证。因此，我们在此提醒广大的司机朋友，肇事后“找人顶包”后果很严重，不要聪明反被聪明误！

## 一、案情与裁判

**案件名称：**夏某玲与连云港市公安局交通警察支队、连云港市人民政府行政撤销、行政复议二审案

**案例来源：**连云港市中级人民法院(2017)苏07行终165号行政判决

**案情简介：**

2015年5月8日19时许，夏某玲(上诉人、原审原告)持C1证驾驶轻型厢式货车在东海县洪夏公路李埝乡辉山村路段与案外人张某明驾驶的二轮摩托车发生碰撞，致二轮摩托车乘车人吴田死亡，另有三人受伤。事故发生后，夏某玲为了逃避法律追究，让案外人李某达冒充驾驶肇事车辆，并指使案外人李某达作伪证。后于2015年5月12日至公安机关投案自首。经交警部门认定，夏

某玲承担本起事故的全部责任。

2015 年 10 月 20 日，东海县人民法院作出(2015)连东刑初字第 607 号刑事判决书，该判决认为夏某玲案发后主动到案，如实供述犯罪事实，是自首，依法予以从轻处罚。夏某玲与被害人近亲属达成赔偿协议并已履行，取得谅解，酌情予以从轻处罚。根据其犯罪事实、认罪态度、悔罪表现、法定和酌定等情节，判决夏某玲构成交通肇事罪，判处有期徒刑三年，缓刑三年。该判决未明确认定夏某玲的行为是否构成交通肇事后逃逸。

2015 年 11 月 17 日，市交警支队(被上诉人、原审被告)作出涉案 313592 号《行政处罚决定书》，决定依据《道路交通安全法》第 101 条第 1 款的规定，给予夏某玲吊销机动车驾驶证的行政处罚。2016 年 11 月 3 日，市交警支队作出涉案撤销《行政处罚决定书》，决定撤销上述《行政处罚决定书》。理由为，夏某玲在事故发生后为逃避法律追究让他人冒名顶替，其行为实质上属于交通肇事逃逸，应给予其吊销机动车驾驶证的行政处罚且终生不得重新领取机动车驾驶证。2016 年 11 月 25 日，市交警支队作出连公交决字〔2016〕第 3207002900362205 号《公安交通管理行政处罚决定书》，并向夏某玲送达了该处罚决定书及涉案《撤销行政处罚决定书》。

夏某玲对涉案撤销行政处罚决定不服，认为其行为并不构成肇事逃逸，交管部门撤销此前的处罚决定，重新依据相同的事实作出新的处罚决定，加重了其处罚，遂于同年 12 月 24 日向市政府(被上诉人、原审被告)申请行政复议。市政府于 2017 年 3 月 27 日作出了维持处罚决定的行政复议决定。夏某玲对市交警支队撤销行政处罚决定及市政府行政复议决定不服，向连云港市连云区人民法院提起行政诉讼。

**一审判决**

江苏省连云港市连云港区人民法院经审理认为：《道路交通安全法》第 101 条规定："违反道路交通安全法律、法规的规定，发生重大交通事故，构成犯罪的，依法追究刑事责任，并由公安机关交通管理部门吊销机动车驾驶证。造成交通事故后逃逸的，由公安机关交通管理部门吊销机动车驾驶证，且终生不得重新取得机动车驾驶证。"根据上述法律规定，市交警支队作为连云港市交通管理部门有作出吊销机动车驾驶证行政处罚的法定职权。《道路交通事故处理程序规定》第 85 条第(1)项规定："本规定中下列用语的含义：(一)'交通肇事逃逸'，是指发生道路交通事故后，道路交通事故当事人为逃避法律追究，驾驶车辆或者遗弃车辆逃离道路交通事故现场的行为。”夏某玲在涉案交通事故发生后，虽未离开事故现场，但其为了逃避法律追究，让案外人冒充顶替，并指使他人作伪证，其有逃避法律追究的故意，并实施了逃避法律追究的行为，依法构成交通肇事逃逸。人民法院生效的刑事判决书中虽对夏某玲的行为未明确相关认定，但不影响对夏某玲构成交通肇事逃逸的认定。

市交警支队在其开展的未吊销机动车驾驶证专项清理工作中发现夏某玲交通肇事逃逸的违法事实，属于《道路交通安全法》第101条规定应对夏某玲作出吊销驾驶证，并终生禁止取得机动车驾驶证的行政处罚，遂主动进行自我纠错，作出涉案《撤销行政处罚决定书》事实清楚，适用法律正确。市交警支队在作出涉案《撤销行政处罚决定书》前对夏某玲进行了处罚前告知，并将涉案《撤销行政处罚决定书》依法送达给夏某玲，行政行为程序合法，夏某玲的相应主张无事实依据，依法不予支持。

夏某玲对一审判决不服，向连云港市中级人民法院提起诉讼，其诉讼理由为：首先，无论是行政规章还是司法解释，对于什么是交通肇事逃逸所作的定义都是明确具体的，必须有驾车或弃车逃离交通事故现场的行为。本案中，上诉人并无该行为，被上诉人仅以上诉人找人顶替逃避法律责任为由，认定上诉人构成交通肇事逃逸，进而决定对上诉人终身禁驾，是任意扩大对交通肇事逃逸的解释。其次，生效判决并未认定上诉人构成交通肇事逃逸，被上诉人无权以行政决定来否定人民法院的判决。

二审判决

**江苏省连云港市中级人民法院经审理认为：**《道路交通事故处理程序规定》关于“逃逸”的规定只是一般情形下的认定，逃离道路交通事故现场只是逃逸最为常见的情形，并非唯一情形。司法实践中，“逃逸”具有复杂化和多样化的特点，交通肇事后逃跑的情形层出不穷、形式多样，相关规定无法一一列举，故关于“逃逸”的认定不能仅局限于《道路交通事故处理程序规定》所列举的情形。在发生交通事故后，主观上为了逃避法律追究，客观上实施了逃跑行为的，均应认定为逃逸。本案中，上诉人的行为主观上是为了逃避法律追究，客观上实施了混淆视听、隐瞒事实的“找人顶替”行为，即便人未离开事故现场，也无法掩盖交通肇事后“逃跑”的本质，构成肇事逃逸。因此，市交警支队在发现先前的行政处罚决定所依据的事实错误之后主动纠正错误，撤销原有的处罚决定，并根据新的事实重新作出处罚决定的行为不仅符合立法原意，也符合社会主义核心价值观的要求,依法应予维持。上诉人的上诉理由不成立,依法应予驳回。

## 二、相关规定

**《道路交通安全法》**第101条:“违反道路交通安全法律、法规的规定,发生重大交通事故,构成犯罪的,依法追究刑事责任,并由公安机关交通管理部门吊销机动车驾驶证。造成交通事故后逃逸的,由公安机关交通管理部门吊销机动车驾驶证,且终生不得重新取得机动车驾驶证。”

**《最高人民法院关于审理交通肇事刑事案件具体应用法律若干问题的解释》**(法释〔2000〕33号)第3条:“‘交通运输肇事后逃逸’,是指行为人具有本解释第二条第一款规定和第二款第(一)至(五)项规定的情形之一,在发生交通事故后,为逃避法律追究而逃跑的行为。”

**《道路交通事故处理程序规定》**(公安部令第104号)第85条:“本规定中下列用语的含义:(一)‘交通肇事逃逸’,是指发生道路交通事故后,道路交通事故当事人为逃避法律追究,驾驶车辆或者遗弃车辆逃离道路交通事故现场的行为。”

**《行政诉讼法》**第63条:“人民法院审理行政案件,以法律和行政法规、地方性法规为依据。地方性法规适用于本行政区域内发生的行政案件。人民法院审理民族自治地方的行政案件,并以该民族自治地方的自治条例和单行条例为依据。人民法院审理行政案件,参照规章。”

**《最高人民法院关于司法解释工作的规定》**(法发〔2007〕12号)第5条[**《最高人民法院关于司法解释工作的规定》**(法发〔2021〕20号)第5条]:“最高人民法院发布的司法解释,具有法律效力。”

## 三、法理分析

(一)针对同一事实,刑事案件未认定为肇事逃逸,行政案件可否认定为肇事逃逸?

本案中针对夏某玲交通肇事导致一人死亡三人受伤之后找他人顶包冒充肇事司机的行为,(2015)连东刑初字第607号生效刑事判决根据其犯罪事实、认罪态度、悔罪表现、法定和酌定等情节,判决夏某玲构成交通肇事罪,判处有期徒刑三年,缓刑三年。法院在刑事判决中并未将夏某玲肇事后“找人顶包”的行为认定为交通肇事逃逸这一法定的加重情节。但针对同一事实,市交警大队的行政处罚决定和本案一、二审法院的判决均认定该行为构成了肇事逃逸。那么，为何会出现针对同一事实，行政案件和刑事案件会作出截然相反的性质认定呢？本案中，作为后案的行政判决将未被刑事判决认定未肇事逃逸的“找人顶包”行为认定为肇事逃逸是否正确？

前一问题本质上是刑法和行政处罚法对同一违法事实的评价标准的差异问题，这种差异从根本上讲是由于刑法和行政处罚法所保护的法益和遵循的基本原则的不同所导致的。通常而言，针对同一违法事实，刑法给予刑事处罚的标准要高于行政法给予行政处罚的标准，很多行为在构成刑事犯罪之前就已经构成了行政违法。就此而言，针对夏某玲肇事后“找人顶包”的行为，刑事案件未认定存在交通肇事罪的法定加重情节——肇事逃逸并不意味着行政处罚法上不能认定为肇事逃逸。

不过，同样是肇事逃逸，在刑法和行政法上却具有质的差别。《刑法》将肇事逃逸作为交通肇事罪的法定加重情节是因为逃逸让被侵害的法益处于更加危险的境地，而《道路交通安全法》对肇事逃逸给予更严重的处罚是出于逃逸行为本身对交通管理秩序的藐视。因此，刑法对于肇事逃逸的认定侧重于是否逃离现场使得受损害的法益得不到及时的救助，而《道路交通安全法》对肇事逃逸的认定侧重于其行为是否对交管秩序构成了严重挑衅。本案中，夏某玲的肇事后“找人顶包”但并未逃离现场而是参与对受害人的救助，其行为虽不符合交通肇事罪情节加重犯的构成，但却对交管秩序构成了严重的挑衅。因此，该行为虽在刑事案件中未被认定为肇事逃逸，但却在行政案件中被认定为了肇事逃逸也就并不奇怪了。

此外，从刑法和行政法的基本原则上看，刑法严格遵循罪刑法定原则，在刑法（及相关司法解释）未明确此种行为属于肇事逃逸时，刑事判决不能将其作为法定的加重情节进行处罚；反之，行政法虽也遵循处罚法定的原则，但对于违法事实的认定，处罚机关却具有一定的裁量自由。因此，针对同一事实，不同法律部门作出不同的性质认定并无不妥。

后一问题的实质是，同一事实的前后两个判决之间，后案裁判是否有义务接受前案关于该事实的所有判断的问题。对此，笔者认为有必要将前案关于该事实的观点区分为判决主文中的观点和判决说理中的观点。对于生效判决主文中涉及的对同一事实的认定，后案法官基于对生效裁判效力的尊重，不能直接否定。如果认为生效裁判主文中关于该事实的判断有误，也必须由生效判决作出的法院或其上级法院启动纠错程序对其进行纠正，在此期间本案的裁判应中止审理。如果生效判决关于同一事实的不同认定出现在裁判说理部分，则后案法官并无必须接受的前案法官事实认定的法定义务，后案法官可以在查清事实的基础上，作出与前案法官不同的事实认定。

就本案而言，生效刑事判决的裁判主文和裁判梳理均未将夏某玲肇事后“找人顶包”的行为认定为肇事逃逸，因此行政机关在行政处罚以及法院在行政诉讼中将其认定为肇事逃逸并根据行政法的规定给予相应的处罚，并不构成对生效刑事判决的否定。

（二）如何看待法院判决与《道路交通事故处理程序规定》（公安部令第104号）关于交通肇事逃逸的规定之间的“打架”现象？

关于何谓“交通肇事逃逸”，《道路交通安全法》并未作出界定。对此，公安部在《道路交通事故处理程序规定》第85条规定，“交通肇事逃逸”，是指发生道路交通事故后，道路交通事故当事人为逃避法律追究，“驾驶车辆或者遗弃车辆逃离道路交通事故现场”的行为。依据这一规定，构成交通肇事逃逸必须满足两个要件：一是逃避法律责任的主观故意；二是驾车或者弃车逃离现场的客观行为。但本案中，夏某玲肇事后“找人顶包”但她自己并未离开现场。因此该行为仅满足主观要件，而不满足客观要件。根据《道路交通事故处理程序规定》（公安部令第104号）的规定，夏某玲的行为不属于交通肇事逃逸。这也正是她本案中提出的一个主要的上诉理由。

如此一来，法院在行政诉讼中将夏某玲肇事后“找人顶包”的行为认定为肇事逃逸就会出现法院判决与公安部行政规章的规定打架的情况。法院判决与《道路交通事故处理程序规定》第85条规定的冲突在本质上涉及行政诉讼案件的法律适用问题。《行政诉讼法》第63条规定：“人民法院审理行政案件，参照规章。”可见，法院在行政诉讼中并无接受规章拘束力的法定义务。就此而言，尽管夏某玲肇事后“找人顶包”的行为不属于公安部《道路交通事故处理程序规定》第85条对肇事逃逸的定义，但也不妨碍法院根据立法原意对法律进行解释，进而将肇事后“找人顶包”的行为认定为肇事逃逸。

（三）肇事后“找人顶包”但未离开现场是否构成肇事逃逸？

人类的理性是有限的，因此即便是聪明的立法者也难以穷尽现实中的一切状况，更何况法律所调整的事实总是处于不断的变化之中，新的情况总会不断出现。针对本案中夏某玲肇事后为逃避法律责任而“找人顶包”的行为，现行法和司法解释并未将其规定为肇事逃逸。此时，个案中法官就不能拘泥于法律的字面意思，而必须探究法律的规范意旨，以妥当地实现立法目的。当然，此时法官必须加强裁判说理，进行充分的论证。

正如生效判决所指出的那样：司法实践中，"逃逸"具有复杂化和多样化的特点，交通肇事后逃跑的情形层出不穷、形式多样，相关规定无法一一列举，故关于"逃逸"的认定不能仅局限于《道路交通事故处理程序规定》所列举的情形。从司法解释的本意来看，在发生交通事故后，主观上为了逃避法律追究，客观上实施了逃跑行为的，均应认定为逃逸，如仅限定为离开事故现场这一种情形，显然曲解了立法本意，背离了立法初衷。"找人顶替"本质上属于特殊形式的逃逸，该行为主观上是为了逃避法律追究，客观上实施了混淆视听、隐瞒事实的"找人顶替"行为，即便人未离开事故现场，也无法掩盖交通肇事后"逃跑"的本质。此种情形下的逃跑行为属于广义上的理解，还应包括在现场躲藏、虽在现场但谎称自己不是肇事者等情形。

找人顶替的行为显然违反了《道路交通安全法》第 70 条第 1 款规定的法定义务，增加公安机关破案困难，比一般逃逸行为更为严重。将找人顶替的行为定性为逃逸既符合立法本意，又符合社会主义核心价值观。在行政执法或司法过程中，对某一行为的判断定性，势必会对民众的价值取向起到一定的指引作用。在相关规定不明确的情况下，作出的判断首先应当符合社会主义核心价值观。虽然现行法律未对交通肇事后找人顶替行为的性质予以明确界定，但该行为显然违反了诚信这一基本道德要求，不符合社会主义核心价值观。对该行为不应纵容，反而应予治惩，否则将不足以彰显法律的惩戒和教育功能，甚至可能错误地指引他人效仿该行为，进而助长不正之风，从而危害交通管理秩序，损害社会公共利益。

## 四、启示

趋利避害是人类的自然本性，在发生交通事故之后，为了逃避法律责任和由此引发的其他后果，具有特殊身份的人往往会找下属、亲人甚至出钱让他人为自己顶包。但殊不知此种行为已经构成了交通肇事逃逸。法网恢恢，疏而不漏，一旦执法机关发现此种行为，其将面临吊销驾照并终生禁驾的处罚。此外，对于具有特殊身份的公众人物，此种行为不仅与其本应承担的社会责任极不相称，更可能成为事后受人要挟的把柄，将自己拖进更大的深渊。

# 污水处理厂因进水超标导致出水超标能否免责?

徐欣欣*

污水处理厂作为收集、处理城市生活污水、工业污水的设施,应当稳定正常运行并达标排放污水。实践中,进入污水处理厂的污水水质超标,往往会导致污水厂超标排放污水。那么"进水超标"能否作为污水厂超标排污的免责事由呢?本文通过相关案例分析如下。

## 一、案情与裁判

**案件名称:**山东公用任城污水处理有限公司不服济宁市任城区环境保护局、济宁市任城区人民政府环境保护行政处罚纠纷案

**案件来源:**山东省济宁市中级人民法院(2018)鲁08行终67号行政判决

**案情简介:**

2017年7月5日,济宁市任城区环境保护局(被告)作出济任环罚字〔2017〕第651号《行政处罚决定书》,认定山东公用任城污水处理有限公司(原告)外排废水总磷浓度为1.4mg/L,超标1.8倍的违法排污事实,且有调查询问笔录、现场检查(勘察)笔录在线数据为证,经履行行政处罚告知程序,依据《水污染防治法》第74条之规定,对原告处以罚款106708元。

济宁市任城区人民政府(被告)2017年10月25日作出济任政复决字〔2017〕第59号《行政复议决定书》,维持了被申请人济宁市任城区环境保护局作出的济任环罚字〔2017〕第651号《行政处罚决定书》。

原告向山东省济宁高新技术产业开发区人民法院提起行政诉讼,请求撤销

* 徐欣欣,山东大学法学院硕士研究生,浙江新台州律师事务所疑案研究中心研究员。

上述《行政处罚决定书》和《行政复议决定书》，未获得支持。其后，又上诉至山东省济宁市中级人民法院。

一审判决

山东省济宁高新技术产业开发区人民法院经审理认为：《水污染防治法》第9条规定："排放水污染物，不得超过国家或者地方规定的水污染物排放标准和重点水污染物排放总量控制指标。"第45条第3款规定："城镇污水集中处理设施的运营单位，应当对城镇污水集中处理设施的出水水质负责。"第74条规定："违反本法规定，排放水污染物超过国家或者地方规定的水污染物排放标准，或者超过重点水污染物排放总量控制指标的，由县级以上人民政府环境保护主管部门按照权限责令限期治理，处应缴纳排污费数额二倍以上五倍以下的罚款。"本案中，济宁市环境保护局环境保护监测站数据显示，原告污水处理厂尾水排放总磷浓度超过《城镇污水处理厂污染物排放标准》(GB18918－2002)中一级A标准限值1.8倍，被告任城区环保局对原告超标排放污水的行为进行处罚，处以原告应缴纳排污费数额二倍的罚款，符合上述法律规定。并且，从前述法律规定看，排放水污染物，不得超过国家或者地方规定的水污染物排放标准和重点水污染物排放总量控制指标是法律规定的强制性要求，违反该强制性规定，超过国家或者地方规定的水污染物排放标准或者超过重点水污染物排放总量控制指标排放水污染物的，被告任城区环保局必须依法进行调查和处罚，现行法律并没有规定任何可以免于处罚的例外情形和免责事由。

综上，原告关于撤销环保局行政处罚及任城区人民政府行政复议决定的诉讼请求没有事实和法律依据，本院不予支持。

二审判决

山东省济宁市中级人民法院经审理认为：《水污染防治法》是国家为预防、控制和减少水环境污染和生态破坏而制定的法律。该法第9条规定："排放水污染物，不得超过国家或者地方规定的水污染物排放标准和重点水污染物排放总量控制指标。"第45条第3款规定："城镇污水集中处理设施的运营单位，应当对城镇污水集中处理设施的出水水质负责。"第74条规定："违反本法规定，排放水污染物超过国家或者地方规定的水污染物排放标准，或者超过重点水污染物排放总量控制指标的，由县级以上人民政府环境保护主管部门按照权限责令限期治理，处应缴纳排污费数额二倍以上五倍以下的罚款。"根据上述法律规定，排放水污染物，不得超过国家或者地方规定的水污染物排放标准和重点水污染物排放总量控制指标是法律规定的强制性要求，违反该强制性规定，超过国家或者地方规定的水污染物排放标准或者超过重点水污染物排放总量控制指标排放水污染物的，本行政区域内环境保护主管部门必须依法进行调查和处罚，现行法律并没有规定任何可以免于处罚的例外情形和免责事由。

综上，判决驳回上诉，维持原判。

## 二、相关规定

《水污染防治法》(2008 修订)第 9 条[《水污染防治法》(2017 修正)第 10 条]:“排放水污染物，不得超过国家或者地方规定的水污染物排放标准和重点水污染物排放总量控制指标。”

《水污染防治法》(2008 修订)第 45 条第 3 款[《水污染防治法》(2017 修正)第 50 条第 2 款]:“城镇污水集中处理设施的运营单位，应当对城镇污水集中处理设施的出水水质负责。”

《水污染防治法》(2008 修订)第 74 条[①]:“违反本法规定，排放水污染物超过国家或者地方规定的水污染物排放标准，或者超过重点水污染物排放总量控制指标的，由县级以上人民政府环境保护主管部门按照权限责令限期治理，处应缴纳排污费数额二倍以上五倍以下的罚款。”

《环境保护法》第 10 条:“国务院环境保护主管部门，对全国环境保护工作实施统一监督管理;县级以上地方人民政府环境保护主管部门，对本行政区域环境保护工作实施统一监督管理。县级以上人民政府有关部门和军队环境保护部门，依照有关法律的规定对资源保护和污染防治等环境保护工作实施监督管理。”

《行政诉讼法》第 69 条:“行政行为证据确凿，适用法律、法规正确，符合法定程序的，或者原告申请被告履行法定职责或者给付义务理由不成立的，人民法院判决驳回原告的诉讼请求。”

① 《水污染防治法》(2017 修正)已删除该条。

## 三、典型案例或做法

| 案号 | 裁判立场 |
| --- | --- |
| 宜兴市华骐污水处理有限公司不服宜兴市环境保护局、宜兴市人民政府行政处罚纠纷案/江苏省无锡市中级人民法院(2018)苏02行终26号行政判决 | 华骐公司作为一家污水处理的专业企业，其义务应当是处理污水，不得超标排放。华骐公司有超标排污的违法行为，其超标排放事实存在，市环保局在作出行政处罚时，已考虑到进水超标的客观原因，予以从轻处罚，作出了最低限处罚的决定。市环保局依据《水污染防治法》第74条第1款规定作出处罚并无不当。 |
| 武汉沃特科凌投资有限公司不服武汉市环境保护局、武汉市人民政府环境保护行政管理纠纷案/湖北省武汉市中级人民法院(2016)鄂01行初94号行政判决 | 原告认为，经原告处理后的出水总磷超标，系因进水总磷浓度超过了设定指标TP 3.0mg/L造成，并非原告原因造成。进水总磷浓度超标并非原告可以控制和解决的，原告与新洲区政府签订的BOT协议约定，进水水质超标造成出水水质不达标，原告不承担经济责任，故被告市环保局不应对原告进行处罚。本院认为，原告的上述理由没有法律依据，本院不予支持。 |
| 海南某水务有限公司与定安县国土环境资源局不服行政管理处罚纠纷案/海南省定安县人民法院(2015)定行初字第2号行政判决 | 根据《水污染防治法》第9条："排放水污染物，不得超过国家或者地方规定的水污染物排放标准和重点水污染物排放总量控制指标。"第74条第1款规定："违反本法规定，排放水污染物超过国家或者地方规定的水污染物排放标准，或者超过重点水污染物排放总量控制指标的，由县级以上人民政府环境保护主管部门按照权限责令限期治理，处应缴纳排污费数额二倍以上五倍以下的罚款……原告排放污水总磷指标超过了《城镇污水处理厂污染物排放标准》(GB18918－2002)表1中的一级标准A标准，被告对原告作出罚款决定有法律依据，适用法律正确。 |

## 四、法理分析

首先，现行法律并没有将"进水超标"规定为免责事由，污水处理厂尽管存在"进水超标"的客观原因，法院、环保行政主管机关也不会支持其免责主张。

其次，"进水超标"虽然不是免责事由，它仍然能够对违法责任的认定产生影响。然而，大多数法院、环保行政主管机关在认定违法责任时却忽略了这一层面的考量。

一方面，"进水超标"因素能够对责任的大小产生影响。显然，因"进水超标”导致的超标排污行为与故意排污、偷排行为等在主观恶性等方面不同，在违法责任的判定上应当给予区别对待。如上述案例1中，市环保局认为华骐公司超标排放事实存在，应当接受处理，鉴于其有进水超标的客观原因，酌情作出了最低限度处罚的决定。

另一方面，因进水水质和水量发生重大变化等污水处理厂无法控制的因素导致出水超标的，污水处理厂客观上不能做到达标排放污水。此时，环保行政主管部门如果实施行政处罚有违合理行政原则，应当对污水处理厂的超标排污行为免于处罚。

# 特许经营主体不得利用垄断地位加重消费者的违约责任

徐欣欣

在基础设施和公用事业领域，一般采用特许经营的模式开展项目的建设和运营。政府通过招投标等法定程序选定投资者作为特许经营主体，并依法与其签订特许经营协议对双方的权利义务进行约定。对于取得特许经营权的主体而言，必须依照特许经营项目所属行业的专门法律规定以及特许经营协议进行经营活动，不得利用垄断地位在业务合同中设置加重消费者责任的格式条款。本文通过供水、供气、供热等公用企业相关案例分析如下。

## 一、案情与裁判

**案件名称：**海口威立雅水务有限公司与海南省市场监督管理局行政处罚案
**案件来源：**最高人民法院(2019)最高法行申 9001 号行政判决
**案情简介：**

海口威立雅水务有限公司(再审申请人、一审原告、二审上诉人，以下简称威立雅公司)是一家城市供水企业，2017 年 12 月 4 日，海南省市场监督管理局(被申请人、一审被告、二审被上诉人，原海南省工商行政管理局，以下简称海南省工商局)对威立雅公司作出《行政处罚决定书》(琼工商处字〔2017〕6 号)，认定威立雅公司在没有与用户协商的情况下，通过格式的《供用水合同》、店堂告示和月抄表通知单等方式，单方面对逾期交水费的用户按每日 5‰收取违约金的行为违法，依据《海南省实施〈中华人民共和国消费者权益保护法〉办法》第33 条第 2 款规定，对威立雅公司实施没收违法所得 2144488.37 元，处以违法所得一倍即 2144488.37 元的行政处罚。

威立雅公司对海南省工商局的处罚不服，向海口市中级人民法院提起行政诉讼。案件历经一审、二审、再审，威立雅公司均败诉。

**一审判决**

**海南省海口市中级人民法院经审理认为：**根据《建设部关于自来水水费滞纳金有关问题的复函》（建办综函〔2005〕120 号）中规定：“根据依法行政的要求，国家发展和改革委和建设部对原国家计委、建设部颁布的《城市供水价格管理办法》有关条款作了修改，取消了其中‘接到水费通知单 5 日内仍不交纳水费的，按应交纳水费额每日加收 5‰的滞纳金’的规定。城市供水企业在具体执行中，可按《合同法》《城市供水条例》的有关规定，通过与用户协商，在供水合同中约定逾期付款的违约金标准；没有约定的，按照最高人民法院的有关司法解释，可参照中国人民银行规定的金融机构计收逾期利息的标准计算逾期付款违约金。”

本案中，威立雅公司按格式合同中约定每日 5‰的标准向逾期缴费的用水户收取违约金，严重超出了中国人民银行关于人民币逾期贷款利率的法定标准，违反了《合同法》和相关司法解释的规定。

其次，根据《合同法》第 40 条规定，提供格式条款一方免除其责任、加重对方责任、排除对方主要权利的，该条款无效。《消费者权益保护法》第 26 条第 2 款也规定，经营者不得以格式合同的方式，作出减轻或者免除经营者责任、加重消费者责任等对消费者不公平、不合理的规定，不得利用格式条款并借助技术手段强制交易。

因此，威立雅公司利用格式合同条款向消费用户收取超出法定部分的违约金，属于违法行为。威立雅公司的起诉理由不成立，本院不予采纳。

**二审判决**

**海南省高级人民法院经审理认为：**在 2004 年 11 月 29 日国家发展改革委员会和建设部关于修订《城市供水价格管理办法》的通知中删除原《城市供水价格管理办法》第 30 条的情况下，关于逾期日 5‰滞纳金的规定不应再适用。

威立雅公司在没有与用户协商约定的情况下，采取格式合同、店堂告示和通知等方式，对逾期未缴纳水费的用户，单方面规定从逾期之日起每日加收未缴纳水费 5‰的违约金，过分高于中国人民银行关于人民币逾期贷款利率的法定标准，加重用户的责任，侵害了消费者的合法权益。违法行为证据确凿，海南省工商局对此有权依法处罚。

再审裁定

最高人民法院经审理认为：国务院印发的国发〔2004〕10号《全面推进依法行政实施纲要》第5条"依法行政的基本要求"中第一项要求是"合法行政"。该项规定要求，行政机关实施行政管理，应当依照法律、法规、规章的规定进行；没有法律、法规、规章的规定，行政机关不得作出影响公民、法人和其他组织合法权益或者增加公民、法人和其他组织义务的决定。

因此，行政机关订立特许经营权协议，必须遵守依法行政原则。同样，取得政府特许经营权的主体，必须依照相关特许经营的法律规范和特许经营协议依法进行经营活动。

本案威立雅公司与用户签订的不是普通的民事合同，而是履行具有垄断地位的政府特许经营协议的公共供水合同，必须符合《城市供水条例》《城市供水价格管理办法》等相关公共供水法律规范的规定。威立雅公司继续沿用已经被删除的5‰的滞纳金条款，属于没有法律依据、利用政府特许经营的垄断地位，加重消费者责任的情形。以此为由申请再审，本院不予支持。

## 二、相关规定

《全面推进依法行政实施纲要》第5条第(1)项："合法行政。行政机关实施行政管理，应当依照法律、法规、规章的规定进行；没有法律、法规、规章的规定，行政机关不得作出影响公民、法人和其他组织合法权益或者增加公民、法人和其他组织义务的决定。"

《基础设施和公用事业特许经营管理办法》第15条："实施机构根据经审定的特许经营项目实施方案，应当通过招标、竞争性谈判等竞争方式选择特许经营者。特许经营项目建设运营标准和监管要求明确、有关领域市场竞争比较充分的，应当通过招标方式选择特许经营者。"

《基础设施和公用事业特许经营管理办法》第18条："实施机构应当与依法选定的特许经营者签订特许经营协议。"

《基础设施和公用事业特许经营管理办法》第30条："特许经营者应当根据有关法律、行政法规、标准规范和特许经营协议，提供优质、持续、高效、安全的公共产品或者公共服务。"

国家发展和改革委员会、建设部《关于修订〈城市供水价格管理办法〉的通知》(2004 年 11 月 29 日发布)[①]:"根据有关法律、行政法规的规定,经研究,决定将原国家计委、建设部《城市供水价格管理办法》(计价格[1998]1810 号)第三十条中'接到水费通知单 15 日内仍不交纳水费的,按应交纳水费额每日加收 5‰的滞纳金'的规定删去。"

《合同法》第 40 条(《民法典》第 497 条):"格式条款具有本法第五十二条和第五十三条规定情形的,或者提供格式条款一方免除其责任、加重对方责任、排除对方主要权利的,该条款无效。"

《合同法》第 58 条(《民法典》第 157 条):"合同无效或者被撤销后,因该合同取得的财产,应当予以返还;不能返还或者没有必要返还的,应当折价补偿。有过错的一方应当赔偿对方因此所受到的损失,双方都有过错的,应当各自承担相应的责任。"

《最高人民法院关于适用〈中华人民共和国合同法〉若干问题的解释(二)》(法释〔2009〕5 号)第 10 条[②]:"提供格式条款的一方当事人违反合同法第三十九条第一款的规定,并具有合同法第四十条规定的情形之一的,人民法院应当认定该格式条款无效。"

《消费者权益保护法》第 26 条第 2 款:"经营者不得以格式条款、通知、声明、店堂告示等方式,作出排除或者限制消费者权利、减轻或者免除经营者责任、加重消费者责任等对消费者不公平、不合理的规定,不得利用格式条款并借助技术手段强制交易。"

《海南省实施〈中华人民共和国消费者权益保护法〉办法》第 8 条:"经营者与消费者进行交易,应当遵循自愿、平等、公平、诚实信用的原则。经营者不得强行销售、强行服务、强迫消费者接受其规定的不合理价格及其他不合理的条件。"

《海南省实施〈中华人民共和国消费者权益保护法〉办法》第 33 条第 2 款:"违反本办法第八条、第十三条规定的,由工商行政管理部门责令改正,并视情

---

① 《城镇供水价格管理办法》已经 2021 年 6 月 11 日国家发展和改革委员会第 17 次委务会议审议通过和住房和城乡建设部审签,现予公布,自 2021 年 10 月 1 日起施行。《国家发展改革委、建设部关于修订〈城市供水价格管理办法〉的通知》(发改价格〔2004〕2708 号)同时废止。

② 2020 年 12 月 29 日,最高人民法院印发《关于废止部分司法解释及相关规范性文件的决定》(法释〔2020〕16 号),决定废止 2009 年 4 月 24 日印发的《最高人民法院关于适用〈中华人民共和国合同法〉若干问题的解释(二)》。

节给予警告、没收违法所得、处以违法所得1倍以上5倍以下的罚款，没有违法所得的，处以1万元以下的罚款。”

## 三、典型案例或做法

| 案号 | 裁判立场 |
| --- | --- |
| 江苏省消费者协会与南京水务集团有限公司侵权责任纠纷案/江苏省南京市中级人民法院(2016)苏01民初2034号民事裁定 | 江苏省消费者协会认为，南京水务集团有限公司制定的《供用水合同》中约定，用户逾期交纳水费的，每日按欠缴水费数额0.5%的比例支付违约金明显过高，远远超过中国人民银行规定的金融机构计收逾期利息的标准，是侵害消费者权益的不公平格式条款，遂诉至法院。经过法院组织协调，南京水务集团修改涉案条款，省消费者协会予以撤诉。 |
| 华能平凉发电有限责任公司与甘肃红太阳热力有限公司供用热力合同纠纷案/甘肃省高级人民法院(2017)甘民初130号民事判决 | 关于计算标准，虽然其中两份合同未约定计算标准，但根据其他合同中日0.02%的标准按照年度计算约为7.2%/年，并不存在明显过高情形，故应当按照该标准计算起诉之日至欠款还清之日的迟延付款违约金。 |
| 沈阳沈法燃气有限公司与沈阳海特曼置业有限公司供用气合同纠纷案/辽宁省沈阳市中级人民法院(2018)辽01民终11163号民事判决 | 关于违约金的问题，根据双方签订的《城市燃气供气合同》第8条第1款第(6)项：“甲方如未及时缴费，在发生欠款15日后开始每日按应缴费的5‰收取违约金。”本院认为，因合同约定的违约金数额过高，本院依据当事人的过错程度以及预期利益等综合因素，酌定被上诉人给付上诉人违约金60000元。 |

## 四、法理分析

实践中，特许经营主体利用垄断地位加重消费者责任的事例屡见不鲜，本文关注的供水、气、热企业与消费者约定高额的违约金属于较为常见的情形。该类违法行为主要是因特许经营主体忽视其权利边界，在签订供用水、供气、供热合同时利用格式条款加重消费者的责任导致。法理分析如下：

### （一）从特许经营层面来分析

#### 1.对于政府方而言

《全面推进依法行政实施纲要》规定：“行政机关实施行政管理，应当依照法律、法规、规章的规定进行；没有法律、法规、规章的规定，行政机关不得作出影响公民、法人和其他组织合法权益或者增加公民、法人和其他组织义务的决定。”政府实施特许经营项目属于行政管理活动的一种，因此，行政机关实施特许经营项目，必须遵守依法行政原则。具体表现为，政府必须根据法律、法规、规章规定的内容和程序来选定特许经营者，并依法与其签订特许经营协议。

需要注意的是，《全面推进依法行政实施纲要》(国发〔2004〕10 号)属于行政规范性文件，《最高人民法院关于裁判文书引用法律、法规等规范性法律文件的规定》(法释〔2009〕14 号)第 6 条规定：“本规定第三条、第四条、第五条规定之外的规范性文件，根据审理案件的需要，经审查认定为合法有效的，可以作为裁判说理的依据。”因此，国发〔2004〕10 号文不能作为法院裁判依据直接援引，但可以在说理部分进行引用。

2.从特许经营主体的角度来看

《基础设施和公用事业特许经营管理办法》第 30 条规定：“特许经营者应当根据有关法律、行政法规、标准规范和特许经营协议，提供优质、持续、高效、安全的公共产品或者公共服务。”本案中，威立雅公司作为供水项目的特许经营主体，其与消费者签订供用水合同，并向用户提供用水的行为系为公众提供公共产品、服务的行为，应当在法律、行政法规、标准规范和特许经营协议的约束下开展。

《城市供水价格管理办法》中关于“接到水费通知单 15 日内仍不交纳水费的，按应交纳水费额每日加收 5‰的滞纳金”的规定删除后，威立雅公司要求欠缴水费的消费者按照日 5‰的标准支付滞纳金的做法已无相关法律依据，故法院在裁判中均不予支持。

(二)从供水、供气、供热合同格式条款的法律后果上分析

威立雅公司存在采用格式条款加重消费者责任的行为，违反了《民法典》《消费者权益保护法》等相关法律的规定，应当依法承担民事责任和行政法上的责任。

1.关于行政处罚

《消费者权益保护法》第 26 条第 2 款、《海南省实施〈中华人民共和国消费者权益保护法〉办法》第 8 条规定，经营者不得利用格式条款加重消费者责任。否则，市场监管部门有权根据《海南省实施〈中华人民共和国消费者权益保护法〉办法》第 33 条第 2 款的规定，依法实施“责令改正，并视情节给予警告、没收

违法所得、处以违法所得1倍以上5倍以下的罚款，没有违法所得的，处以1万元以下的罚款。”的行政处罚。

本案中，威立雅公司在没有与用户协商的情况下，通过格式的《供用水合同》、店堂告示和月抄表通知单等方式，单方面对逾期交水费的用户按每日5‰收取违约金的行为违反了上述规定，海南省工商局根据《海南省实施〈中华人民共和国消费者权益保护法〉办法》第33条第2款的规定作出相应的处罚，并无不当。由此，法院依法判决海南省工商局胜诉。

2.关于民事责任

本案为行政诉讼，不涉及民事责任的判定问题，现就案例中违法行为的民事责任进行分析，以期全面防范法律风险。

《合同法》第40条、《最高人民法院关于适用〈中华人民共和国合同法〉若干问题的解释（二）》（法释〔2009〕5号）第10条明确，提供格式条款一方利用格式条款加重对方责任的，该条款无效。《合同法》第58条规定，合同无效后，因该合同取得的财产，应当予以返还；有过错的一方应当赔偿对方因此所受到的损失。

本案中，威立雅公司单方面设置的“欠缴水费的消费者按照日5‰的标准支付滞纳金”的条款系格式条款，超出法定利率标准的部分约定应属无效，威立雅公司应当予以返还，并向用户承担赔偿损失的违约责任。

综上可见，特许经营主体应当依法开展特许经营活动，尤其是在与消费者签订供水、供气、供热合同时，特许经营者不得利用垄断地位设立加重消费者责任的格式条款，以免因违反相关法律规定而需承担行政法上的责任与民事责任。

# 有违章记录，能申领机动车检验合格标志吗?

刘　涵

大家都知道的是车辆需要定时“体检”，取得检验合格标志才能上路。但是，若机动车存在违法行为未处理，能否申请机动车检验合格标志？车管所能否依据《机动车登记规定》的规定拒发车辆检验合格标志？《机动车登记规定》中关于颁发机动车检验合格标志的要件与《道路交通安全法》的规定不相一致时该以哪一个为准？以下结合一则案例说明之。

## 一、案情与裁判

**案件名称**：唐某诉长沙市公安局交通警察支队车辆管理所不履行法定职责及行政赔偿纠纷案

**案情来源**：湖南省长沙市中级人民法院(2017)湘01行终577号行政判决

**案情简介**：

唐某(再审申请人、一审原告、二审上诉人)系牌照湘A×××××车辆的所有人，2016年12月20日，唐某向长沙市公安局交通警察支队车辆管理所(被申请人、一审被告、二审被上诉人，以下简称市车管所)在长沙市兴腾机动车辆检测服务有限公司设立的业务办理窗口，递交了湘A×××××车辆的机动车行驶证、机动车牌证申请表、机动车交通事故责任强制保险单、机动车安全技术查验表以及机动车安全技术检验报告、长沙市在用机动车排气检测报告等材料，申请领取机动车检验合格标志。市车管所工作人员以该车辆有违章行为未处理，不符合《机动车登记规定》第49条的规定为由，拒绝受理唐某的申请，并口头告知唐某在受理其申请前必须将该车的交通违法行为处理完毕。自2013年12月31日至2017年1月17日，湘A×××××车辆共有4次违章记录未处理。2016年12月26日，唐某向市车管所去函要求核发该检验合格标志，市车管所回函仍以相同的理由予以拒绝。唐某不服，遂诉至本院。

另外查明，机动车检验合格标志统一由公安交通管理综合应用平台打印，该系统软件由国家公安部设计和管理，当车辆有违章记录未清除或交通事故未处理完毕时，此应用平台则无法打印该合格标志。

一审判决

湖南省长沙市岳麓区人民法院经审理认为：首先，《机动车登记规定》（公安部令第124号）的第49条并未设立新的行政许可事项，只是对核发检验合格标志这一行政许可事项作出程序上的具体规定。同时，该条关于申请检验合格标志前，机动车所有人应当将涉及该车的道路交通安全违法行为和交通事故处理完毕的规定，符合《道路交通安全法》关于"维护道路交通秩序，预防和减少交通事故，保护人身安全……"的立法宗旨，与该法第13条的原则性规定并无冲突。其次，行政机关履行法定职责须满足特定的条件，要有履行职责的现实可能。机动车检验合格标志统一由公安交通管理综合应用平台打印，按照该平台的设计，若存在道路交通安全违法行为和交通事故未处理完毕的情形，则无法打印出检验合格标志。因此，在唐某未处理完交通违法记录前要求核发机动车检验合格标志，由于受应用平台管理系统的限制，车管所客观上也无法办理。综上所述，唐某在未处理完案涉车辆的道路交通安全违法行为前申请核发检验合格标志，其申请的条件尚不完备。唐某要求判令车管所立即向其发放机动车检验合格标志，不具备实现的可能，不予支持。

一审判决后，唐某不服，提起上诉。

二审判决

湖南省长沙市中级人民法院经审理认为：根据车管所提交的证据，唐某向车管所申请核发机动车检验合格标志时，有交通安全违法行为未处理完毕，故车管所根据上述规定不予受理唐某要求核发机动车检验合格标志的申请，具有事实根据。车管所收到唐某的申请后，认为其不符合申请条件，及时告知了唐某，并说明了理由，程序上并无不当。唐某主张被诉行政行为不合法，并据此要求赔偿，无事实根据，不予支持。因道路交通违法信息管理系统记录的信息属法定证据，且事实上，唐某对于涉案车辆具有相关交通违法行为也并不否认，故对唐某有关不予采信车管所提交的其交通违法信息记录的主张，不予支持。综上，唐某认为被诉行政行为违法，并请求判令为其核发检验合格标志，理由不成立，其据此要求赔偿，无事实根据，不予支持。一审判决认定事实清楚，判决结果正确，审判程序合法，应予维持。

二审判决后，唐某不服，提起再审。

**再审判决**

湖南省高级人民法院经审理认为：只要申请人提供机动车行驶证、机动车第三者责任强制保险单，且机动车经安全技术检验合格，公安交通管理部门就应当核发检验合格标志。本案中，唐某提供了机动车行驶证、机动车第三者责任强制保险单，且机动车经安全技术检验合格，车管所依法应核发机动车检验合格标志。在已有法律对核发机动车检验合格标志的条件作出规定的情况下，车管所在法律规定的条件之外附加条件，违反了“法律优先”的原则。

其一，《机动车登记规定》是为实施《道路交通安全法》及其实施条例而制定的，属公安部的部门规章，其中第 49 条规定，机动车所有人申请检验合格标志前，应当将涉及该车的道路交通安全违法行为和交通事故处理完毕。该规定将交通违法行为的处理设定为核发车辆检验合格标志的前提条件，与《道路交通安全法》第 13 条第 1 款的规定不一致，应当根据上位法《道路交通安全法》认定被诉行政行为的合法性。其二，交通违法行为被处罚的对象主要是车辆驾驶人，而非机动车。车辆年检的对象是车辆本身，将交通违法行为的处理设定为核发车辆检验合格标志的前提条件，两者对象不一致，违反行政法上的禁止不当联接原则。综上，唐某申请再审的理由部分成立，依法应予支持。一、二审判决适用法律错误，处理结果不当，依法应予纠正。

## 二、相关规定

《立法法》第 80 条第 2 款：“部门规章规定的事项应当属于执行法律或者国务院的行政法规、决定、命令的事项。没有法律或者国务院的行政法规、决定、命令的依据，部门规章不得设定减损公民、法人和其他组织权利或者增加其义务的规范，不得增加本部门的权力或者减少本部门的法定职责。”

《行政许可法》第 16 条第 3、4 款：“规章可以在上位法设定的行政许可事项范围内，对实施该行政许可作出具体规定。法规、规章对实施上位法设定的行政许可作出的具体规定，不得增设行政许可；对行政许可条件作出的具体规定，不得增设违反上位法的其他条件。”

《道路交通安全法》第 13 条第 1 款：“对登记后上道路行驶的机动车，应当依照法律、行政法规的规定，根据车辆用途、载客载货数量、使用年限等不同情况，定期进行安全技术检验。对提供机动车行驶证和机动车第三者责任强制保险单的，机动车安全技术检验机构应当予以检验，任何单位不得附加其他条件。对符合机动车国家安全技术标准的，公安机关交通管理部门应当发给检验合格标志。”

《机动车登记规定》（公安部令第 124 号）第 49 条第 2 款：“申请前，机动车所有人应当将涉及该车的道路交通安全违法行为和交通事故处理完毕。申请时，机动车所有人应当填写申请表并提交行驶证、机动车交通事故责任强制保险凭证、车船税纳税或者免税证明、机动车安全技术检验合格证明。”

## 三、典型案例或做法

| 案号 | 裁判立场 |
| --- | --- |
| 张某兵、长沙市公安局交通警察支队车辆管理所公安行政管理不履行法定职责上诉案/湖南省长沙市中级人民法院（2017）湘 01 行终 826 号行政判决 | 被上诉人以上诉人未将涉案车辆的道路交通安全违法行为和交通事故处理完毕为由，对上诉人提出的核发车辆检验合格标志的申请不予受理，必然导致在上述规定之外为核发车辆合格标志附加其他条件，与上述规定不符，根据《行政诉讼法》第 70 条第（3）项的规定，应予撤销。但对于上诉人的申请是否符合其他受理条件，根据本案证据无法确定，尚需被上诉人进行调查处理。 |
| 曹某斌与辽阳市公安交通警察支队不履行法定职责上诉案/辽宁省辽阳市中级人民法院（2018）辽 10 行终 65 号行政判决 | 《机动车登记规定》是为实施《道路交通安全法》及其实施条例而制定的。但该规定在没有法律、法规依据的情况下，将交通违章行为的处理设定为核发检验合格标志的前提条件，与《道路交通安全法》的规定相冲突，也违反了《行政许可法》第 16 条“规章对行政许可条件作出的具体规定，不得增设违反上位法的其他条件”的规定。因此，被上诉人适用《机动车登记规定》第 49 条的规定，以交通违法行为未处理为由不予核发车辆检验合格标志，没有法律依据，故被上诉人辽阳市公安交通警察支队对于上诉人曹某斌的轿车不予发给检验合格标志缺乏法律依据。 |
| 抚顺市公安局交通警察大队车辆管理所与生某舰因不履行法定职责上诉案/辽宁省抚顺市中级人民法院（2018）辽 04 行终 25 号行政判决 | 上诉人主张依据《机动车登记规定》第 49 条规定，就道路交通安全违法行为尚未处理完毕的车辆提出的核发申请，公安机关交通管理部门有权依法予以拒绝。根据该规定上诉人拒绝了被上诉人要求其履行发放检验合格标志的申请，本院认为，该规定的第 49 条与上位法《道路交通安全法》的规定相冲突，一审法院的认定并无不当。 |

## 四、法理分析

首先,《机动车登记规定》中存在与其上位法《道路交通安全法》相冲突的内容。从下位法不得违背上位法的角度来看,《机动车登记规定》是公安部制定的部门规章,《道路交通安全法》是全国人民代表大会常务委员会会议通过的法律,属于上位法。《道路交通安全法》第13条第1款明确规定,对提供机动车行驶证和机动车第三者责任强制保险单的,机动车安全技术检验机构应当予以检验,任何单位不得附加其他条件。然而属于下位法的部门规章却规定,机动车所有人申请检验合格证之前应当先将涉车的交通安全违法行为和交通事故处理完毕,这一规定明显抵触了上位法。根据《立法法》第80条第2款规定,部门规章规定的事项应当属于执行法律或者国务院的行政法规、决定、命令的事项。可知,当下位法与上位法相冲突时应适用上位法相关规定,故对核发机动车检验合格标志应依据《道路交通安全法》的规定,不必事先处理涉车违法记录。

从行政许可的设定角度来看,根据《行政许可法》第16条第3款的规定:“规章可以在上位法设定的行政许可事项范围内,对实施该行政许可作出具体规定。”其中对实施该行政许可作出具体规定指下位法只能对上位法所规定的行政许可事项进行细化,而不得增设许可的条件。本案中,公安部颁发《机动车登记规定》作为对实施《道路交通安全法》所作的具体规定,虽然并未新增许可,但是其在《道路交通安全法》所规定的取得机动车检验合格标志要件之外新增设了随车交通违法记录全部处理这一要件,违背了行政许可的设定规则,故《机动车登记规定》中关于要求车主清除违法记录才能申领检验合格标志的规定,车主不必遵循。

其次,机动车检验合格标志的核发与是否处理交通违法行为无关。车检主要是安全技术检验,其真正目的是为了保证车辆安全上路,及时消除车辆安全隐患,督促加强汽车的维护保养,针对的是车辆本身。但涉车的交通违法行为处罚的对象是驾车人,与车辆本身的安全性能并不具有相关性,所以,《机动车登记规定》第49条第2款中要求机动车所有人申请检验合格标志前,将涉及该车的道路交通安全违法行为和交通事故处理完毕,这一规定所针对的行为人与检验合格标志所针对的车是两个对象,违反了行政法禁止不当联接的原则。

最后,车管所拒发检验合格标志的行为构成行政不作为。根据《道路交通法》第13条的要求，原告所提交的机动车行驶证、机动车牌证申请表、机动车交通事故责任强制保险单、机动车安全技术查验表以及机动车安全技术检验报告、长沙市在用机动车排气检测报告等材料，符合核发车辆检验合格标志的法定条件，车管所依法应予以核发机动车检验合格证。车管所发现机动车交通违法行为未处理，只能依法定程序作出相应的行政处罚，而不应以此为由，不核发证件。故，市交警支队作出不予核发机动车检验合格标志属适用法律错误，未依法履行法定职责。至于市交警支队称在道路交通安全违法行为处理完毕前，核发检验合格标志在其综合应用平台上无法操作，则是其内部系统操作问题，不能作为其违反法律的根据。综上所述，市交警支队未依法履行向原告核发机动车检验合格标志的职责，依法应予纠正。

# 违法建筑的征收补偿问题

韩瑞霆*

房屋征收补偿，应当区分合法建筑和违法建筑予以处理。对于合法建筑，应当足额补偿；对于违法建筑而言，却并不意味着零补偿，需要考虑者有二：一是违法建筑人对建筑材料仍享有合法财产权；二是违法建筑人可能享有土地使用权，对土地使用权的补偿不受违法建筑影响。

## 一、案情与裁判

**案件名称**：某实业公司诉某市住房和城乡建设局征收补偿认定纠纷抗诉案

**案情来源**：最高人民检察院指导性案例第 57 号

**案情简介**：

2015 年 9 月，某市政府决定对某片区实施棚户区改造项目房屋征收，市住建局（原审被告）依据土地房屋登记卡、测绘报告及房屋分户面积明细表，向某实业公司（原审原告）作出房屋征收补偿面积的复函，认定案涉大厦第四层存在自行加建，面积为 203.78 平方米，第五层存在自行加建，面积为 929.93 平方米，对自行加建部分按照建安成本给予某实业公司补偿。实业公司不服，认为第四层的 203.78 平方米和第五层的 187.26 平方米是规划许可允许建造且在案涉大厦建成时一并建造完成，并系经过法院裁定、判决而合法受让，遂向该市某区人民法院起诉，请求：确认复函违法并撤销；确认争议部分建筑合法并按非住宅房屋价值给予补偿。

**一审判决**

**区人民法院经审理认为**：案涉大厦目前尚未取得房屋所有权证，应当以规

---

* 韩瑞霆，烟台大学法学院硕士研究生，浙江新台州律师事务所疑案研究中心研究员。

划许可的建筑面积来认定是否属于自行加建面积。土地房屋登记卡记载的面积，连同第四层和第五层的争议面积，共计 5560.55 平方米，未超过规划许可证件载明的面积 5674.62 平方米，应当认定争议建筑具有合法效力。某测绘公司 2011 年 11 月 13 日受法院委托，对案涉大厦进行测绘后出具了测绘报告，2015 年12 月 25 日该测绘公司受市政府委托对该大厦测绘后出具测绘报告及房屋分户面积明细表，二者相互矛盾，2011 年测绘报告被市中级人民法院另案判决采信在先，其证明效力应当优于 2015 年出具的房屋分户面积明细表，因此对市住建局复函依据的房屋分户面积明细表不予采信。该判决还认为：该市中级人民法院另案民事判决将争议建筑作为合法财产分割归某实业公司所有，是发生法律效力的物权设立决定，应当认定争议的面积不是自行加建的面积。遂判决确认市住建局复函违法，责令其对争议部分建筑按非住宅房屋的补偿标准给予安置补偿或者货币补偿。

一审判决后，双方当事人均未提起上诉，也未申请再审。

**检察机关监督情况**

2018 年 4 月，该市人民检察院在处理当事人来函信件中发现该案判决可能存在错误，非住宅补偿标准（每平方米约 3 万元）与建安成本（每平方米约 2000 元）差距巨大，如果按照判决进行补偿，不仅放纵违法建设行为，而且政府将多支付补偿款 1000 余万元，严重损害国家利益。

市人民检察院最终查明：某实业公司向法院提供的规划许可证件等三份文件复印件，是从市不动产登记中心查询复印的，而该中心保存的这三份材料又是某实业公司在申请办理房证时提供的复印件。市规划委员会于 2018 年 7 月 19 日向人民检察院出具的《关于协助说明规划许可相关内容的复函》证明案涉大厦建筑规划许可总建筑面积为 5074.62 平方米。据此认定，某实业公司提供的规划许可证件等 3 份文件复印件中 5674.62 平方米的面积系经涂改，规划许可的建筑面积应为 5074.62 平方米，二者相差 600 平方米。

市人民检察院审查后，认为区人民法院行政判决认定事实的主要证据系变造，且事实认定和法律适用存在错误。遂于 2018 年 11 月 22 日依法向市中级人民法院提出抗诉。

市中级人民法院经过审查，于 2018 年 12 月 3 日作出行政裁定书，指令某区人民法院再审。2019 年 1 月 8 日，某实业公司向某区人民法院提交撤诉申请。某区人民法院依照《行政诉讼法》第 62 条之规定，裁定：(1)撤销本院原行政判决书;(2)准许实业公司撤回对市住建局的起诉。

## 二、相关规定

《国有土地上房屋征收与补偿条例》第 24 条:“市、县级人民政府及其有关部门应当依法加强对建设活动的监督管理,对违反城乡规划进行建设的,依法予以处理。市、县级人民政府作出房屋征收决定前,应当组织有关部门依法对征收范围内未经登记的建筑进行调查、认定和处理。对认定为合法建筑和未超过批准期限的临时建筑的,应当给予补偿;对认定为违法建筑和超过批准期限的临时建筑的,不予补偿。”

《城乡规划法》第 64 条:“未取得建设工程规划许可证或者未按照建设工程规划许可证的规定进行建设的,由县级以上地方人民政府城乡规划主管部门责令停止建设;尚可采取改正措施消除对规划实施的影响的,限期改正,处建设工程造价百分之五以上百分之十以下的罚款;无法采取改正措施消除影响的,限期拆除,不能拆除的,没收实物或者违法收入,可以并处建设工程造价百分之十以下的罚款。”

《土地管理法》第 47 条:“征收土地的,按照被征收土地的原用途给予补偿。”

《土地管理法》第 58 条:“有下列情形之一的,由有关人民政府土地行政主管部门报经原批准用地的人民政府或者有批准权的人民政府批准,可以收回国有土地使用权:(一)为公共利益需要使用土地的;(二)为实施城市规划进行旧城区改建,需要调整使用土地的;(三)土地出让等有偿使用合同约定的使用期限届满,土地使用者未申请续期或者申请续期未获批准的;(四)因单位撤销、迁移等原因,停止使用原划拨的国有土地的;(五)公路、铁路、机场、矿场等经核准报废的。依照前款第(一)项、第(二)项的规定收回国有土地使用权的,对土地使用权人应当给予适当补偿。”

## 三、典型案例或做法

| 案号 | 裁判立场 |
| --- | --- |
| 胡某辉与益阳市赫山区人民政府房屋征收补偿决定案/湖南省益阳市中级人民法院（2017）湘09行初39号行政判决 | 被告益阳市赫山区人民政府于2016年12月16日对原卷烟材料厂5间临街门面及南侧搭建的一间房屋和徐某自建房屋作出益赫政通〔2016〕19号房屋征收补偿决定。被征收房屋补偿决定内容如下：<br>1.决定按货币补偿方式进行补偿安置。（1）五间临街门面补偿2242209元，其中：房屋评估价值1978002元，装饰装修价值97976元，按期签订协议奖15554元，按期搬迁奖7777元，搬迁费4000元，停产停业损失费98900元，整栋配合奖40000元。（2）自建房屋按建安成本价补偿449574元。3.门面南侧搭建房屋按建安成本价补偿122579元。上述房屋共补偿2814362元。<br>2.房屋依法征收，国有土地使用权同时收回。其中，自建房屋、门面南侧搭建房屋等违法建筑按照建安成本进行补偿。 |
| 黄某霞、江苏凌云置业有限公司等房屋拆迁安置补偿合同纠纷上诉案/江苏省南通市中级人民法院（2017）苏06民终3315号民事判决 | 2009年2月20日，凌云公司（甲方）与黄某霞（乙方）签订《如皋市房屋拆迁货币安置补偿协议》，按落款于该协议之日的涉案房屋的拆迁货币补偿计算表显示，房屋性质私房（营业用房），区位类别二类，建筑面积396.4平方米，认定补偿超证面积40平方米；房屋建安成新价331741元，附属设施补偿价160424.72元，合法建筑面积区位补偿369276.8元（269942.4元＋99334.4元），搬迁费15274元，提前交房奖52368元，停产、综合补助费43640（436.4$m^2$×100元/$m^2$）元，误工补贴费2182元，超证面积应扣减的配套费用3000元，综合补贴193650元，合计补偿1165556.52元。该协议得到人民法院的采信和支持。 |

## 四、法理分析

首先，区分合法建筑和违法建筑，是征收补偿的前提。《国有土地上房屋征收与补偿条例》第24条第2款规定：“市、县级人民政府作出房屋征收决定前，应当组织有关部门依法对征收范围内未经登记的建筑进行调查、认定和处理。对认定为合法建筑和未超过批准期限的临时建筑的，应当给予补偿；对认定为违法建筑和超过批准期限的临时建筑的，不予补偿。”根据《城乡规划法》第64条之规定，违法建筑是指在城市规划区内，未取得建设工程规划许可证或违反建筑工程规划许可证的规定建设的建筑物。违法建筑一般有四类：未申请或申请未获得批准，未取得建设用地规划许可证和建设工程规划许可证而建成的建筑；擅自改变建设工程规划许可证的规定建成的建筑；擅自改变了使用性质建成的建筑；擅自将临时建筑设成为永久性建筑。本案中，某实业公司涂改许可证复印件，超出许可面积建造，是擅自改变建设工程规划许可证的规定建成的建筑，超出部分应当认定为违法建筑。

其次，违法建筑不应按照合法建筑予以补偿。对于违法建筑而言，建造人对违建部分没有合法的所有权，不仅无法享有合法建筑的补偿，还应依照《城乡规划法》的规定受到处罚。本案中，某实业公司超出规划许可证所许可的面积，私自加建建筑物，加建的面积当然属于违法建筑，对这一部分违法建筑不应按照合法建筑给予征收补偿。

最后，违法建筑人的合法权益仍应保障。相对人因为违法建筑往往会受到罚款等行政处罚，如果行政机关未责令拆除或整改该建筑的，当此建筑被征收时，应当如何补偿？首先强调，违法建筑不会因为受到行政处罚而转变为合法建筑，无论有无被责令拆除或整改都不能按照合法建筑对待。接下来，如果该违法建筑建筑设计正规、结构合理，属于《城乡规划法》第64条规定的尚可采取改正措施的情形，征收该建筑时，应当允许相对人采取改正措施，通过补办证件和许可等方式使该建筑成为合法建筑，之后按照征收合法建筑的标准予以补偿。如果违法建筑不能改正的，不能按照征收补偿标准获得补偿，但建造者对于建造该建筑的材料仍然享有合法的民事权益，在征收时，对这一部分权益应当参照建安成本补偿。即便建筑违法，如果对占用土地享有合法的使用权，那么对该土地使用权的征收补偿也不应因建筑违法而受影响。本案中，某实业公司意图通过伪造证据，将违法建筑变为合法建筑，从而取得远高于建安成本的征收补偿，虽然成功欺骗法院获得胜诉判决，但最终被检察院抗诉，撤销了原判决。某实业公司对于违法加建部分，只能获得建安成本的补偿，但是对于占用土地的使用权的征收补偿不受影响。

# 只要包含“最佳”用语的广告都应该禁止吗?

董媛媛

广告宣传中,商家通常为了更好地推广效应而使用“国家级”“最高级”“最佳”等用语或者与此类用语含义相同的绝对化表达,是否只要使用此类表述就应受《广告法》第 9 条第(3)项的规制?下面具体结合审判实践说明之。

## 一、案情与裁判

**案件名称**:上海大易云计算股份有限公司诉上海市浦东新区市场监督管理局行政处罚案

**案情来源**:上海市第二中级人民法院(2019)沪 02 行终 366 号行政判决

**案情简介**:

上海大易云计算股份有限公司(被上诉人、一审原告,以下简称大易公司)主要从事人力资源软件开发服务业务,住所地位于浦东新区。上海市浦东新区市场监督管理局(上诉人、一审被告,以下简称浦东市监局)在接到举报后,于 2018 年 5 月 15 日对大易公司经营场所进行了现场检查,后对该公司涉嫌发布违法广告的行为进行了立案。同年 6 月 4 日,对大易公司官网进行截屏,截图反映在其官网“荣誉奖项”一栏中有 2 组图片,内容为大易公司所获 HRoot 主办的人力资源服务机构评选奖项证明,图片下方分别附有“2017～2018 大中华区最佳招聘管理软件服务商”“连续三年(2013～2016 年)蝉联‘大中华区最佳招聘管理软件服务商’”字样。浦东市监局向前述奖项举办方就大易公司获奖情况进行了核实,确认所获奖项属实。同年 8 月 2 日至 12 月 13 日期间,浦东市监局经决定延长办案期限,后经听证程序,作出行政处罚决定,认定大易公司于其网站上发布奖项的行为已违反《广告法》第 9 条第(3)项“使用‘国家级’‘最高级’‘最佳’等用语”的规定。根据《广告法》第 57 条第(1)项和《行政处罚法》第

27条第1款第(1)项的规定,减轻处罚,罚款10万元。大易公司不服,诉至法院,要求撤销上述行政处罚决定,并返还已缴纳的罚款。

一审判决

上海市静安区人民法院经审理认为:本案争议焦点为大易公司在其官网上陈列所获奖项并附之含有“最佳”这一绝对化用语的文字描述,该情形是否违反《广告法》第9条第(3)项的规定。市场监管机关认定广告违法使用绝对化用语的,应进行缩限解释。使用绝对化用语的违法广告除了存在使用“最佳”等此类用语外,还应体现三方面特征:一是具有主观导向性,而非对商品或服务的单纯客观描述中使用绝对化用语,即具备主观过错。二是应当存在不当损害同行竞争利益、扰乱市场秩序之可能。三是存在误导受众的可能性。本案中大易公司在其自有网站上发布的奖项信息由图片和文字描述两部分组成,虽包含“最佳”字样,但该用语仅是客观复述图片中的奖项名称,图片亦能够反映出颁奖机构、时间和奖项内容,两者具有一致性。因此,大易公司通过使用“最佳”文字复述其所获奖项名称并不能体现其存在主观过错。即使包含“最佳”字样,但与奖项评价时间段相结合后,实际上就不再是绝对化的描述。因此,该行为难以误导受众,从而形成损害竞争秩序的可能。故判决撤销浦东市监局作出的行政处罚并由其返还大易公司已缴纳的10万元罚款。

一审判决后,浦东市监局不服,提起上诉。

二审判决:

江苏省高级人民法院经审理认为:本案争议的焦点为:(1)大易公司使用“最佳”用语的情形是否属于《广告法》规定的广告活动。(2)该行为是否违反《广告法》第9条第(3)项之规定。

关于焦点问题(1),《广告法》第2条规定,商业广告活动应具备两个特征:一是通过一定媒介和形式广而告之,具有广泛宣传的属性,二是直接或间接地推销具体的商品或者服务,诱导受众进行购买。本案中,大易公司在自建官网中发布所获荣誉奖项,系通过互联网的形式向不特定大众发布其获得荣誉奖项的信息,具有广泛宣传属性。奖项名称直接指向公司的主营业务,具有间接推销商品或服务并诱导受众购买的功能,故应属《广告法》第2条规制范围。

关于焦点问题(2),首先,行政机关应考量广告活动是否损害消费者合法权益,破坏了社会经济秩序;是否必须实施行政处罚,否则难以恢复市场秩序或弥补受损权益。其次,《广告法》第9条中,除第(3)项外,其他各项所规定的禁止情形都指向危害后果较为严重，可能侵害国家、社会或他人权益等的行为，而第(3)项的规定只有在同该条其他各项的危害后果相当，才能认定为违法行为。本案中，大易公司展示的荣誉奖项并未突出使用含“最佳”用语的文字，其内容包括颁发机构和时间限定，表明并非自称“最佳”、大众评价为“最佳”。该行为并不能推断出贬低其他竞争对手、误导消费者的恶意，亦不存在扰乱市场秩序、侵害潜在消费者权益的危害后果，被诉行政处罚显然与该公司行为的危害程度不相符合。故本院驳回其上诉，维持原判。

## 二、相关规定

《广告法》第2条第1款：“在中华人民共和国境内，商品经营者或者服务提供者通过一定媒介和形式直接或者间接地介绍自己所推销的商品或者服务的商业广告活动，适用本法。”

《广告法》第9条第1款：“广告不得有下列情形：(一)使用或者变相使用中华人民共和国的国旗、国歌、国徽，军旗、军歌、军徽；(二)使用或者变相使用国家机关、国家机关工作人员的名义或者形象；(三)使用‘国家级’、‘最高级’、‘最佳’等用语；(四)损害国家的尊严或者利益，泄露国家秘密；(五)妨碍社会安定，损害社会公共利益；(六)危害人身、财产安全，泄露个人隐私；(七)妨碍社会公共秩序或者违背社会良好风尚；(八)含有淫秽、色情、赌博、迷信、恐怖、暴力的内容；(九)含有民族、种族、宗教、性别歧视的内容；(十)妨碍环境、自然资源或者文化遗产保护；(十一)法律、行政法规规定禁止的其他情形。”

《广告法》第57条第1款第(1)项：“有下列行为之一的，由市场监督管理部门责令停止发布广告，对广告主处二十万元以上一百万元以下的罚款，情节严重的，并可以吊销营业执照，由广告审查机关撤销广告审查批准文件、一年内不受理其广告审查申请；对广告经营者、广告发布者，由市场监督管理部门没收广告费用，处二十万元以上一百万元以下的罚款，情节严重的，并可以吊销营业执照、吊销广告发布登记证件：(一)发布有本法第九条、第十条规定的禁止情形的广告的……”

## 三、典型案例或做法

| 案号 | 裁判立场 |
| --- | --- |
| 北京威科亚太信息技术有限公司与北京市朝阳区市场监督管理局行政处罚上诉案/北京市第三中级人民法院(2020)京03行终315号行政判决 | 本案的焦点问题是:(1)微信公众号中功能介绍的信息是否属于广告行为;(2)朝阳市监局适用《广告法》作出处罚是否正确。<br>1.威科亚太公司在其公众号功能介绍中表述"荷兰威科集团旗下全球财税第一品牌CCH",从所属集团、服务品质等方面介绍该公司服务,再结合《微信公众平台服务协议》,说明公众号是一种企业推广的有力途径,故属于商业广告行为。<br>2.由于微信具有传播范围广、速度快、不受地域限制等特点,其传播有效性更胜于传统媒介,且公众号中此表述从2014年持续到2017年,会对受众的判断与选择产生影响。朝阳市监局综合该公司积极配合调查,及时整改的因素,在法定处罚幅度内从轻处罚,其处罚决定并无明显不当,故一审判决正确,本院予以维持。 |
| 方某富炒货店与杭州市西湖区市场监督管理局等行政纠纷上诉案/浙江省杭州市西湖区人民法院(2016)浙0106行初240号行政判决 | 《广告法》第9条第(3)项的规定不仅包括不得使用"最佳"等用语,还包括与这些用语表达含义相当的绝对化用语。本案中上诉人发布的"中国最好最优品质荔枝干""中国最好最香最优品质燕山栗子"等广告内容违反该条规定。首先,该炒货店系个体工商户,在其店铺和包装袋上发布了相关违法广告,广告影响力和影响范围较小,客观上对市场秩序的扰乱程度较轻微,对同行业商品的贬低危害较小。其次,栗子等炒货的口感、功效为大众所熟悉,不会产生太大误导。综上,案涉违法行为情节较为轻微,社会危害性较小,处以20万元罚款存在明显不当,故本院将罚款数额变更为10万元。 |
| 宁波市鄞州区市场监督管理局、宁波市金钟茶叶参茸商城有限公司行政监察上诉案/浙江省宁波市中级人民法院(2020)浙02行终85号行政判决 | 被上诉人宣传用语是"宁波最大的茶叶、古玩、参茸市场",从一般人的认知角度来看,其描述的是被上诉人在宁波地区相关市场中规模最大或营业额最高,但通过上诉人的调查结果能明确被上诉人并非该地区规模最大的古玩市场,其宣传存在部分内容不实。宣传语虽已修改,但其之前的广告违法行为已造成一定危害后果,实施行政处罚以示惩戒仍属必要。且被上诉人在调查中提供了不实陈述和不实证据,构成从重处罚情节,但其公众号关注人数较少,传播力有限,社会危害性并不严重。一审法院从实现行政处罚的社会管理目的兼顾维护民营经济发展的良好营商环境目的综合分析后将罚款从30万元改为10万元,合法合理,本院予以维持。 |

## 四、法理分析

首先,本案使用"最佳"用语的情形属于《广告法》规制范畴。根据《广告法》

第 2 条规定可知，商业广告活动应具备两个特征：一是通过一定媒介和形式进行广泛宣传。二是直接或间接地推销具体商品或服务，对受众产生一定诱导。本案中，大易公司通过互联网发布所获奖项的信息系面向不特定大众，任何人进入其自建官网浏览“荣誉奖项”页面无需密码或其他特殊条件，故具有广泛宣传属性。就其具体发布的“2017～2018 大中华区最佳招聘管理软件服务商”奖项而言，虽不是对商品或服务进行评价，但直接指向该公司主营业务“招聘管理软件服务”，能够引发受众对具体商品或服务的直接联想并诱导受众购买，产生间接推销的作用。故该公司的行为性质应属《广告法》规制的广告活动范畴。

其次，从体系解释来说本案广告行为未违反《广告法》的规定。在适用《广告法》第 9 条第(3)项之规定时，需结合该法条内部整体进行理解：除第(3)项外，其他各项所规定的禁止情形指向的都是危害后果较为严重，可能侵害国家、社会公共利益或他人合法权益的行为。而第(3)项的规定并未直接指向任何侵害权益的行为，即仅使用“最佳”等用语的行为并非一定为违法行为，只有在其危害后果与其他各项的危害后果相当时，才有必要认定为违法行为。本案中，大易公司所发奖项信息的文字描述虽包含“最佳”，但仅客观复述图片中奖项名称，并不能推断出贬低竞争对手、误导消费者的主观恶意。客观后果上，该奖项在与颁奖机构为 HRoot 和奖项时间限定为 2017～2018 年的内容结合后具有明显的个体主观性和时空限定性，并非代表大众评价为“最佳”或该公司客观上为“最佳”的绝对化表述。故该广告行为非属贬低竞争对手的排他性宣传，并未造成受众误解、扰乱市场秩序、侵害潜在消费者合法权益的危害后果。

最后，从目的解释来说行政处罚应被撤销。行政机关在执法过程中应遵循执法手段与执法目的相一致的原则，而执法目的由其适用法的立法目的所决定。本案中，浦东市监局在适用《广告法》实施行政处罚时，应当综合考量处罚结果是否有助于实现该法第 1 条规定的保护消费者合法权益、维护社会经济秩序等立法目的以及实施行政处罚对恢复市场秩序或弥补消费者受损权益之必要。前述论及该广告行为并未侵害潜在消费者的合法权益、扰乱市场秩序，若仅因大易公司引用其所获奖项名称包含“最佳”即认定构成违法并罚款 10 万元，会导致执法手段与该行为危害程度不相符合，亦与立法目的相悖。故法院判决撤销被诉行政处罚决定并由浦东市监局返还大易公司已缴纳的罚款。

# 合同中的“包税条款”是否有效?

王　佳

实践中,民事合同的当事人可能会约定由非纳税义务人承担税费,这类条款被称为“包税条款”。包税条款涉及纳税义务,导致私法关系和税收公法关系的混合。“包税条款”是否有效?以下结合一则案例说明之。

## 一、案情与裁判

**案件名称**:苏某滨等诉龙岩市新罗区地方税务局白沙分局税务行政决定案

**案情来源**:福建省龙岩市中级人民法院(2015)岩行终字第74号行政判决

**案情简介**:

2011年初,苏某滨(上诉人、原审原告)与苏某兴协商,将苏某兴所持有的公司全部股权转让给苏某滨。之后,双方签订《补充协议》,约定苏某兴向苏某滨转让股权应缴纳的税款由双方各承担50%。福建省高级人民法院主持调解以上内容,并签订了调解书。调解书生效后,从2011年6月14日起至2013年6月20日,苏某滨通过银行向苏某兴支付了7笔计2709.25万元,并声明代扣个人所得税及印花税290.75万元(合计3000万元)。并承诺由其代第三人缴纳股权转让应缴纳的税费,并已实际从应支付给第三人的股权转让款中扣除,为此,如缴纳数额不足以及未及时支付股权转让款产生的利息应纳税费和滞纳金由原告承担。

龙岩市新罗区地方税务局白沙分局(上诉人、原审被告)于2014年5月对苏某滨作出《税务事项通知书》,以其在《补充协议》中自愿承担本案50%的税款为由认定其逾期未缴纳个人所得税,并要求其继续履行,同时加收滞纳金。

另外,龙岩市新罗区地方税务局白沙分局于2016年6月15日对苏某滨作出《税务行政处罚决定书》;苏某滨不服,对此提出复议并得到了维持决定;其随后起诉到法院。

一审判决

福建省龙岩市新罗区人民法院经审理认为:白沙分局负有对本案涉税事项进行征收管理的法定职责,作出被诉具体行政行为权源有据。本案双方当事人对苏某兴股权转让所得个人所得税征收金额 588.7 万元及被诉行政行为均遵循了法律程序性的规定没有争议。争议焦点为:(1)被告是否完成本案苏某兴股权转让所得个人所得税扣缴义务;(2)被诉行政行为是否合法、正确。

苏某滨是本案苏某兴股权转让所得个人所得税代扣代缴法定义务人,应当依法如实申报和代扣代缴税款。原告依法应当代扣代缴苏某兴股权转让所得个人所得税,原告在支付转让款时,完成能扣而未扣苏某兴股权转让所得个人所得税,依法应承担税务行政罚款的法律责任。

一审判决后,原告苏某滨不服,提起上诉。

二审判决

福建省龙岩市中级人民法院经审理认为:本案的主要争议焦点是:在苏某滨向苏某兴支付 2709.25 万元股权转让款,并代扣个人所得税及印花税 290.75 万元后,被上诉人于 2014 年 5 月 30 日作出被诉《税务事项通知书》,要求苏某滨继续履行缴纳纳税义务人剩余未缴个人所得税及滞纳金是否有事实和法律依据。

《税收征收管理法》第 3 条第 1 款规定,税收的开征、停征以及减税、免税、退税、补税,依照法律的规定执行。本案中,被上诉人以苏某滨自愿承担本案 50%税款为由要求苏某滨继续履行,但无法提供该认定所适用的法律依据,本院亦未发现相关法律对此有作出规定,且上诉人苏某滨对被上诉人的该行为也明确提出了异议,故被上诉人以《补充协议》的约定来认定苏某滨应继续履行缴纳纳税义务人剩余未缴个人所得税及相应滞纳金违背前述法律规定的税收法定原则,《补充协议》的约定属另一民事法律关系,不能成为被上诉人的执法依据。

## 二、相关规定

《合同法》第 52 条第(5)项(《民法典》第 153 条):“有下列情形之一的,合同无效:……(五)违反法律、行政法规的强制性规定。”

《税收征收管理法》第3条:“税收的开征、停征以及减税、免税、退税、补税，依照法律的规定执行;法律授权国务院规定的,依照国务院制定的行政法规的规定执行。任何机关、单位和个人不得违反法律、行政法规的规定,擅自作出税收开征、停征以及减税、免税、退税、补税和其他同税收法律、行政法规相抵触的决定。”

《税收征收管理法》第5条:“国务院税务主管部门主管全国税收征收管理工作,各地国家税务局和地方税务局应当按照国务院规定的税收征收管理范围分别进行征收管理。”

《个人所得税法》第3条:“特许权使用费所得,利息、股息、红利所得,财产租赁所得,财产转让所得,偶然所得和其他所得,适用比例税率,税率为百分之二十。”

《个人所得税法》第8条:“个人所得税,以所得人为纳税义务人,以支付所得的单位或者个人为扣缴义务人。个人所得超过国务院规定数额的,在两处以上取得工资、薪金所得或者没有扣缴义务人的,以及具有国务院规定的其他情形的,纳税义务人应当按照国家规定办埋纳税申报。扣缴义务人应当按照国家规定办理全员全额扣缴申报。”

《税收征收管理法实施细则》(2013年)第3条第2款[《税收征收管理法实施细则》(2016年)第3条第2款]:“纳税人应当依照税收法律、行政法规的规定履行纳税义务;其签订的合同、协议等与税收法律、行政法规相抵触的,一律无效。”

## 三、典型案例或做法

| 案号 | 裁判立场 |
|---|---|
| 罗某庆与深圳市忠信利实业发展有限公司等股权转让纠纷上诉案/广东省梅州市中级人民法院(2017)粤14民终975号民事判决 | 罗某庆为个人所得税的纳税义务人,忠信利公司为扣缴义务人,双方均为印花税的纳税义务人。忠信利公司履行了扣缴义务,代罗某庆缴纳了印花税、个人所得税。依据《补充协议》约定,本协议内股权转让的税费由忠信利公司负责缴纳,并未约定本案所涉的所有税费均由忠信利公司承担。罗某庆上诉主张股权转让有关税费应由忠信利公司承担缺乏事实和法律依据,忠信利公司在股权转让款中抵扣其代缴的税费获得支持。 |

续表

| 案号 | 裁判立场 |
| --- | --- |
| 山西嘉和泰房地产开发有限公司与太原重型机械（集团）有限公司土地使用权转让合同纠纷案/最高人民法院（2007）民一终字第62号民事判决 | 虽然我国税收管理方面的法律、法规对于各种税收的征收均明确规定了纳税义务人，但是并未禁止纳税义务人与合同相对人约定由合同相对人或者第三人缴纳税款，即对于实际由谁缴纳税款并未作出强制性或禁止性规定。因此，当事人在合同中约定由纳税义务人以外的人承担转让土地使用权税费的，并不违反相关法律、法规的强制性规定，应认定为合法有效。 |
| 李某仁与罗某盛、张某友合同纠纷案/江西省高级人民法院（2015）赣民四终字第18号民事判决 | 税费负担的约定是双方真实意思的表示，并不违反税收管理方面的法律法规的规定，合法有效，应予认定。因此胡伟等24人负有税收缴纳义务。 |

## 四、法理分析

在经济合同的签订环节，缔约双方通常对交易行为应负担的税费进行书面约定，因此会出现非纳税义务人负担缴纳税款的情形，对于此类约定，法院不应一概以“违反法律、行政法规”认定“包税条款”无效。

首先，“包税条款”并不违反税法强制性规定。依照税收法定原则，我国税法对纳税义务人作出了强制规定，但是交易双方签订“包税条款”，只是对具体交易过程中税款的实际负担主体予以确认，并非约定谁负有法律上的纳税义务。本案原告苏某滨与苏某兴签订的《补充协议》确认原告苏某滨为税款的实际承担者，但实际的纳税义务人依旧是苏某兴。税法并未禁止对税款的实际缴纳人进行主体变更，因此，当事人在合同中约定由纳税义务人或纳税义务以外的人（本案苏某滨即为纳税义务以外的人）承担税费，并不违反相关法律、法规的强制性规定。

其次，“包税条款”对双方当事人具有约束力。合同双方当事人作为平等民事法律关系的主体，双方在意思表示自由、平等协商的情况下，有权对股权转让个人所得税的缴纳方式进行不损害国家、集体和其他人合法权益的约定。本案中，《补充协议》作为苏某滨和苏某兴双方的协商结果，不损害国家、集体和第三人的利益，也不违反税收法律的强制性规定，而只是对税费的最终实际承担主体进行了约定，进而对依法缴纳税款之后双方当事人之间经济利益进行了分配。苏某滨作为扣缴义务人依法履行扣缴义务之后，对于《补充协议》中约定的苏某兴应当承担的50%税款可以对其进行追偿，若苏某兴不履行合同义务，苏某滨可对其追究违约责任。

最后，“包税条款”对税务机关不具备法律效力。“包税条款”在税收过程中对税务机关无效，其不能改变公法上规定的纳税义务人身份。税务机关依旧有权向纳税义务人征收税款。本案股权转让方为纳税人，受让方为扣缴义务人，因此，本案中苏某滨与苏某兴约定股权转让个人所得税纳税义务的分担在税法上无效，税务机关作为合同双方以外的第三人，其按照税收规定向扣缴义务人苏某滨征收苏某兴的股权转让所得税的职务行为是法定的，不受《补充协议》的影响，税务机关亦不可以《补充协议》为依据征收税款。

# 刑法专题

# 社区矫正对象在抗击疫情中作出贡献者可获减刑

王　佳

社区矫正是我国在刑事法治领域顺应潮流，贯彻宽严相济刑事政策，保障人权，构建和谐社会的一项具体措施，但关于社区矫正对象减刑制度的法律规定有未予详见，甚至有被淡化的表现。这并不符合我国倡导的惩罚犯罪与保护人民的实质性刑法观。结合社区矫正对象在重大事故、自然灾害或者抗击疫情方面有突出表现，继而获得减刑的案例分析，提出社区矫正对象已经被《社区矫正法》明文纳入减刑对象之中，就应当遵循刑法规定的法定减刑条件。在当前抗击疫情的严峻形势之下，应当给予社区矫正对象合法获得减刑的鼓励与矫治机会，这也与我国主张的宽严相济的刑事政策相契合。

## 一、社区矫正对象减刑的立法现状

《社区矫正法》规定，社区矫正对象，是指对被判处管制、宣告缓刑、假释和暂予监外执行的罪犯。将这些种类的罪犯置于社区内，由专门的社区矫正机关，在司法行政机关（司法及其司法所）依法判决或者裁定及决定确定的期限内，在相关部门和民间组织、社会团体及社会志愿者等社会力量的协助下，矫正罪犯行为恶习和犯罪心理，促进其顺利回归社会的非监禁刑罚执行活动。

根据我国《刑法》和《刑事诉讼法》的相关规定，减刑是指依法被判处拘役、管制、有期和无期徒刑的罪犯，在执行期间对具有法定减刑情节的，比如认真遵守监规，接受教育改造，确有悔改表现的，或者有立功表现的，可以减刑；有下列重大立功表现之一的，应当减刑：(1)阻止他人重大犯罪活动的；(2)检举监狱内外重大犯罪活动，经查证属实的；(3)有发明创造或者重大技术革新的；(4)在日常生产、生活中舍己救人的；(5)在抗御自然灾害或者排除重大事故中，有突出表现的；(6)对国家和社会有其他重大贡献的。符合以上基本条件之一则由负责行刑的刑罚执行机关按照法定程序向法院呈报申请减刑的相关证据材料，经法院审理依法作出予以减轻原判刑罚刑事裁定的一种刑事司法活动。

在《社区矫正法》2020 年 7 月 1 日实施之前，作为一项刑罚制度，社区矫正减刑缺乏高位阶的专门立法，已有的规定分散在相关文件中，逻辑甚不严密，内容缺乏应有的可操作性。例如，《社区矫正实施办法》中规定社区矫正人员属于减刑的对象，《最高人民法院关于办理减刑、假释案件具体应用法律若干问题的规定》规定了对社区矫正人员除重大立功外一般不适用减刑，迄今，社区矫正对象减刑制度的适用依旧举步维艰。

## 二、社区矫正对象有突出表现后获得减刑的案例分析

社区矫正对象减刑受到一定限制，根据《最高人民法院关于办理减刑、假释案件具体应用法律的规定》，被判处拘役或者三年以下有期徒刑，并宣告缓刑的罪犯，一般不适用减刑。但减刑并非绝对不能，如果社区矫正对象在缓刑考验期内有重大立功表现的，可以依法予以减刑，同时应当依法缩减其缓刑考验期。其典型案例有：

**案例一：**罪犯熊益发于社区矫正期间，接受教育改造，确有悔改表现，在日常生活中勇于救助落水人员，被当地公安机关认定其为不顾自身安危的见义勇为行为，构成重大立功，符合减刑的法定条件，依法予以减刑。

**案例二：**秦皇岛市卢龙县罪犯陈某为社区服刑人员，于社区矫正期间不顾安危勇救落水游客，被秦皇岛市中级人民法院认定确有重大立功，依法予以减刑。

**案例三：**庆阳市宁县社区服刑人员师某某于社区矫正期间，及时排除重大安全事故，保障了他人人身生命和财产安全，确有突出事迹，依法可认定为具有重大立功表现，予以减刑。

**案例四：**石嘴山市社区服刑人员侯某因在抢险救灾中有重大立功表现，经石嘴山市司法局提出减刑意见，石嘴山市中级人民法院认定其成立重大立功，裁定其减刑。

**案例五：**湖北省荆门市社区服刑人员曾某于社区矫正期间，及时营救两名飞机失事的飞行员，荆门市中级人民法院认定其构成重大立功，依法予以减刑。

**案例六：**苏州市昆山市玉山镇社区服刑人员郝某某在在缓刑考验期内积极

参与居民住宅楼厨房失火，有效防止人员伤亡和财产损失，苏州市中级人民法院认定其有重大立功表现，依法予以减刑。

特别指出，在汶川大地震中，四川省监狱服刑人员涌现了许多舍己救人的感人事迹，四川省监狱管理局专门出台《关于进一步贯彻宽严相济刑事政策》，决定对剩余刑期较短、抗震救灾表现突出或一贯改造表现较好的罪犯，可不受提请减刑、假释名额或比例限制，优先考虑提请减刑假释，有436名服刑人员在汶川地震中因立功获得减刑。较之社区矫正对象，监狱服刑人员的人身危险性和社会危害性都大得多，但是依旧有通过“立功”“突出表现”的机会来获得减刑，足以看出国家对倡导社会良善，重视社会有益行为的主张态度。因此，举重以明轻，社矫人员本身就是依据裁判判定的不致再危害社会的罪犯，自然同样可以适用“突出表现”来获取立功机会，获得减刑。

以上案例中社区矫正人员依法获得减刑的途径都是被认定为“重大立功”表现，符合减刑的法定条件，由人民法院作出减刑裁定。在《社区矫正法》颁布后，对于社区矫正人员的减刑获得了法律的认可，《刑法》第78条中立功减刑的规定能够适用于社区矫正人员顺理成章，因此“社区矫正人员只有重大立功才可以减刑”的观念应当摒除。那么，在这种情况下，以下问题需要思考：

其一，是否参与“抢险救灾”“抗击疫情”等就能构成立功。《刑法》第78条规定：“被判处管制、拘役、有期徒刑、无期徒刑的犯罪分子，在执行期间，如果认真遵守监规，接受教育改造，确有悔改表现的，或者有立功表现的，可以减刑；有下列重大立功表现之一的，应当减刑：……（四）在日常生产、生活中舍己救人的；（五）在抗御自然灾害或者排除重大事故中，有突出表现的；（六）对国家和社会有其他重大贡献的。”在本次抗御新冠肺炎斗争中，社矫人员积极参与防御工作，最有可能适用到的条文是前述《刑法》第78条第1款第(5)项，即“在抗御自然灾害或者排除重大事故中，有突出表现的”，然而，何为“突出表现”，又是一个需要进一步解释的问题，在没有司法解释之前，有赖于司法人员的具体把握。需要指出的是，这个条文规定的“突出表现”是重大立功的构成条件，不是一般立功的构成条件，也就是说，一般立功不需要达到突出的程度即可，那么，达到何种程度能够构成一般立功呢，又是一个需要解释和司法人员把握的问题。按照刑法法条，重大立功应当减刑，一般立功可以减刑。所以，在抗御自然灾害或者排除重大事故中，有表现，但是没有达到突出程度，也是有机会构成一般立功的，可以获得减刑。

社区矫正对象参与抢险救灾、抗击疫情等行动,取得一定成绩,实际有效地控制了损失、受到相关部门的表扬、获得荣誉称号等,可以认定为立功。前不久,面对严峻的抗疫形势,浙江省委组织部、省财政厅、省人社厅联合下发《进一步激励关爱基层党员干部和医务工作者在疫情防控一线担当作为的八项举措》(以下简称《举措》)的通知,激励关爱一线抗疫工作者,注重在一线培养、发现、使用表现优秀的人员,要求“大力总结宣传表彰一线先进典型”,对防控疫情斗争一线涌现出来的先进集体、先进个人,要总结宣传先进事迹,加大表扬表彰力度;对表现特别突出的先进典型,各地党委、政府可给予及时性表彰,推动形成学习先进、争当先锋的浓厚氛围。按照这一文件精神,对于在抗疫过程中的社区矫正人员,应该给予其立功减刑奖励。当然,为了科学认定,保证公平正义,我们建议有关执行机关制定一个具体的因为实施“有利于国家和社会”行为而立功的认定标准。

其二,“突出表现”如何认定?从以上案例推理得出:一是突出表现的主体是实施了犯罪行为的犯罪人本人,其他任何人都不能取代。社区矫正对象本人亲自发挥了实际作用,由本人亲自实施。二是在时间上具有特定性,必须是犯罪人到案后产生的行为。社区矫正对象处于社区矫正期间,也是刑罚执行期间,符合时间要件。三是内容必须真实有效,从行为性质上看,是“有利于国家和社会的”,从行为的程度上看,是“突出表现”,而不是一般的表现,即对国家和社会存在有益性,且该有益性应当是比较明显的,程度上是较为突出的,而不是任何有益于国家和社会的行为均能达到构成立功的程度。同时,这类情形的立功行为既可以是与刑事案件有关的行为,也可以是与刑事案件无关的行为。

准确把握“突出表现”,需要结合社会道德以及刑事立功减刑的要求来进行深入理解,突出表现与社区矫正人员危险性减弱相结合作为减刑的条件,在一定程度上符合刑事立法的宗旨。利用“突出表现”进行减刑,有二重性的体现:一是在主观上为了能够得到法律上的从宽处理而必然存在的趋利避害性;二是客观上也是对于社会有益。根据我国刑事法律的规定,只有具备有效性和行为条件即实施了对社会、国家有益的行为才能构成立功,同时该行为也产生了对国家、社会有益的实际效果。

## 三、社区矫正对象在疫情抗击中作出贡献可获得减刑的合理证成

### (一)契合社区矫正人员积极改过自新的现实需求

改造罪犯需要刑罚执行机关通过各种行之有效的手段对罪犯做改造工作,同时也更加需要罪犯主动地接受改造。只有两方面结合,才能达到将罪犯改造成为守法公民的实质性目的。实质刑法观认为在实然的刑法规范背后,存在着应然的法的公平正义之价值理念。对于社区矫正人员而言,调节其刑期的长短也应当是促进其积极自觉和自力救助的有效手段。多年的司法实践经验也表明了,罪犯达到法定条件予以减刑,能够激励其改过自新,促进其从认知到情感的社会化,鞭策其自律自励,从而更好地实现激励、促进其改过自新的目标。并且管制、缓刑、暂予监外执行、假释本身针对的便是不致再危害社会的罪犯,对其减刑不仅不会增加社会治安隐患,同样,倡导以"有利于国家和社会的"的表现,给予社区矫正人员减刑的机会,也会增加社会良善的宣传度,是社会公平正义价值理念发扬的大好机会。

社区矫正以特殊预防目的和教育矫治模式为其制度着眼点,希望通过对人身危险性较小的可矫犯罪人实行开放式处理和社会化行刑,有效恢复其社会融入复归能力、防止再犯可能。由此可见,虽然有不同的刑罚阶段和行刑模式,但是社区矫正的机能不应单一,应当进行合理化的风险控制,设立适当的奖惩机制,以减刑鼓励社区矫正。减刑制度作为我国规定的一项重要的刑罚执行奖励制度,能够促使罪犯改过自新、避免刑罚过剩、稳定监管秩序、节约司法资源,能够更加充分地引导罪犯遵守规范,使其潜移默化中认可规范,实现降低行刑成本和预防犯罪的刑罚目的。减刑制度燃起了服刑人员得以更快回归社会的希望,人有了希望,就会更积极地去朝某个方向去努力前进,逐渐地改造自己,向着正确的价值取向去发展,最终使得刑罚的执行过程逐渐成为犯罪分子改变错误的人生观、世界观、价值观从而回归社会甚至融入社会的过程。因此,以减刑促进社区矫正人员积极改过自新是促进社区矫正工作健康发展的理性选择,也是维护司法权威的迫切需求。

### (二)符合宽严相济的刑事政策

《最高人民法院关于贯彻宽严相济刑事政策的若干意见》(法发〔2010〕9号)规定,宽严相济刑事政策是贯穿于我国刑事立法、刑事司法和刑罚执行全过程的基本刑事政策,所谓"宽严相济",就是要做到当宽则宽,当严则严。具体而言

就是，对轻微犯罪人员和失足青少年应当依法从宽处罚，而对严重刑事犯罪应严厉打击。“监督”“考察”的缺失，使得刑罚的“可感性”降低，难以对罪犯造成应有的心理压力和必要的行为约束，造成了罪刑结构的失衡。对于非监禁刑而言，“宽”所提倡刑罚的轻缓化和行刑的社会化，必然需要社区矫正的“严”以相济才能发挥最大功效。但是社区矫正毕竟是一种刑罚执行活动，必须保持一定的奖惩力度，才可体现其“严”。正因如此，《社区矫正实施办法》明确将减刑列为了司法奖励的种类。2019 年 12 月 28 日全国人大常委会也通过了《社区矫正法》，其中明确规定只要社区矫正对象符合刑法所规定的减刑条件就可以依法获得减刑。

我国刑法规定的减刑条件包括“在抗御自然灾害或者排除重大事故中，有突出表现的”，或者“对国家和社会有其他较大贡献的”。这就意味着刑法给予了罪犯悔罪、改错的“宽”的合理限度和空间，有利于促进罪犯从认知到情感的社会化，有利于促进罪犯与社会的内在融合，从内心深处矫治罪犯人格，这也是刑法人道化理念的体现。

# 恶意“薅羊毛”的行为能否构成诈骗罪？

任亚平

当前，互联网平台公司为了吸引商户和消费者，较为普遍地采用补贴如发红包、优惠券等方式来积累资源。然而，互联网上也同时出现了一些专门盯上了这一“商机”的人，他们利用互联网，在网络上建立群组，分享信息，一旦看到哪个商家有利可图，有漏洞可钻，便一拥而上，网络上称之为“薅羊毛”。如何在法律的层面上评价互联网上恶意薅商家羊毛的行为？有效惩治恶意“薅羊毛”的网络不诚信行为，不仅是刑法保护法益的功能体现，更是营造诚实守信、民主法治的良好营商环境的关键所在。以下结合一则典型案例说明之。

## 一、案情与裁判

**案件名称**：罗某木诈骗案

**案情来源**：上海市长宁区人民法院(2018)沪 0105 刑初 1211 号刑事判决

**案情简介**：

2016 年 7 月至 2017 年 11 月，罗某木(被告)在拉扎斯网络科技(上海)有限公司(以下简称“饿了么”订餐平台)工作期间，利用郑某的身份证在“饿了么”订餐平台虚开“鲜果铺子”“易太便利店”“江湖川菜馆”三家店铺，利用罗某琴身份证在“饿了么”订餐平台虚开“老蜀人正宗川菜馆”“乡味菜馆”二家店铺。然后利用上述五家店铺进行刷单骗取“饿了么”公司补贴共计人民币 196552.38 元。

2018 年 7 月 18 日，罗某木主动向上海市公安局长宁分局投案，到案后，罗某木已退赔被害单位全部损失并取得谅解。

**一审判决**

**上海市长宁区人民法院经审理认为**：本案中，罗某木以非法占有为目的，骗取他人财物，数额巨大，其行为已构成诈骗罪，依法应予惩处。罗某木主动投案并如实供述自己的罪行，系自首，依法减轻处罚。罗某木案发后在家属帮助下积极赔偿并取得谅解，酌情从轻处罚。依法判决罗某木犯诈骗罪，判处有期徒刑二年十个月，缓刑四年，并处罚金人民币四万元。

## 二、相关规定

《刑法》第 52 条："判处罚金，应当根据犯罪情节决定罚金数额。"

《刑法》第 53 条："罚金在判决指定的期限内一次或者分期缴纳。期满不缴纳的，强制缴纳。对于不能全部缴纳罚金的，人民法院在任何时候发现被执行人有可以执行的财产，应当随时追缴。由于遭遇不能抗拒的灾祸等原因缴纳确实有困难的，经人民法院裁定，可以延期缴纳、酌情减少或者免除。"

《刑法》第 67 条第 1 款："犯罪以后自动投案，如实供述自己的罪行的，是自首。对于自首的犯罪分子，可以从轻或者减轻处罚。其中，犯罪较轻的，可以免除处罚。"

《刑法》第 72 条："对于被判处拘役、三年以下有期徒刑的犯罪分子，同时符合下列条件的，可以宣告缓刑，对其中不满十八周岁的人、怀孕的妇女和已满七十五周岁的人，应当宣告缓刑：(一)犯罪情节较轻；(二)有悔罪表现；(三)没有再犯罪的危险；(四)宣告缓刑对所居住社区没有重大不良影响。宣告缓刑，可以根据犯罪情况，同时禁止犯罪分子在缓刑考验期限内从事特定活动，进入特定区域、场所，接触特定的人。被宣告缓刑的犯罪分子，如果被判处附加刑，附加刑仍须执行。"

《刑法》第 73 条："拘役的缓刑考验期限为原判刑期以上一年以下，但是不能少于二个月。有期徒刑的缓刑考验期限为原判刑期以上五年以下，但是不能少于一年。缓刑考验期限，从判决确定之日起计算。"

《刑法》第 266 条："诈骗公私财物，数额较大的，处三年以下有期徒刑、拘役或者管制，并处或者单处罚金；数额巨大或者有其他严重情节的，处三年以上十年以下有期徒刑，并处罚金；数额特别巨大或者有其他特别严重情节的，处十年以上有期徒刑或者无期徒刑，并处罚金或者没收财产。本法另有规定的，依照规定。"

## 三、典型案例或做法

| 案号 | 裁判立场 |
| --- | --- |
| 杨某翰诈骗案/上海市长宁区人民法院(2019)沪0105刑初1241号刑事判决 | 被告人杨某翰在明知他人利用京东商城“闪电退款”规则上的漏洞以骗取京东商城退款的情况下，仍向他人出售其非法获取的具有“闪退”额度的京东账号。被告人杨某翰伙同他人以非法占有为目的，以虚构事实、隐瞒真相的方法骗取他人钱财，其行为已构成诈骗罪，且属数额巨大，依法应予惩处。公诉机关的指控，事实清楚，定性正确。本案系共同犯罪，被告人杨某翰在共同犯罪中起次要、辅助作用，且作案后能够主动投案，如实供述自己的罪行，依法予以减轻处罚。被告人杨某翰能够在家属帮助下退缴违法所得，酌情予以从轻处罚。 |
| 杨某、张某、蒋某国等诈骗案/浙江省绍兴市越城区人民法院(2020)浙0602刑初427号刑事判决 | 本案被告人的行为均具有欺骗性，主观上具有非法占有他人财物的目的。本案被告人利用淘宝风控的滞后性，在店铺被封前，通过“刷空单”的方式进行虚假交易，批量完成套现行为，本质是对淘宝进行欺骗并获得了经济利益，该行为违背了淘宝营销活动设立的初衷和本意。本案被害单位淘宝公司陷入认识错误。淘宝将发放红包的条件设置好后输入到系统，系统根据指令，对满足领取红包条件的新用户作出相应处分的结果，但本案被告人通过一定的手段掩盖了真实情况，虚构符合预设条件的表象，从而获得了经济利益，其本质上并不符合被害人淘宝的真实目的。本案中表面是欺骗了计算机系统，而实质上是欺骗了对系统设置同意处分条件的淘宝公司。淘宝陷入错误认识处分财产并产生财产损失，本案中的被害人淘宝公司存在一个判断、识别的过程，其基于被告人注册的是新用户这一错误认识而发放红包券，具有处分的意思表示。被告人通过冒充成为淘宝新用户获得利益的行为，并没有达到淘宝真正的营销目的，侵害了淘宝的经济利益。故本案各被告人的行为均符合诈骗罪的构成要件。 |
| 沈某恒、黎某航、洪某远诈骗案/浙江省杭州市江干区人民法院(2018)浙0104刑初1094号刑事判决 | 被告人沈某恒、黎某航、洪某远、柯某乔、柯某彬、吴某、彭某枝以非法占有为目的，经商谋建立虚假的闪电租车网络租车平台并进行相应宣传，以高额的充值返利吸引被害人前往该平台注册充值、刷单赚钱。上述被告人隐藏自己平台发起人的身份，组建多个微信群，用于拉拢被害人前往该平台刷单赚钱，并注册多个账号冒充乘客、司机，配合被害人进行刷单，以此吸引更多人前来充值刷单，后以被害人恶意刷单为由，非法占有闪电租车平台内资金，该行为特征符合诈骗罪的犯罪构成要件，应当以诈骗罪定罪处刑。 |

续表

| 案号 | 裁判立场 |
| --- | --- |
| 张某、温某杰诈骗案/浙江省杭州市西湖区人民法院(2019)浙0106刑初502号刑事判决 | 被告人张某、温某杰事先共谋，由被告人张某以在微信群发布“薅羊毛”信息收购使用口碑优惠购买的一号店代金券，由被告人温某杰提供哈尔滨一手店（河政店）口碑商家账户供被告人张某虚假刷单，共计刷单794单，骗取位于杭州市西湖区的口碑（杭州）信息技术有限公司补贴款人民币7279.94元。被告人张某、温某杰以非法占有为目的，虚构事实骗取他人财物，数额较大，其行为均已构成诈骗罪。 |

## 四、法理分析

诈骗罪的犯罪构成包括以下几个方面：(1)本罪侵犯的客体是公私财物所有权；(2)本罪客观上表现为使用欺诈方法骗取数额较大的公私财物；(3)本罪主体是一般主体，凡达到法定刑事责任年龄、具有刑事责任能力的自然人均能构成本罪；(4)本罪在主观方面表现为直接故意，并且具有非法占有公私财物的目的。

首先，被告人罗某木“薅羊毛”的诈骗行为侵犯了被害单位的财物所有权。本案中，被告人罗某木在“饿了么”订餐平台工作期间，利用郑某的身份证在“饿了么”订餐平台虚开“鲜果铺”“易太便利店”“江湖川菜馆”三家店铺，利用罗某琴身份证在“饿了么”订餐平台虚开“老蜀人正宗川菜”“乡味菜馆”两家店铺，其所开的五家店铺完全不具有真实性，而被告人罗某木利用虚开的五家店铺进行刷单骗取了被害单位相应的补贴款，并将其据为己有。该项补贴款作为被害单位的合法财产，属于刑法保护的法益，被告人罗某木依靠自己的欺诈行为骗取被害单位的补贴款，侵犯了被害单位对该项补贴款的所有权。

其次，被告人罗某木客观上实施了以欺诈方法骗取数额巨大的公私财物的行为。本案中罗某木在根本没有履约诚意和能力的前提下，利用虚开的五家店铺刷单的行为，属于以作为的方式对被害单位“饿了么”订餐平台进行欺诈。被害单位“饿了么”订餐平台之所以向被告人罗某木支付补贴款项是由于罗某木的欺诈行为使其陷入了错误认识，在罗某木的欺诈内容下被害单位理所当然地以为其支付补贴的五家店铺是真实存在的，即使被害单位对此店铺的真实性在判断上存在一定的错误性，也不妨碍被告人罗某木欺诈行为的成立。该项补贴款原本由被害单位所有，罗某木的欺诈行为使得被害单位对该项财产作出了处分，使得被告人罗某木获得了该项补贴款，从而使被害单位的财产受到了损害。此外，根据《最高人民法院、最高人民检察院关于办理诈骗刑事案件具体应用法律若干问题的解释》，诈骗公私财物价值 3000 元至 10000 元以上、3 万元至 10 万元以上、50 万元以上的，应当分别认定为《刑法》第 266 条规定的“数额较大”“数额巨大”“数额特别巨大”。本案中，罗某木诈骗被害单位补贴款共计人民币 196552.38 元，满足“数额巨大”的认定标准。

最后，被告人罗某木在主观方面表现为直接故意，并且具有非法占有被害单位财物的目的。被告人罗某木明知自己利用他人身份证在被害单位“饿了么”订餐平台虚开五家店铺进行刷单的行为必然会发生侵犯他人财产的危害后果，并且以积极主动的方式追求该危害结果的发生，对被害单位的财产造成损害。可见，罗某木对自己所实施的诈骗行为在主观方面表现为直接故意。正是由于罗某木的诈骗行为使得被害单位对自己的合法财产进行了处分，罗某木依靠自己的欺诈行为骗取了被害单位支付的五家店铺补贴款项的所有权，其在利用他人身份证虚开五家店铺之前就具有非法占有该项补贴款的意图，罗某木在取得被害单位的补贴款之后，也只是单方面地占有该项补贴款，根本不具有相应地与被害单位履约的诚意和能力，对该项补贴款也毫无归还本意，诈骗性质显露无遗。

另外，被告人罗某木作为已达到法定刑事责任年龄、具有刑事责任能力的自然人，符合诈骗罪的主体要件。

综上所述，被告人罗某木以非法占有为目的，骗取他人财物，数额巨大，其行为已构成诈骗罪。

# 虚假诉讼的责任承担

王 佳

跌入“套路贷”？忽然背债务？人在家中坐，传票天上来？小心，你可能陷入了虚假诉讼的骗局……明明是普通的民间借贷纠纷，为何被告面露难色，浙江省的一则案例引起了重视……

## 一、案例来源

**案件名称：**潘某与金某民间借贷纠纷抗诉案

**案例来源：**最高人民法院发布刑民交叉案件六大典型案例之三

**案情简介：**

金某（被告）向潘某（原告）出具借条一份，约定了借款金额、期限及利率；若未能如期归还，需承担滞纳金。原告陈述，借款发生后被告未支付过利息及归还过本金。原告诉请判令被告向原告归还借款本金及利息、违约金。浙江省绍兴市越城区人民法院一审支持了原告的诉讼请求。浙江省绍兴市柯桥区人民检察院发现潘某等人涉嫌套路贷犯罪行为，其设立公司假借民间借贷，向不特定人员放贷。随后虚构民间借贷关系，以此达到非法获利的目的。针对此情况，检察机关提起抗诉，该案进入再审程序。

**再审裁判**

潘某等人设立公司假借民间借贷，非法从事小额贷款业务。通过向受害人收取保证金、平台费、业务费等虚高手续费用，并在贷款中直接扣除第一期还款本息，随后以潘某个人名义与被害人签订大幅虚增借款数额的借条，并要求被害人写下还款承诺书，以此达到非法获利的目的。受害人如果逾期不还，潘某会凭借虚增金额借条、还款承诺书等证据，向法院提起诉讼；而受害人往往因为在案前受到胁迫，只能在审判阶段完全“承认”借款事实。检察机关以其涉嫌虚假诉讼罪批准逮捕，故撤销原审判决，驳回原告潘某的诉讼请求。

## 二、相关规定

**《台州市中级人民法院关于规制民事虚假诉讼的实施细则》**第3条："以下几类虚假诉讼多发的案件，人民法院在履行职责中应当予以特别关注：(一)民间借贷纠纷案件；(二)以离婚案件一方当事人为被告的财产纠纷案件；(三)以拆迁区划范围内的自然人为诉讼主体的离婚、分家析产、继承、房屋买卖合同纠纷案件；(四)以已经资不抵债或者已经作为被执行人的公民、法人、其他组织为被告的财产纠纷案件；(五)公司分立(合并)、企业破产纠纷案件；(六)劳动争议案件；(七)以物抵债案件；(八)近亲属之间的赠与案件；(九)其他特别需要关注的案件。"

**《浙江省高级人民法院关于在民事审判中防范和查处虚假诉讼案件的若干意见》(浙高法〔2008〕362号)**第2条："下列几类案件，审判中应当特别关注：(一)民间借贷案件；(二)离婚案件一方当事人为被告的财产纠纷案件；(三)已经资不抵债的企业、其他组织、自然人为被告的财产纠纷案件；(四)改制中的国有、集体企业为被告的财产纠纷案件；(五)拆迁区划范围内的自然人作为诉讼主体的分家析产、继承、房屋买卖合同纠纷案件；(六)涉及驰名商标认定的案件。"

**《关于办理"套路贷"相关刑事案件若干问题的纪要》(浙高法〔2019〕117号)**第1条："以非法占有为目的，假借民间借贷之名，以低息、无抵押、快速放贷等为诱饵，诱使或者迫使被害人签订'借贷'或变相'借贷'等相关协议，通过收取'家访费''调查费''保证金''中介费''行规费''安装费''利息''砍头息'等一种或者多种费用，虚增贷款金额、制造虚假给付痕迹、恶意制造认定违约、多平台借款平账、毁匿还款证据等一种或者多种方式设置"套路"形成虚假债权债务关系的，属于'套路贷'。'套路贷'案件通常伴有非法讨债的情形，但不是'套路贷'的构成要素。'套路'多少不影响'套路贷'的认定。没有使用'套路'的，不属于'套路贷'。"

**《最高人民法院关于防范和制裁虚假诉讼的指导意见》(法发〔2016〕13号)**第1条："虚假诉讼一般包含以下要素：(1)以规避法律、法规或国家政策谋取非法利益为目的；(2)双方当事人存在恶意串通；(3)虚构事实；(4)借用合法的民事程序；(5)侵害国家利益、社会公共利益或者案外人的合法权益。"

《民事诉讼法》第112条："当事人之间恶意串通，企图通过诉讼、调解等方式侵害他人合法权益的，人民法院应当驳回其请求，并根据情节轻重予以罚款、拘留；构成犯罪的，依法追究刑事责任。"

《刑法》第307条："虚假诉讼罪，自然人或者单位故意以捏造的事实提起民事诉讼，妨害司法秩序或者严重侵害他人合法权益的，处三年以下有期徒刑、拘役或者管制，并处或者单处罚金；情节严重的，处三年以上七年以下有期徒刑，并处罚金；单位犯前款罪的，对单位判处罚金，并对其直接负责的主管人员和其他直接责任人员，依照前款的规定处罚。"

最高人民法院、最高人民检察院《关于办理虚假诉讼刑事案件适用法律若干问题的解释》（法释〔2018〕17号）第1条："采取伪造证据、虚假陈述等手段，实施下列行为之一，捏造民事法律关系，虚构民事纠纷，向人民法院提起民事诉讼的，应当认定为刑法第三百零七条之一第一款规定的'以捏造的事实提起民事诉讼'：（一）与夫妻一方恶意串通，捏造夫妻共同债务的；（二）与他人恶意串通，捏造债权债务关系和以物抵债协议的；（三）与公司、企业的法定代表人、董事、监事、经理或者其他管理人员恶意串通，捏造公司、企业债务或者担保义务的；（四）捏造知识产权侵权关系或者不正当竞争关系的；（五）在破产案件审理过程中申报捏造的债权的；（六）与被执行人恶意串通，捏造债权或者对查封、扣押、冻结财产的优先权、担保物权的；（七）单方或者与他人恶意串通，捏造身份、合同、侵权、继承等民事法律关系的其他行为。隐瞒债务已经全部清偿的事实，向人民法院提起民事诉讼，要求他人履行债务的，以'以捏造的事实提起民事诉讼'论。向人民法院申请执行基于捏造的事实作出的仲裁裁决、公证债权文书，或者在民事执行过程中以捏造的事实对执行标的提出异议、申请参与执行财产分配的，属于刑法第三百零七条之一第一款规定的'以捏造的事实提起民事诉讼'。"

## 三、典型案例或做法

### （一）为躲债虚构企业借贷

**案件来源：**最高人民法院指导案例第68号案件"上海欧宝生物科技有限公司诉辽宁特莱维置业发展有限公司企业借贷纠纷案"

**裁判意见：**欧宝公司与特莱维公司人员混同，均已失去公司法人所具有的独立人格，案外人认为两公司之间恶意串通提起虚假诉讼损害其合法权益的意见，以及对有关当事人和相关责任人进行制裁的请求，于法有据，应予支持。

（二）离婚作假债

**案件来源**："蔡某亮为在离婚中多分财产串通蔡某虎提起虚假诉讼分别构成妨害作证罪、帮助伪造证据罪案"(2012)射刑初字第0049号

**裁判意见**：蔡某亮在民事诉讼中指使他人作伪证，造成法院作出错误裁判，妨害了司法机关的正常司法活动，其行为符合妨害作证罪的构成要件，构成妨害作证罪。蔡某虎帮助当事人伪造证据，情节严重，其行为构成帮助伪造证据罪。

（三）虚构侵权为"驰名商标"认定

**案件来源**：最高检发布的产权保护案件之三"宁波伊司达洁具有限公司虚假诉讼案"

**裁判意见**：伊司达公司诉陈某计算机网络域名侵犯商标专用权纠纷一案是恶意串通故意制造的虚假诉讼案件，目的是利用司法手段为"伊司达"商标认定为驰名商标提供便利，本案中涉及陈某侵权的相关证据均系伪造。该案承办法官李某构成受贿罪。

（四）虚构债务优先受偿关系

**案件来源**："福建王某兴等人劳动仲裁执行虚假诉讼监督案"(2017)闽0824执888号

**裁判意见**：当事人为从执行款项中优先受偿，伪造证据将普通债权债务关系虚构为劳动争议申请劳动仲裁，获取仲裁裁决或调解书，据此向人民法院申请强制执行，当事人和本案法官分别以虚假诉讼罪和枉法仲裁罪被追究刑事责任。

（五）一债多还

**案件来源**："黄某光虚假诉讼案"(2018)粤20刑终11号

**裁判意见**：黄某光在经营民间借贷业务过程中，明知借款人已还清或偿还大部分借款，仍多次利用未退还的借据和用于抵押的支票向法院提起民事诉讼，甚至伪造证据材料，要求借款人全额偿还借款及利息，或支付支票金额及利息，妨害司法秩序，严重侵害他人合法权益，其行为已构成虚假诉讼罪。

## 四、法理分析

（一）虚假诉讼是什么？

虚假诉讼实质上是通过“合法”的民事程序谋求非法利益的行为，诉讼“当事人”之间存在虚假的民事法律关系，根本不受民事法律的规范和保护。其在学理上分为单方恶意型虚假诉讼和恶意串通型虚假诉讼，目的分别在于侵犯被诉者权益和案外人的权益，存在形式意义的刑民交叉特点。

文中案件也属于民间借贷类型，是一起典型的名为民间借贷，实为套路贷犯罪案件，犯罪分子假借民间借贷之名，针对本地人以身份证快速放贷，通过收取保证金、平台费、业务费等虚高手续费用，虚增债权债务、制造银行流水痕迹，之后诱使或威胁其签订“借贷”的相关协议，形成证据链条闭环，并借助民事诉讼程序实现非法目的。本案原告为侵犯被告权益而提起虚假诉讼，属单方恶意型虚假诉讼案件。

（二）虚假诉讼有什么后果？

当事人进行虚假诉讼，可适用《民法通则》第 134 条第 3 款的规定，对其予以训诫、责令具结悔过、收缴进行非法活动的财物和非法所得，或者依照法律规定处以罚款、拘留。

若妨害司法秩序或者严重侵害他人权益，应以虚假诉讼罪追究刑事责任，处有期徒刑、拘役或者管制。单位犯前款罪，处以罚金，并对其直接负责的主管人员等进行处罚；若同时构成其他犯罪，应从重处罚；司法工作人员利用职权，与他人共同实施虚假诉讼行为，从重处罚。

（三）遭遇虚假诉讼如何救济？

首先，受害人应当及时向法院反映，以便法院采取强制措施，根据《民法通则》或《民事诉讼法》的相关规定给予民事制裁。

其次，受害人可以在诉讼中充分利用法律保护自己，本案中的受害人可同时提起反诉或者另行起诉维护自身权益。

最后，受害人认为法院的生效裁判涉嫌虚假诉讼造成侵权，可以通过申请再审、第三人撤销之诉、执行异议和执行异议之诉等途径请求法院补救，可参见最高人民法院指导案例第 68 号案件。